JN215767

リーガルマインド

手形法・小切手法

［第3版］

◆◆◆ 弥永真生 著

有斐閣
yuhikaku

第3版 はしがき

　本書の第2版補訂2版を刊行してから，10年あまり経過してしまいました。残念ながら，この10年間には，手形法・小切手法をめぐる重要な裁判例はほとんどなく，また，論稿も多くはありませんでした。

　他方，いわゆる債権法改正（民法の一部を改正する法律（平成29年法律第44号）。2020年4月1日施行）及び運送法改正（商法及び国際海上物品運送法の一部を改正する法律（平成30年法律第29号）。公布の日（平成30年5月25日）から起算して1年内に政令で定める日施行）により，手形法・小切手法の本体への影響は商事法定利率の廃止を反映したものにとどまったものの，有価証券をめぐる法制度は重要な影響を受けました。

　そこで，これらの法改正をふまえて，加筆修正を加えたのが本第3版です。これらの法改正が手形法・小切手法に与える影響についての論稿がほとんど公表されていないため，加筆部分には著者の理解が反映されているという限界がありますが，本書を読んでくださる方の理解に資することができればさいわいです。

　平成30年9月30日

弥　永　真　生

第 2 版 はしがき

　初版の段階では参考にすることができなかった，森本教授の「手形法小切手法の理論と実務」（法学教室に連載）およびいくつかの重要な体系書を参考にしつつ，同時にいくつかの裁判例を新たに踏まえて，改訂を行いました。また，表現がこなれていないという指摘に応えて表現を若干改めました。なお，善意取得により治癒される瑕疵には人違いは含まれないとし，無権利限定説を徹底することとした点で見解を改めました。

　読者などからの質問によって，いくつかのポイントについて追加的な記述を行うことができました。的確な質問とご指摘に感謝を申し上げたいと思います。

　平成 13 年 11 月 30 日

弥　永　真　生

　第 2 版刊行後，増刷の際に必要最小限の補正を施してきましたが，このたび，「民事関係手続の改善のための民事訴訟法等の一部を改正する法律」（平成 16 年 12 月 3 日法律 152 号）による法改正（公示催告と除権決定関連）などを踏まえて必要な補訂を行い，また，手形訴訟・小切手訴訟についての記述を新たに加えて，第 2 版補訂としました。あわせて，『手形小切手判例百選』の引用番号を，昨秋刊行された第 6 版のものに改めました。

（平成 17 年 2 月 20 日）

　第 2 版補訂刊行後，平成 17 年の商法改正や会社法制定等の動きがありましたので，これらを踏まえて必要な補訂を行い，第 2 版補訂 2 版としました。

（平成 19 年 2 月 28 日）

初版 はしがき

　この本の目的は，手形法の基礎的な問題点を，民法とのつながりを重視して考えていただくことです。2年前に出版させていただいた『リーガルマインド会社法』と同様，判例・多数説については十分な説明を加えたつもりですが，同時に民法との結び付きを重視するとどのように考えることができるかを提示してみました。

　この本の特徴としては，第1に，ていねいな理由付けをこころがけ，クロス・リファレンスを付しました。第2に，いくつかの〔ケース〕を設定して，ともすれば抽象的になりやすい手形法の議論を具体化することに努めました。第3に，交付契約説および無因論を前提としつつも，二段階創造説および権利移転行為有因論についても可能なかぎり言及し，その合理性についても検討を深めるよう試みました。

　本書をまとめることができたのは，前著と同様多くの方々のおかげです。まず，学生時代からご指導をうけている竹内昭夫先生をはじめ，多くの先生方のおかげです。また，明治大学の先輩である明石一秀弁護士からは，手形法の勉強において，その抽象性のために手形法の議論が理解しにくいという点を解決するために〔ケース〕を盛り込むことについて示唆をいただきました。同時に，今回も，明石弁護士のご厚意により，あすか法律事務所の秘書の方々に草稿のワープロ入力をしていただき，出版が現実的なものとなりました。さらに，東京大学の助手時代から，いつも議論の相手となって下さる神作裕之助教授（学習院大学）には，今回もさまざまな点でコメントをいただきました。以上に加えて，明治大学で私の講義を聴いて質問を浴びせてくれたり，また本にまとめる原動力となってくれた学生や後輩を無視することはできません。とりわけ，利用者の立場から草稿を読んでいただいて有益なコメントをくださった高橋敬一郎さん（現，司法修習生）と北川展子さん（現，司法修習生）がいらっしゃったおかげで，この本が読みやすくなったと思います。

　また，前著に対しては，多くの読者カードや口頭でのご意見をよせていただき，執筆上，いろいろと参考にさせていただき，またはげみになりました。

　なお，本書の性格上，参考文献としては最小限のものを掲げるにとどめています

が，いわゆる通説による緻密な体系書・テキストは多数にのぼり，また，さまざまな論文が大学の紀要，論文集，さらに雑誌（今はないが，Law School に載っていた諸論稿は図書館でぜひ読むことをおすすめします）に発表されていますので，さらに理解を深めたい方はそれらにあたっていただきたいと考えています。

　最後になりますが，図表が多い原稿を作り，また校正段階で修正を繰り返す筆者にあきれることなく，今回の出版に尽力下さった稼勢政夫さん，安福純雄さん，亀井聡さんをはじめとする有斐閣の方々に感謝のことばを申し上げたいと思います。

　　　平成 7 年 7 月 10 日

弥　永　真　生

目　　次

PART I　約束手形の意義と手形法の視点

第1章　約束手形の意義　1

第2章　手形・小切手の属性と他の有価証券　5

第3章　約束手形をめぐる法律関係の流れ　11

第4章　手形法の視点　15

◇参考文献略語表◇

石井＝鴻	石井照久＝鴻常夫・手形法・小切手法（勁草書房）
大隅	大隅健一郎・新版手形法小切手法講義（有斐閣）
大隅＝河本	大隅健一郎＝河本一郎・注釈手形法・小切手法（有斐閣）
大野	大野正道・手形法・小切手法入門（信山社）
川村	川村正幸・基礎理論手形法（法研出版）
川村・手形	川村正幸・手形・小切手法（新世社）
河本＝田辺	河本一郎＝田辺光政・約束手形法入門〔第4版〕（有斐閣）
木内	木内宜彦・手形法小切手法〔第2版〕（勁草書房）
木内・講義	木内宜彦・特別講義手形法小切手法（法学書院）
倉沢	手形判例の基礎（日本評論社）
倉沢・重点	「有価証券法重点ゼミ」受験新報 1991年9月号
後藤	後藤紀一・要論手形小切手法（信山社）
シンポ	シンポジューム手形・小切手法（青林書院）
鈴木	鈴木竹雄・手形法・小切手法〔新版〕（前田庸補訂）（有斐閣）
関	関俊彦・金融手形小切手法（商事法務研究会）
高窪	高窪利一・現代手形・小切手法〔改訂版〕（経済法令研究会）
竹内	竹内昭夫・判例商法Ⅱ（弘文堂）
田辺	田辺光政・最新手形法小切手法〔5訂版〕（中央経済社）
永井	永井和之・基本論点商法〔改訂第3版〕（法学書院）
浜田	浜田道代・商法（放送大学教育振興会）
平出	平出慶道・手形法小切手法（有斐閣）
福瀧	福瀧博之・手形法概要（法律文化社）
前田	前田庸・手形法・小切手法入門（有斐閣）
丸山	丸山秀平・演習講義手形・小切手法（法学書院）
森本	森本滋「手形法小切手法の理論と実務」法学教室 181-211号
レクチャー	北沢正啓＝浜田道代・レクチャー商法入門〔第3版〕（有斐閣）
講座	手形法・小切手法講座 I-V（有斐閣）
現代講座	現代手形小切手法講座（成文堂）
石井追悼	商事法の諸問題（有斐閣）
竹内還暦	現代企業法の展開（有斐閣）
百選	手形小切手判例百選〔第7版〕（有斐閣）
争点	北沢正啓＝浜田道代編・商法の争点Ⅱ（有斐閣）

新商演　　鈴木竹雄ほか編・新商法演習 3（有斐閣）

基礎演習　　倉沢康一郎＝奥島孝康・基礎演習商法（有斐閣）

分析　　倉沢康一郎ほか・分析と展開商法 II（弘文堂）

重判　　重要判例解説

法教　　法学教室

法セミ　　法学セミナー

　なお，弥永・最新重要判例 200 商法〔第 3 版〕（弘文堂）掲載判例の番号を〔　〕で示しました。

本書のコピー，スキャン，デジタル化等の無断複製は著作権法上での例外を除き禁じられています。本書を代行業者等の第三者に依頼してスキャンやデジタル化することは，たとえ個人や家庭内での利用でも著作権法違反です。

第1章

約束手形の意義

Part I 約束手形の意義と手形法の視点

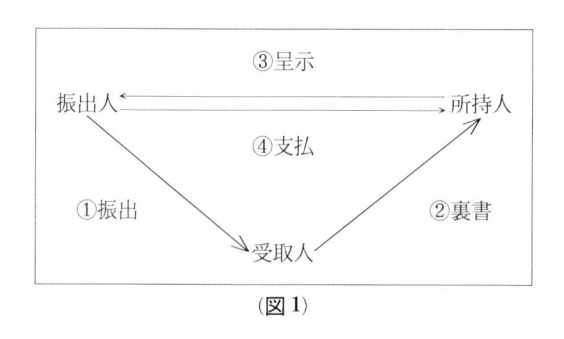

（図1）

　約束手形とは，その発行者（振出人）が受取人その他証券の正当な所持人に対して，一定の期日（満期）に一定の金額を支払うことを約束する証券である。つまり，受取人その他証券の正当な所持人が，発行者（振出人）に対し，一定の期日（満期）に一定の金額の支払を求めることができる権利と紙が結びついたものである（**図1**参照）。

　約束手形は，支払（決済）の用具であるが，特に信用取引上の支払（決済）の用具として用いられる。今日の商取引は，信用取引として行われることが多い。すなわち，商品の引渡しと代金の支払との間には時間的間隔があることがふつうである。信用取引は，買主にとっては資金繰りを楽にし，売主にとっては資金繰りを苦しくするという財務的効果をもつ。このような効果を念頭に置きつつ，「債務者は信用を受けること（支払期限を先に延ばすこと）を望んでいる」という仮定に立ってみよう。債権者は自分の資金繰りが苦しくなるのをいやがるであろうから，そのための対策を考えなければならないが，その対策の一つは，債権の譲渡を容易かつ確実にすることである。債権の譲渡を容易・確実にするために（譲り受ける側の都合を考えてみよ），技術的には有価証券化[1]す

---

1)　有価証券は，権利と紙が結合したものである。有価証券は，目に見えず，かつ手に取れないような権利（手形の場合は債権）を商品化する技術であるといわれる。手形は権利の発生・移転・行使に証券を必要とする有価証券である。
　　有価証券を用いることによって，権利譲渡の手続は簡易化される。民法467条1項が債務者との関係で対抗要件（債務者への通知または債務者の承諾）を要求する趣旨は，債権譲渡を知らない債務者が二重弁済を強いられる危険を回避するためであるが，権利の行使にあたって証券の所持が必要とされることとすれば，債務者は証券の所持人に弁済すれば

ることが考えられ，より本質的には抗弁の主張制限（Part II *6-3-3*）等が考えられる。すなわち，民法467条によれば，債権譲渡にあたっては，①債務者への通知または債務者の承諾が対抗要件として必要とされ，また，②第三者に対する対抗要件としては確定日付のある証書によることが必要とされるが，手間がかかり，また不安定である。しかし，有価証券化することにより，権利の譲受人は二重譲渡の危険から守られる。また，民法468条1項は，債務者が対抗要件具備時までに債権譲渡人に対抗できた事由は原則として譲受人にも対抗できるとするが（指図証券・記名式所持人払証券・無記名証券について，民法520条の6，520条の16および520条の20は「その証券に記載した事項及びその証券の性質から当然に生ずる結果」以外は，原債権者〔債権譲渡人〕に対抗することができる事由であっても善意の譲受人に対抗できないとする），それでは，債権譲渡にあたり，調査を要することとなり，債権の簡易・迅速な譲渡，債権の確実な実現の妨げになるから，抗弁の主張制限が重要である。同様に，善意取得制度（Part II *5-2-5*）

　足りることになるから，467条1項のような手続は不要になる。また同2項が第三者との関係で対抗要件（確定日付ある証書による債務者への通知または債務者の承諾）を要求する趣旨は，債権を譲り受けた者を保護することにあるが，権利の移転に証券の交付が必要であるとすれば，二重譲渡の危険性はなく，民法467条2項のような手続をふむ必要がなくなる。また善意取得が認められるから，譲受けにあたってのリスクが軽減され，流通性は高まる。

　なお，有価証券の定義については，争いがあるが，あまり実益がないので，さしあたって，財産的価値のある私権を表章する証券であって，権利の移転および行使のいずれにも証券を要するものをいうとしておく（債権法改正により，民法520条の2以下に有価証券についての規定が設けられたが，有価証券の定義は示されていない）。

　有価証券には，手形・小切手のほかに，商法典上の有価証券として，倉荷証券（600以下），船荷証券（757以下）が，会社法上の有価証券として，株券（会社214以下），社債券（会社687以下），新株予約権証券（会社249以下）が，それぞれ，ある。また，商品券，図書券，抵当証券等も有価証券である。

　しかし，ある法律関係の存否や内容について紛争が生じた場合に備えて発行される証券である証拠証券（各種の契約証書，金銭借用証書，受領証など）や，権利者が不特定・多数であり，権利行使が頻繁な取引において，債務者にとって権利者の識別が困難な場合に備えてあらかじめ発行しておいた証券と引換えに債務を履行すれば，たとえ相手方が無権利者であってもその履行責任を免れる効力が認められる免責証券（手荷物預り証，下足札など）とは区別されなければならない。

　有価証券の所持人には一定の法的地位が認められ，実質的権利を立証することなく，所持人は権利を行使でき，かつ，有価証券に表章された権利の移転には証券を要するが，証拠証券，免責証券についてはそのようなことは認められない。

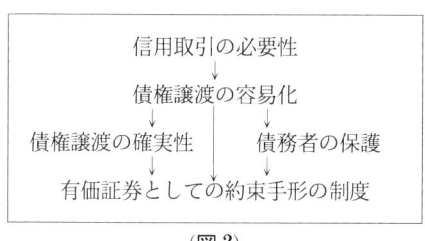

信用取引の必要性
↓
債権譲渡の容易化
↓
債権譲渡の確実性　　　債務者の保護
↓
有価証券としての約束手形の制度

（**図 2**）

の存在理由を説明できよう。さらに，譲渡性を高めるためには，債権の均質化を図る必要があり，その点からは要式証券化（*2-1-3*）が望ましい。

　以上に加えて，譲渡を容易にするためには，担保責任（PartⅡ *5-2-2*）を譲渡人が負担することが考えられる。他方，輾転流通する可能性があることから，債権者がだれであるかを債務者が知ることができるようにすることが必要であるが，それも有価証券化することによって解決できる。このような要求を満たすものとして，（約束）手形制度があると考えてよいであろう（**図 2** 参照）。

　手形法上あるいは小切手法上の制度ではないが，手形訴訟・小切手訴訟という簡便な訴訟制度（民訴 350〜367）が設けられており，これは，権利の簡易・迅速な実現に資するものである（勝訴判決には原則として無担保の仮執行宣言が付されている。民訴 259Ⅱ）。

第2章

手形・小切手の属性と他の有価証券

Part I 約束手形の意義と手形法の視点

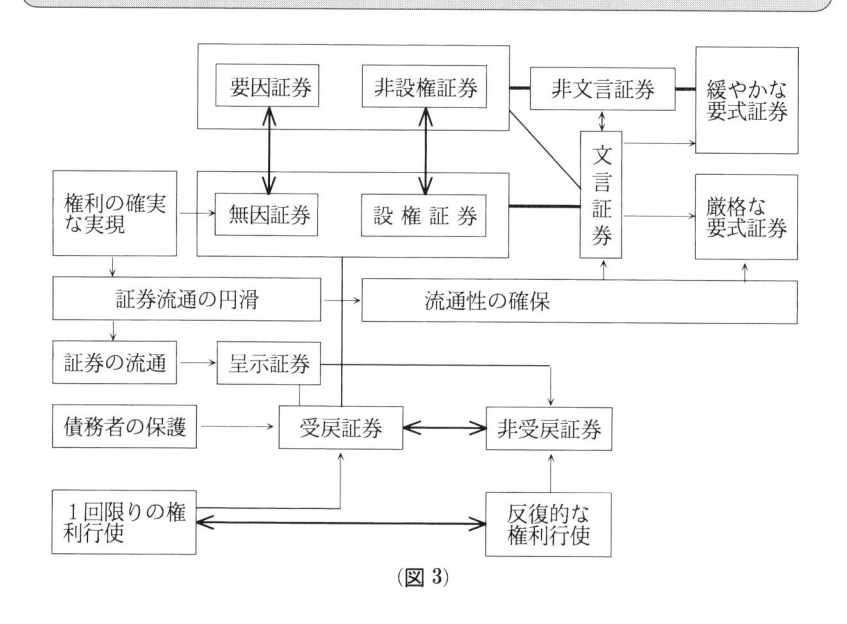

（図 3）

2-1-1　文言証券[1]

　手形（約束手形および為替手形。なお，小切手も同じ属性をもつ。以下同じ）は，証券上の権利の内容が証券上の記載によって決定される[2]。この性質を有するため，手形を取得しようとする者は，実質的な法律関係を調査しなくてよくなり，手形の流通性確保が図られる。

---

1)　ただし，手形上の記載がないから手形上の債務を負わないとつねに解することは妥当ではなく，債務負担の意思に注目することが民法とのバランスからは妥当であるとも考えられる。第4章 (2)，PartⅡ *2-1-1-7-1・10-7* 参照。また *3-1-1* 注2)。
2)　手形上の記載の文言の解釈にあたっては，一般の社会通念に従うべきである。

2-1-2 無 因 証 券

手形上の法律関係は，手形作成の原因となった法律関係（たとえば売買契約）から切り離されており，原因となった法律関係の有無や消長によっては，手形上の権利は影響を受けない（Part II *1-2* をみよ）。これによって手形を取得する者は，手形自体の有効性にのみ注目すればよいこととなり，権利の確実な実現，手形の流通性の確保が図られる。なお，無因証券はすべて文言証券であるといえよう。

2-1-3 設 権 証 券

手形は，手形の作成によって，手形に表章された権利がはじめて発生するという性質をもつ。設権証券は，文言証券とならざるをえない。

2-1-4 要式証券 (1・75)

手形は，記載すべき事項が法定されている（Part II *2-1* 参照）。証券の流通を円滑に行うためには，証券の記載内容が明確であることが望ましいからである。

2-1-5 呈示証券 (77 I ③・38)

権利者が権利を行使するためには，適法な手形を呈示しなければならない。手形の呈示があるまでは，債務者は履行遅滞の責めを負わない。

これは，債務者の知らないところで，手形は流通することが予定されているからである。

2-1-6 受戻証券 (77 I ③・39)

債務者は，手形と引換えでなければ，債務を履行しなくてもよい。なぜなら，手形を受け戻さないと，二重払の危険を負うからである。

手形・小切手と他の有価証券との比較

(表1)

	文言証券	無因証券	設権証券	要式証券	呈示証券	受戻証券	記名式	指図式	無記名式・持参人払	処分証券・引渡証券
手　形	○	○	○	厳格		○	裏書禁止によって記名証券化	○	×	
小切手									○	
船荷証券	○?	×	×	緩やか	○	一部出荷の場合△（質入証券は○）			解釈上可能	○
倉庫証券										
社債券*	×					（利札は○）△	○	×	○	
株　券				緩和	○ 緩和	×	**		×	

＊文言証券性・無因証券性・設権証券性を認める少数説がある。
＊＊記名式であるが，証券の交付のみによって移転できる無記名証券である。

2-2-1　船荷証券と倉荷証券

　船荷証券とは，海上運送人が運送品の受取りまたは船積みの事実を証し，かつ，指定された港において，これと引換えに運送品を引き渡すことを約する有価証券である（商757）。

　倉荷証券とは，倉庫営業者が貨物の受取りの事実を証し，かつ，寄託者またはその指図人への受寄物引渡しを約する有価証券である（商600）。

2-2-2 要因証券である証券と取引の安全——船荷証券を例にとって

船荷証券や倉荷証券はいずれも要因証券（有因証券）であるが，証券が輾転流通する可能性に鑑み，取引の安全を図る必要がある。

ところが，無因性と文言性，要因性と非文言性の組合せが理論的には一貫した結びつきと考えられるから（**表1**の手形と株券参照），要因性と文言性をいかに調和させるかが問題となる。具体的には，船荷証券を例にとると，運送品を受け取らないのに船荷証券を発行した場合（空券の場合）や受け取った運送品と証券に記載されている運送品が異なる場合（品違いの場合）に，運送人は引換証所持人に対して証券記載どおりの運送品を引き渡す義務を負うかどうか，という問題がある。そこで，商法は，運送人は，船荷証券の記載が事実と異なることをもって善意の所持人に対抗することができないと定めている（商760。倉荷証券については商604）。

平成30年改正前には，船荷証券・貨物引換証・倉荷証券などは，「運送ニ関スル事項ハ運送人ト所持人トノ間ニ於テハ貨物引換証ノ定ムル所ニ依ル」などと規定されていたことから（改正前商776・572・627Ⅱ・602），文言証券の性質を一定の範囲で有すると解されていた。しかし，平成30年改正後は，規定の文言からは文言証券ではなく，記載が事実と異なることを対抗できないと端的に定めて，取引の安全を保護しているとみるべきであろう。

2-2-3 処分証券性と引渡証券性——船荷証券を例にとって

船荷証券や倉荷証券は，ある物品に対する物権関係を前提とするため，それらの証券には処分証券性と引渡証券性という物権的効力が付与されている。

(1) 処分証券性　船荷証券が発行された場合には，その船荷証券をもってのみ，所有権の移転や質権設定のような運送品に関する処分をすることができる（商761）（倉荷証券について商605）。

もっとも，この規定は，運送品の引渡しを直接受けた者が，当該運送品に船荷証券が発行されている事実に関し善意無過失である場合に，運送品を善意取

得（民192）することを妨げるものではない。

(2) 引渡証券性（狭義の物権的効力)[3]　　船荷証券により運送品を受け取ることができる者に船荷証券を引き渡したときは，その引渡しは，運送品の上に行使する権利（「権利」とは所有権・質権等の物権を意味する）の取得について，運送品の引渡しと同一の効力を有する（商763）。

すなわち，運送品の所有権譲渡の合意とともに船荷証券の引渡しを受けた者は，運送品自体を引き渡された場合と同様に，運送品の所有権を民法178条により第三者に対抗できる。

また，質権設定の合意とともに船荷証券の引渡しを受けた者は，運送品自体の引渡しを受けたのと同様に，運送品の上に動産質権を取得できる。

さらに，民法520条の5により船荷証券を善意取得した者は，証券の取得により運送品自体の引渡しを受けたことになるので，ひいては運送品上の物権を民法192条によって善意取得できることになる。

---

3)　ただし，このような引渡証券性をどのように理論構成するかについては見解が分かれている。通説は，運送品の直接占有は運送人にあるが，証券所持人は運送品返還請求権を有することによって間接占有を有し，船荷証券の移転によりその間接占有が移転すると解し（相対説），証券の所持は運送品の間接占有を代表するものであり，民法上の手続を要せずして証券引渡しは間接占有を移転する効力をもつとする。

　　これに対し，船荷証券が運送品を代表するとの法文上の根拠を見出すことができないこと，相対説では，一時的に運送人が運送品の占有を喪失している間の証券引渡しに運送品引渡しと同一の効力を認めることができず，証券取得者が自己のまったく関知しない事情によって不利益を蒙ることなどを根拠として，証券の引渡しは民法の占有移転のほかに認められた商法独自の占有移転方法であるとする見解（絶対説）も有力である（平出・商行為法542参照）。

第 3 章

約束手形をめぐる法律関係の流れ

Part I　約束手形の意義と手形法の視点

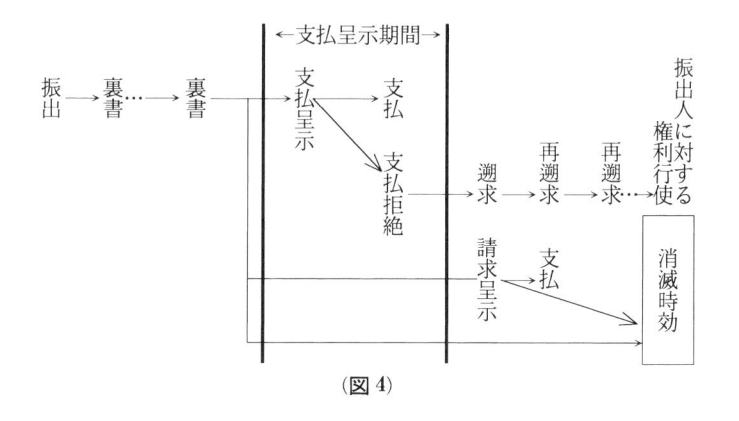

(図4)

　手形に署名することによってなされる，意思表示を中核とする法律行為を手形行為というとすると，約束手形については，振出，裏書，手形保証の3種類の手形行為が考えられる（為替手形については，このほか，引受，参加引受がある。Part III **4・5** 参照）。

　手形の振出とは，振出人が手形要件その他を記載して署名し，受取人に交付する行為であり，約束手形の場合には，支払を約束する行為である。

　手形の裏書とは，手形法に定められた一定の方式による手形債権の譲渡行為をいう（Part II **5-2**）。

　手形保証とは，振出人，裏書人（為替手形の場合は，さらに引受人）の負担する手形上の債務を保証する手形行為をいう（Part II 第8章）。

　手形の支払呈示とは，手形の所持人が一定の者（約束手形の場合は振出人またはその者の支払担当者）に対して支払呈示期間内に手形を呈示して支払を求める行為である（Part II **7-1-1**）。

　手形の支払拒絶とは，手形の所持人が支払呈示期間（Part II **7-3-2**）内に支払呈示をしたにもかかわらず支払が拒絶されることをいう。

　手形の遡求とは，手形の支払が拒絶された場合（為替手形の場合は引受が拒絶された場合を含む）または満期に支払われる可能性が著しく低くなった場合に，手形の所持人が裏書人等の遡求義務者（Part II **7-3-1**）に対し，本来の支払に代

わるものとして一定金額の支払を請求することをいう（Part II *7-3*）。

　再遡求とは，遡求義務を履行し手形を受け戻した者が，裏書人等の自己の前者に対して，さらに一定金額の支払を請求することをいう（Part II *7-3-7*）。

　手形の請求呈示については，Part II *7-2-4-1* 参照。

　ただし，実務上は，以下のように手形関係は示される。

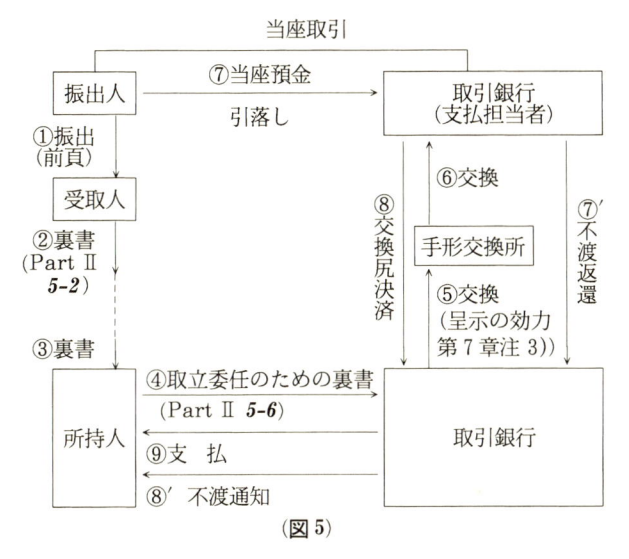

（図 5）

　すなわち，手形所持人と振出人（またはその支払担当者）がいずれも銀行である場合には，両者が加盟している手形交換所において支払呈示をなすことができる（77 I ③・38 II）。

　一般に流通している約束手形は統一手形用紙を用いて作成されており，統一手形用紙には振出人の取引銀行が支払担当者たる支払場所として記載されているが，手形債権者は，通常は，支払担当者の営業所において自ら支払呈示をすることなく，取立委任裏書または隠れた取立委任裏書を行って，手形債権者の取引銀行が手形交換所において支払呈示を行う。手形交換所の規則では，各加盟銀行が支払うべき手形・小切手は手形交換所の決済に付さなければならないとされているから，他の加盟銀行が振出人または支払担当者となっている約束

手形を手形交換に付することは，取立てを委任された加盟銀行にとっては義務
である。ところで，手形交換所規則によれば，手形の支払義務者の資金不足ま
たは取引なしの事由により，6ヵ月以内に2回支払拒絶（不渡り）となったと
きは，不渡手形を出した支払義務者は銀行取引停止処分（不渡処分）を受け，
その交換所に加盟しているすべての銀行と当座勘定取引および貸出取引をする
ことが2年間できなくなる。このような不渡処分の制裁は，手形金支払の確実
性を強化するものであって，手形の流通性の促進に大きな役割を果たしている。
約束手形に第三者方払文句の記載として，振出人の取引銀行が支払場所として
記載されることは，手形の取立てを容易にするにとどまらない。

第4章

手形法の視点

Part I 約束手形の意義と手形法の視点

(1) 関係者の具体的な利益

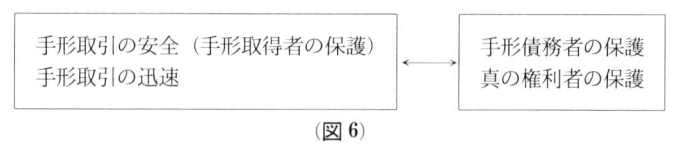

（図6）

　手形取引の迅速・安全と手形債務者の保護とのバランスを図る必要がある。いずれか一方のみにかたよると手形制度は利用されなくなる。

　① 手形取引の安全　　手形取引の安全が確保されなければ，手形を受け取り，または譲り受ける者がいなくなり，手形制度が機能しなくなってしまう。手形取引の安全が確保されてこそ，手形取引の迅速も確保される。

　手形取引の安全を保護する制度としては，善意取得 (16)，白地手形の不当補充の際の取得者保護 (10) のほか，手形の無因証券性（*2-1-2*，Part II *1-2* 以下）および人的抗弁の主張制限 (17)（Part II *6-3-3*）がある。また，手形行為独立の原則 (7)（Part II *2-2*・*5-2-3*）も含まれよう。さらに権利外観理論[1]や創造説（Part II *2-3* 注 4)）も手形取引の安全を図るために提唱されてきた。

　手形が輾転流通する可能性からは，直接の相手方以外の手形取得者保護を図れば十分なはずである。ところが，現在の多くの学説は，直接の相手方の保護をも図るような解釈論を示している。すなわち，二段階創造説（Part II *2-3* 注 4)）は，直接の相手方が善意取得する可能性（振出において第一の権利移転行為が認められるから）を認め，権利外観理論（Part II *2-3*）を導入する説をとっても，その要件からは，直接の相手方もその権利外観理論により保護される余地があ

---

1)　権利外観理論と一般にいわれているが，法外観理論とよぶ論者もいる。これは，①有効に手形債務が発生したかのような（手形上の権利が存在するかのような）外観が存在すること（外観の存在），②ある者がそのような外観を有責的に作出したこと（外観作出の帰責性），③他の者がその外観を信頼したこと（外観への信頼）の3要件が満たされるときに，行為者はその外観を信頼した者に対して外観どおりの手形債務を負担しなければならないとする理論である。民法においても表見代理の規定や94条2項の類推という形で，また，商法・会社法においては表見代表取締役や表見支配人に関する規定に権利外観理論の片鱗がみられるが，ここでいう権利外観理論はより一般的な法理として位置づけられる（ここまで一般化して広く適用してよいかについては疑問があり，民法・商法・会社法の具体的規定の類推適用ないし手形法の条文の類推適用をまず検討すべきであり，明文のない権利外観理論の適用には慎重さを要すると考える）。

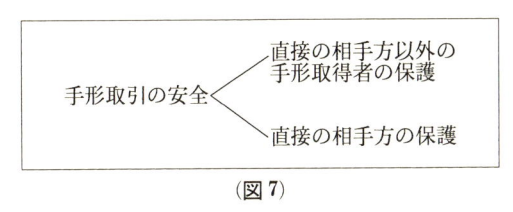

（図 7）

る（ただし，木内・講義55）。しかも，善意取得について，意思表示の瑕疵，制限行為能力者からの譲受け等にも適用があるとする，いわゆる政策的拡張説（Part II *5-2-5-1*）は，直接の相手方を保護する点で，限定説（無権利者からの譲受けに善意取得の適用範囲を限定する）との大きな差異を生ずるが，近年，支持者が増加していた。

このように直接の相手方をも保護する見解は，手形制度の安定性や手形制度への信頼を重視するものであると考えられる。もちろん，このような解釈をとっても，直接の相手方には悪意または重過失が認められることが多いし，人的抗弁の対抗が可能な場合があるから，手形債務者の保護も，ある程度，図られる。

これに対して，民法が定める以上に，直接の相手方（受取人や被裏書人）を保護すべき理由は，利益衡量の観点からは見出せないとして，原則として，直接の相手方以外の手形取得者保護のみを考える立場もある。

直接の相手方を特に保護すべきかどうかという問題ではないが，手形面からは，だれが手形行為をしたのか，あるいは手形行為者に代理権があるのかなどは厳密な意味ではわからないし，裏書には原則として担保的効力があるとされていること，手形は指図証券であることなどを考慮すると，裏書人と被裏書人とは面識があることが典型的であるべきである。したがって，手形取引の安全を確保するといっても，真の権利者などを犠牲にしてまで，見ず知らずの者から安心して手形を譲り受けられるようにするということまで，実現する必要があるかどうかは慎重に考えるべきである。

　② 手形取引の迅速　　手形制度が広く用いられるためには，手形取引の迅速が図られる必要がある。手形債権を迅速に譲渡でき，手形債権が迅速に実

現される（支払われる）ことによって，手形制度を用いるメリットは高まる。この観点からも善意取得・善意支払は意義を有するし（大がかりな調査をしなくとも安心して譲り受けられる，支払える），遡求の制度（PartⅡ *7-3*）も迅速な債権の実現に寄与する。さらに，人的抗弁の主張制限も，ひとまず支払わせて，手形外の関係や不当利得返還請求によって公平な結果を，時間をかけて，後で確保させるものと考えることができる。

③　手形債務者の利益　　手形債務者の利益がそれなりに保護されなければ，手形上の債務を負担しようとする者はいなくなるであろう。そこで，変造（PartⅡ *4-2*）に関する規定などが置かれている。また，白地手形の不当補充（PartⅡ *10-6*）や善意支払（PartⅡ *7-2-2*）の規定も，手形債務者の利益を保護する面をもつ。さらに，無担保文句や裏書禁止文句の記載によって，また指図禁止手形とすることによって，手形債務者は自己の利益を守ることができる。手形債務者の利益を手形関係で保護しても，手形所持人などの利益は手形外の関係（原因関係など）で図れる場合があり，手形関係のみですべてが処理されるわけではない。そこで，手形債務者の利益を多少損なってまで，手形関係では所持人の利益を図り，手形外で実質的公平を図るべきなのか，逆に手形関係では債務者の利益をある程度重視し，手形外で所持人の保護を考えるべきなのか，を意識する必要がある（また，森本 183 号 69-70 参照）。

④　真の権利者の保護（静的安全の保護）　　善意取得や善意支払の制度は取引等の安全を保護するものであるが，善意無重過失という主観的要件を課すことによって，真の権利者の保護とのバランスを図っている。また，除権決定，線引小切手，後日付小切手や支払委託取消しは真の権利者を保護するものである。さらに実質的無権利者に対しては手形の返還を求めうると考えること（PartⅡ *5-2-3*（3））も真の権利者保護のためである。手形取得者の保護は手形外の関係を通じて図ることができる場合もあり，真の権利者保護の要請も無視できない。

(2)　手形をめぐる法律関係

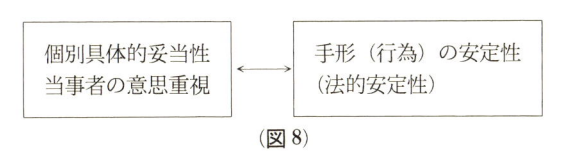

（図 8）

　手形行為を定型化し，記載事項・方式などを限定することなどによって法的安定性を確保する立場と，個別具体的妥当性（当事者間の利益衡量あるいは当事者の債務負担の意思）を重視する立場とがある。

　①　個別具体的妥当性　　とりわけ，手形要件をめぐる議論では，手形債務負担の意思があれば，手形要件が満たされていると考えても，手形債務者に不測の損害はないし，手形取得者には有利であるから問題はないという価値判断を背景として，代行方式による法人の署名を認めたり，周知性・慣用性のない他人の名称を手形行為者自身を表す名称として用いることを認める見解（Part II ***3-3・2-1-1-7-1***）がある（このほか，満期と振出日の間の理論的整合性を問わない見解〔Part II ***2-1-1-3***(1)①〕も，この流れに属しよう）。また，文言性は取引の安全を図るためのものであるとして，手形署名者がその責任を免れる根拠として用いることを許さない見解もある。これらの見解は，個別具体的妥当性を重視するものといえよう。

　②　手形（行為）の定型性（法的安定性）　　手形制度を利用しやすくし，また安定性をもたせるため，また，手形制度に対する信頼と支払の迅速・確実を確保するために，手形の安定性を重視し，手形要件の記載をできるだけ確実なもの，外観上明瞭なものとすることを重視する見解（拇印による捺印は認めないとか，偽造者は手形上の責任を負わないとか，有益的記載事項は法定のものに限るなど）がある。この利益を重視すると具体的妥当性に欠けるようにも思えるが，手形外の関係（原因関係，不当利得返還請求など）で実質的公平を図りうる。つまり，手形関係として処理すべきなのか，手形外の関係で処理してもよいかという点は考察に値する。

(3) 法 的 構 成

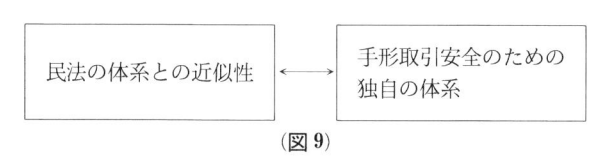

(図 9)

　手形法は民法の特別法であるという観点から，手形法に規定がない事項については民法によってできるだけ処理する，民法の債権の発生・消滅あるいは債権譲渡についての議論をあてはめて考えることが望ましいという考え方と，手形取引の安全を強調して手形法独自の体系（たとえば創造説，無因論など）を構築することが妥当だとする立場とがありうる。

第 1 章

原因関係と手形関係

1-1
手形の授受（振出・裏書・引受）が原因関係に及ぼす影響

（表 2）

		既存債務	行使の順序	履行遅滞の時期
支払に代えて		消滅		適法な支払呈示があった時
（広義）支払のために	（狭義）支払のために	併存	手形債権を先	
	担保のために		どちらも可	既存債務はその弁済期到来の時

　売買契約，手形割引，手形貸付など，手形行為をなす原因となった法律関係を原因関係という。

　(1)　既存債務の消長　　既存債務の履行に関し手形が授受された場合に，それにより既存債務（原因関係上の債務）が消滅する場合（支払に代えて）であるのか，消滅せず両債務が並存する場合（〔広義の〕支払のために）であるのかは，当事者の意思を基準として決めるべきである（大判大正 7・10・29 民録 24 輯 2079）。そして，当事者の意思が不明の場合には，既存債務と手形債務とが並存する（〔広義の〕支払のために）ものと推定すべきである（最判昭和 45・10・22 判時 613 号 85）。

　なぜなら，手形の授受があっても必ずしも手形金の支払があるとは限らない以上，手形の授受のみで原因関係上の権利が消滅するというのは，当事者の通常の意思に反するからである。また，既存債務が消滅すると，債権者はそれに関する抵当権，先取特権などの担保権や抗弁権を失うという不利益を受ける場合もある。さらに，既存債権の消滅時効期間のほうが手形の消滅時効期間より長いことがあるので，既存債務が消滅しないと推定することが当事者の合理的意思に合致するからである。

　(2)　「支払に代えて」の（併存しない）場合の既存債務の消滅　　通説[1]は，

手形行為の無因性との整合性を図る観点から，支払に代えて手形を授受するのは，代物弁済であると解している。代物弁済については無因的なものを観念できることを理由とする。すなわち，更改は有因契約であるから旧債務（既存債務）が存在しないと新債務（手形債務）が成立しなかったこととなり，手形債務の無因性と相容れないとする一方で，当事者がとくに支払に代えて手形を授受したのであるから，その手形に瑕疵があるときには，代物弁済としては有効であり，原因関係上の扱いを民法の一般原則（担保責任など。石井＝鴻 148 以下参照）により解決するのはやむをえないという。

(3) 併存する場合（〔広義の〕支払のために）

① 併存する場合の行使の順序　既存債務と手形債務とが併存する場合に，手形債権を先に行使すべき（狭義の支払のために）か，債権者が自由に選択して行使しうるか（担保のために）も，当事者の意思によって決せられる。

そして，（狭義の）支払のために手形・小切手が授受された場合には，既存債務も取立債務化され，手形・小切手の呈示がなければ履行遅滞とならない。債権者が先に既存債権の履行を請求したときには，債務者は，先に手形債権を行使すべきであると主張して，既存債務の弁済を拒絶しうる。しかし，先に手形債権を行使したのに支払・引受拒絶された場合には，債権者は遡求権を行使することなく，直ちに既存債権を行使しうる（大判大正 6・5・25 民録 23 輯 839）。他方，「担保のために」授受された場合には，既存債務の持参債務性は失われないから，既存債務の弁済期の到来により既存債務については履行遅滞となる（最判昭和 40・8・24 民集 19 巻 6 号 1435）。

当事者の意思が不明な場合においては，原因関係上の債務者以外の者が第一次的に支払をなす手形の授受があった場合には「支払のために」授受されたと推定し，第三者方払でなく，原因関係上の債務者と第一次的に支払をする者とが一致するとき（単名手形）には「担保のために」手形が授受されたと考える

---

1) 他方，平成 16 年民法現代語化による改正前民法 513 条 2 項の下で，倉沢教授は，更改にあたるとして，無因的な更改が考えられるとされていた（倉沢・重点 39）。また，高田・法学研究 70 巻 1 号 166 注（56）参照。

べきである。

　なぜなら，第三者方払でない単名手形の場合には，両債権のどちらが先に行使されても債務者の利害には無関係である反面[2]，所持人の便宜にとっては，「担保のために」授受されたと解することが有利だからである。

　　②　既存債権の行使に手形の返還を要するか（担保のために授受した場合）
手形が「担保のために」授受された場合，債権者は手形債権と既存債権のどちらを先に行使してもよいが，債権者が既存債権を行使する場合には，手形の返還を要するか否かが問題となる。

　この点につき，判例（百選87事件［2]）・通説は，二重払の危険（手形の善意の譲受人に対し債務者は原因関係消滅の抗弁を対抗しえず，善意取得のおそれもある）を債務者に負わせるのは衡平の理念に反するし，法が債務者の二重払の危険を防ぐため手形に受戻証券性を認めた趣旨からも，また，前者に対する遡求権行使の機会を原因関係上の債務者に確保させるためにも債務者は手形と引換えに支払うという抗弁権を有し，訴訟上もこの抗弁権を債務者が行使した場合は，手形と引換えに支払うべき旨の引換給付の判決をなすべきであるとする（民法533条の基礎にある信義衡平の原則）[3]。

----

2)　百選86事件［1］は，手形がその既存債務の支払確保のために振り出された場合に，当事者に別段の意思表示がなく，債務者自身が唯一の義務者であって他に手形上の義務者がない場合には，手形は担保供与の趣旨で授与されたものと推定するのが相当であり，債権者は両債権のうち，いずれを先に行使してもよいとする。しかし，原因関係上の債務者が手形上の唯一の債務者の場合でも，第三者方払手形の場合，その第三者方に債務者は資金を用意しているのがふつうであり，もし既存債務も行使できるとすれば，おのずから別の所にも資金を準備しなければならなくなるので，不当である（大判大正11・4・8民集1巻179参照）。
　　前田106は，手形を既存債務のために授受している以上，手形授受の当事者の意思としては手形により第一次的にその決済がなされるのが当然と考えられるし，「担保のために」授受したと解すると，手形債務者が不利であるから，当事者間で「担保のために」という明確な特約がない限り，単名手形であっても，狭義の「支払のために」手形は授受されたものと考えるべきであるとする。森本195号84も同様の見解による。
3)　債権者が，手形の所持を喪失した場合や，手形上の権利が手続欠缺や時効により消滅している場合には引換えに給付することはできない。しかし，これは既存債務を一方的に支払わなければならないことを当然に意味するものではなく，債権者は有効な手形の返還を受けられないことに基づき生ずる損害につき，債務者に対する損害賠償請求権を取得し，この請求権と既存債務とを相殺することによって，既存債務の行使を拒絶しうる。

　ただし，既存債権と手形の返還請求権との関係は，民法 533 条に定める対価的関係に立つ双務契約上の対立した債権関係またはこれに類似する関係にあるものとはいえない。したがって，原因関係の履行期を徒過している場合には，債権者から手形の返還を受けなくても，債務者は履行遅滞となる（最判昭和40・8・24 民集 19 巻 6 号 1435）。

> ## *1-2*
> ### 原因関係が手形関係に及ぼす影響

　(1)　**手形または手形行為の無因性を認める見解**　　手形関係は，原因関係から分離されたものであり，手形行為によって新しい債務が発生することには異論はない。

　さらに，現在の通説によれば，原因関係の無効・不存在・消滅は，手形関係の無効・不存在・消滅をもたらすものではない（手形の無因性[4]）。

　なお，手形または手形行為の無因性の根拠として，手形の支払委託・支払約束の単純性（1②・75②）や裏書の単純性（77 I ①・12 I）をあげる見解がある。しかし，同様の条文は，（日本でいわれている有因とは概念が異なるが）手形行為の有因性を認めるフランス手形法にも存在するのであり，わが国の手形法のもととなっているジュネーブ手形法条約の制定過程では，有因・無因のいずれにもくみしないとされたのである。

　したがって，手形法には，無因・有因のいずれの立場をとるかについて明文の規定はなく，解釈に委ねられているというべきである。

　手形または手形行為の無因性を認める見解は，さらに大きく二つに分けることができる。

---

4)　無因性という概念は，①直接の当事者間でも，原因関係の瑕疵（無効など）が手形上の権利発生に影響を与えるものとしてではなく，抗弁として取り扱われるという意味での無因性，②人的抗弁の主張制限によって手形の第三取得者が取得する権利の性質を示すものとしての無因性，③原因関係（既存債権）から手形関係（手形債権）が分離独立しているという意味での無因性，④手形上の権利や手形行為が②③の結果有する性格を描写するものとしての無因性，という形で用いられている。

第1の見解は，人的抗弁の主張制限（77 I ①・17）（**6-3-3**）を説明するために，無因構成が妥当であるとするものである（浜田・レクチャー 173，大塚・石井追悼 68 注（56）参照）。すなわち，手形上の権利が原因関係の消長によって影響を受けると考えると，善意の第三者の権利行使が認められるためには，その第三者のもとで権利が発生することを説明しなければならなくなり，理論構成が難しい（権利外観理論〔**2-3**〕を使うことになろう）。本書は，さしあたり，この見解によることとする。

　第2の見解は，無因性を一般的に認めるものである（倉沢・重点 50 など）。この見解は，支払約束等の単純性を条文上の根拠とし，手形取引の安全のために無因性が認められることが大前提であるというものである。とりわけ，挙証責任を債務者に負わせるのには無因性を前提とする方が適合的であるといえよう。また，手形の無因性は，当事者の意思に基づくものであるという指摘もある。

　しかし，ドイツで手形行為の無因性が認められるのは，民法に根拠があるからであり，日本民法はドイツ法と異なり，無因行為を本来想定していないと考えられている。また，有因と考えても，挙証責任を債務者に負わせることは法律の解釈として可能である（川村 24）。さらに，当事者間でも無因性を認めることが当事者の合理的意思であるとは必ずしも思われない。

　(2)　権利移転行為のみを有因と考える見解[5]　　この見解は二段階創造説（**2-3** 注 4）)を前提として，債務負担行為は無因であるが，権利移転行為は有因であるとするものである（前田 38・50，竹内 145，平出 124，庄子・シンポ 329，永井 188，小西・金融法務事情 335 号 20，大野 3 など）。いくつかの点では，論者によって見解を異にするが[6]，いずれも，無因性は善意の手形の第三取得者を保護するためのものであると位置づけることを背景とする。

　たとえば，前田教授は，権利移転行為有因論を，原因関係の消滅等の事由に

---

5)　手形行為は有因であるとする見解として，伊沢・特別講義商法 II 110 以下。第三者保護は権利外観理論で図ろうというものであり，権利外観理論を認める以上，この構成によったほうが当事者間の関係と第三取得者との関係の相違を説明しやすいと考えられる。また大塚・石井追悼 55-56 参照。

6)　平出 127-129 は相対的有因論という考え方をとられる。すなわち，原因関係の当事者およびその前者に対する関係でのみ有因的に構成すべきであるとする。

より手形当事者間で手形上の権利を移転する意思がなく，または手形上の権利を相手方に保有させておく意思がない場合に，そのような意思を手形関係に反映させる理論であるとされる（前田 50-53・108・240）。

このような見解は，手形取引の安全のためには手形ないし手形行為の無因性を認める必要があるし，支払委託・支払約束の単純性と無因性とは適合性が高いことを前提としつつも，日本の民法は無因行為を認めないと解されることから，その修正は最小限度にとどめるべきであること（永井・現代講座 2 巻 31 参照），また，有因的構成（とりわけ前田説にいう）が当事者の合理的意思に合致することを根拠として，権利移転行為の有因性を認めるものと思われる[7]。

これに対する理論的な批判としては，まず裏書あるいは証券の交付なしに手形上の権利の移転を考えることはできないのではないかといわれているが，証券のもつ消極的作用は権利に流通性を与えるためのものであり，既存の当事者間では，証券が返還されなくても権利は復帰していると考えても，証券の消極的作用に矛盾するものではないとこたえることができよう（平出 125-126）。

また，原因関係の一部が消滅すると，それに対応する手形上の権利が復帰すると考えると一部裏書の禁止（77 I ①・12 II）に反するのではないかという疑問がある。しかし，一部保証，一部引受を手形法は認めているし，実質的に一部裏書になっても，善意の第三者および手形債務者には対抗できないから問題はない。

さらに，原因関係上の債権額と手形債権額が一致しない場合が問題となるが，原因関係上の債権額を手形債権額が上回るときは，その超過部分については取立権限が付与されているとみればよい（隠れた取立委任は信託的譲渡であると解すればよいと指摘されているが，信託的譲渡と解することには賛成できない。*5-5-1*（2））。

以上に加えて，手形上の権利が復帰するのは権利移転行為が有因的であるからではなく，一定の特約に基づくのではないか（木内・講義 147-148）という指

---

7) これに対しては，手形債務負担行為は無因だが権利移転行為は有因であるとすることは，手形行為は一体としてとらえられるべきことから，不自然であるという批判があるが，これは二段階創造説（*2-3*注4））に対する批判にすぎない。

摘があるが，そのような暗黙の特約が当事者の合理的意思より認められること
を前田説における有因論は内容とするのではなかろうか。

　他方，利益衡量上は，①原因関係が消滅しても，所持人が前者に対して別債
権を有しており，かつ前者が無資力の場合，②原因関係の消滅を知らずに手形
債務者が弁済した場合，③原因関係が解除されたが，裏書人に原状回復義務が
残っている場合，④原因関係消滅後に手形が第三者に譲渡された場合などが問
題となる。

　しかし，①のような場合に，別債権の担保のために手形をCに保有させる
ことが本当に公平か否かについては，見解が分かれよう。②の場合には，手形
債務者は手形法 40 条 3 項（**7-2-2**）類推によって保護されると考えればよい。
③の場合には，前田説の定義によれば，所持人は手形上の権利を失わないから
問題はない。④の場合には，第三取得者は善意取得（77 I ①・16 II）により保護
され（無因論によれば人的抗弁の主張制限〔77 I ①・17〕で保護），たしかに差が生
じるが，重過失が認められるのは例外だから（原因関係の存否の調査義務はな
い），ほとんど差はない。また，人的抗弁の主張制限と善意取得の主観的保護
要件に差がある以上しかたがない（また，岩原・ジュリスト 1102 号 59–60 参照）。

　なお，人的抗弁としての原因関係欠缺の抗弁と無権利者の抗弁の関係につい
て，前田説は人的抗弁の主張を許すことに実益がないと考えて，無権利者の抗
弁のみを認めるようであるが，二つの抗弁の併存を認めたほうがよいのではな
いかと思われる（永井 162–165・188–190）。

1-3
手形債権の消滅[8]が原因関係に及ぼす影響 （併存している場合）

(1)　手形債務の履行　　原因関係上の債務は消滅する。

(2)　手形債権の譲渡　　判例（最判昭和 35・7・8 民集 14 巻 9 号 1720）・通説は，

---

8)　利得償還請求権（**7-5**）が問題となる。

手形を譲渡しても，手形金が支払われるまでは原因関係上の債権者（裏書人）はなお遡求義務を負うので，それまでは債権の満足を確定的に受けたことにならないから，手形金が支払われたか（何者かに対して手形の有効な支払がなされればよく，原因関係上の債権者が確定的に利益を受ける必要はない。善意取得や善意支払の場合を考えよ），または裏書人が譲渡により取得した対価を遡求義務などにより失うおそれがなくなり（遡求権が保全されなかった場合や手形債権が時効消滅した場合を含む。*7-5-2*（3）も参照），その対価を決定的におさめたときに原因関係上の債権は消滅するとする。

（3）**時効または手続欠缺による手形債権の消滅**　（広義の）支払のために授受する当事者の意思，および手形は支払手段であることから，原因関係上の債権は消滅しない。また，手形債権を先に行使せよという抗弁は，手形債務が消滅している以上，もはや主張しえない。手形と引換えに支払うという抗弁は，利得償還請求権の行使に手形が必要かという問題と関連するが，不要とすれば引換給付の抗弁は主張しえないし，必要としても時効消滅後は善意取得がありえないのだから二重払の危険はなく引換給付の抗弁は主張できない。

ただし，裏書人と被裏書人との関係については，*7-5-2*（3）注33）34）を参照。

1-4
既存債権の消滅が手形関係に及ぼす影響（併存している場合）

（1）**既存債務の履行**　手形を受け戻さない限り，既存債務の履行は人的抗弁事由になるにすぎない。

（2）**既存債権のみの譲渡**　手形債務は消滅しない。しかし，既存債権の譲受人に対しては，二重弁済防止のために，既存債権の行使にあたって，手形を返還すべき旨の抗弁を，手形債務者は主張できる。

（3）**既存債権が時効消滅した場合**[9]　手形債務自体は消滅しないが，既存債権の時効消滅は人的抗弁事由となる（最判昭和43・12・12判時545号78）。

これに対して，原因関係上の債権の支払のために手形が授受された当事者間において，既存債権が弁済等により満足を得た場合には，債務者はこれを人的抗弁事由として手形金の支払を拒みうるが，それは債権者に二重の満足を得させないためであり，既存債権について消滅時効が完成したにすぎない場合には，債権者は満足を得たわけではないから，既存債権の時効消滅は人的抗弁事由にあたらないとする見解も有力（大塚・法教 159 号 110，木内 287）である。この説によれば，既存債権が時効消滅した後は，手形債権だけを債権者は有することになり，既存債権が時効消滅した後も手形債権自体が消滅時効にかかる前であれば，それを行使しうることになる。

　この二つの見解の対立は，当事者の合理的意思がどのようなものであるかについての理解の差異に基づくと考えられる。すなわち，支払のために手形を振り出すのは，単に簡易・迅速な支払手段によるためと考えれば人的抗弁事由と考える見解と結びつくし，時効期間の延長を含む意図が一般にあると考えれば人的抗弁事由ではないという見解につながろう。

　当事者の合理的意思として，手形を用いることに時効期間を延長する意図が含まれると解するのは自然ではないが，手形債務の負担は原因関係上の債務の承認であり，その限りにおいて，原因関係上の債権の時効更新事由であると考えるのが適当でなかろうか。

---

9)　手形金請求訴訟の提起によって，手形債権だけでなく原因関係上の債権の時効も中断（完成猶予）するというのが判例（百選 80 事件［3］）である。その理由としては，債権者の手形金請求の訴えは既存債権の履行請求に先立ちその手段として提起されるのが通例であり，また原因債権の時効消滅は右訴訟において債務者の人的抗弁事由となるところ，右訴えの提起後も既存債権の時効が進行し完成するものとすれば，債権者としては右時効完成の結果を回避するためにはさらに既存債権についても訴えを提起するなどして別途に時効中断の措置（時効の完成猶予のための措置）を講ずることを余儀なくされ，債権者の通常の期待に著しく反する結果となり，他方，債務者は，手形金請求訴訟継続中に完成した既存債権の消滅時効を援用して手形債務を免れるという不合理な結果を生ずるからであると指摘されている。このようにこの見解は，既存債権の時効消滅は人的抗弁事由にあたるとする立場と結びついている。

　　他方，人的抗弁事由にあたらないとする見解は，既存債権と手形債権とはそれぞれ別個・独立の権利であって，消滅時効はそれぞれ別個に完成するものであり，一方の権利について講じられた時効の完成猶予のための措置は，何ら時効の完成猶予のための措置がとられていない他方の権利について完成猶予が生ずるものではない，とする。

（表3）

手形関係と原因関係

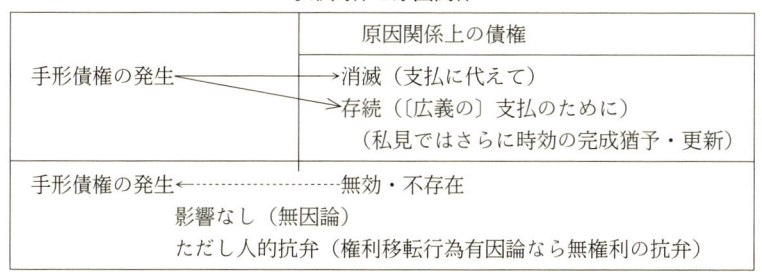

	原因関係上の債権
手形債権の発生	→消滅（支払に代えて） →存続（〔広義の〕支払のために） 　（私見ではさらに時効の完成猶予・更新）
手形債権の発生←-------------	無効・不存在 　影響なし（無因論） 　ただし人的抗弁（権利移転行為有因論なら無権利の抗弁）

〔広義の〕支払のために手形が授受された場合

手 形 債 権	原因関係上の債権
手形債務の履行　　　　———	→消滅
譲渡　　　　　　　　———	→遡求義務を負うことがなくなったとき消滅
時効または手続欠缺によ…… る消滅	→影響なし（ただし，損害賠償請求権との相 　殺の可能性あり）
人的抗弁　　　　　　←———	原因関係上の債務の履行
影響なし （ただし手形返還の抗弁）←……	譲渡
人的抗弁 （反対説あり）←———	時効消滅
時効完成猶予・更新　———	→時効完成猶予・更新（判例） 　（私見は反対）
影響なし　　　　　←……	時効完成猶予・更新

第2章

手形行為の成立要件

Part II 約 束 手 形

2-1
約束手形上の記載事項

　手形の要式証券性（Part I **2-1-4**）は，一方では，手形上に記載すべき最低限の事項（手形要件）が定められており，他方では手形に記載すると手形自体が無効となる事項（有害的記載事項）が存在すると解釈することに具体化されている。さらに，手形法に規定のない事項は記載しても手形上の効力を生じないとする従来の通説によれば，記載しうる事項の最大限（有益的記載事項）も定められていることになる。手形債務の内容を明確にすることは，流通の保護と支払の迅速・確実を確保するために必要とされるからである（龍田・講座 II32，森本182 号 40）。

2-1-1　手形要件（75）

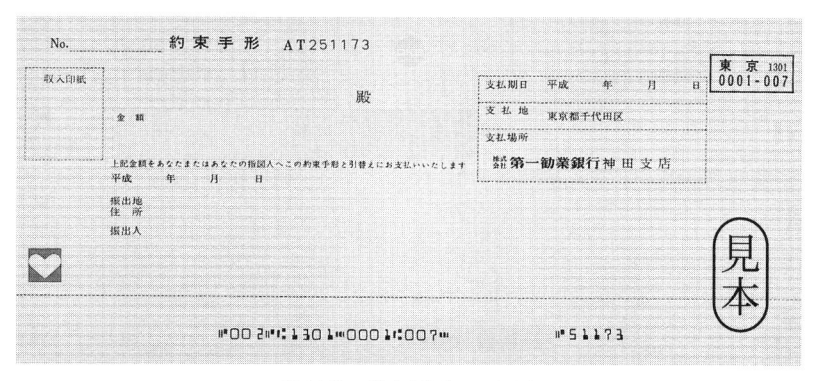

（図 10）　約束手形のひな形

　手形要件を欠く手形は，無効である（ただし，後述する白地手形は手形ではないが，商慣習法上の証券である〔第 10 章〕）。すなわち，手形要件は，手形に必ず記載しなければならない事項である。

2-1-1-1 約束手形文句（75①）

約束手形であることを示す文字をいう。証券上の義務者および証券の取得者に，手形法の厳格な適用を受ける当事者になることを一見してわからせるために，この記載が要求される。他の目的でなされた署名や他の証書を無断で手形に転用することを防止するため，約束手形文句は，「証券の文言中に」記載されることを要する。これについては，本文への記載を要するか表題への記載で足りるかの争いがあるが，改ざん防止という点から本文への記載を要すると解するのが妥当である。

なお支払約束文句（75②）が手形要件とされているが，これは一定の金額を支払うべき旨の約束である。手形用紙中の「上記金額を……お支払いいたします」というのが支払約束文句に該当するが，その際，証券上の権利内容をだれにでも了解できるものにしておくため，支払約束は条件がついていない単純なものでなければならない。

2-1-1-2 手形金額（75②）

約束手形は，一定の金額の支払を約束する証券であり（75②），この金額を手形金額という。

手形金額は，一定していることを要し，単に一定しうるのでは許されない。すなわち，「満期における1万ユーロに相当する邦貨」という表示は許されない。なぜなら，1万ユーロに相当する邦貨の額は為替相場の変動によって時々刻々変動し，手形の流通段階では金額が一定せず取引の安全を害するからである（これに対して，「1万ユーロ」は許される〔77Ⅰ③・41〕）。

①　重畳的記載と選択的記載　　金額を重畳的に記載し，その総計を手形金額とすること（たとえば，100万円および50万円）は許されない。そのような記載は，一定性を害しないようだが，一見して手形金額を了解できず，手形の取引の円滑を害するからである。

なお，利息文句は，理論的には，手形金額自体の記載ではなく，それ以外の付随的事項の記載であると考えられ，実際上の必要もあることから一定の範囲内で認められる（77Ⅱ・5）。

金額の選択的記載（たとえば，100 万円または 50 万円）は，金額の一定性を害し，許されない。

　②　金額の複数記載

〔ケース 1〕

　A は，B を受取人として約束手形を振り出したが，その手形の金額欄には「壱百円」と「1,000,000-」の記載があった。

　手形に金額が複数記載された場合，その複数の金額の記載が万一食い違った場合でも，手形法によれば無効とされず，金額がそれぞれ数字で記載されている場合または金額がそれぞれ文字で記載されている場合には最少額が，金額が文字と数字とで記載されていれば文字による記載額が，手形金額とされる（77Ⅱ・6，小9）。文字による記載を数字による記載に優先させている理由は，文字が通常，数字よりも慎重に扱われ，かつ，変造も困難であるためである。西洋においては，文字がアルファベット（たとえば twenty dollars），数字が算用数字（たとえば $ 20）を意味することは明らかであり，実際にも通常は，手形金額はその二通りによって記載されている。しかし，わが国では，ひらがなやカタカナで金額を表示することはまずないため，そもそも文字と数字の区別が困難である。ただ手形法 6 条における文字と数字の区別は，異なる金額が重複して記載された場合にはじめて問題になるにすぎないから，ある記載を取りあげて，それが文字による記載であるか数字による記載であるかを一般的・抽象的に論じるのは無意味である。文字を数字に優先させた理由が，文字のほうが数字よりも慎重に扱われ，かつ，変造も困難であると考えられたことにあったことに鑑みれば，異なる金額が重複して記載されている手形面上においては，相対的に慎重に扱われ，変造も困難である記載を文字による記載であると解すべきである。

　なお，明らかに誤記であると認められる場合にも，手形法 6 条の適用があるかは問題となりうる。たしかに，書面行為たる手形行為の解釈については，手形上の記載以外の事実に基づいて行為者の意思を認定し，それによって手形上

の記載の内容を変更したり補充したりすることは許されない（手形客観解釈の原則）。しかし，その記載の解釈に際しては，必ずしも表現された文字に拘泥すべきではなく，一般の社会通念に従って記載の意味内容を合理的に判断しなければならない。かりに明らかに誤記であるということができるのであれば，そのような場合に手形法6条を適用することは妥当でないと考えられる（森本188号104，107注(6)）。なぜなら，振出人は誤って記載された金額の手形を振り出そうと意図していなかったのみならず，所持人としても手形の外観から振出人の意思を正確に理解し，それを前提として当該手形を取得したと考えられ，同条の適用によって当事者間の意思の合致が破壊されることになるからである。その結果，取引の安全を害し，場合によっては，振出人を不当に利することになって，公平の理念にも反するからである。

　他方，手形取引の安全性・迅速性を確保し，手形制度への信頼を高め，また手形制度を使いやすいものとしようとする立場からは，明白な誤記であるか否かの判断が困難であることや形式的判断を重んずるべきことを理由として，〔**ケース1**〕の場合には，手形法6条の適用を考えることとなろう（百選38事件[18]）。そして，いずれも数字による記載とみるか，相対的評価の考え方から「壱百円」を文字による記載と認めるか，いずれの立場に立っても，手形金額は100円であるという結論を導くことになる。ただこの考え方に立っても，手形所持人は裏書人等直接の相手方には，原因関係に基づく請求あるいは不当利得返還請求が可能であり，具体的妥当性がまったく損なわれるものでもない。

　他方，具体的妥当性を追求する立場からは，上述のように明白な誤記がある場合には，手形法6条の適用はないと考えることになろう。この考え方に内在する問題は，どのようにして誤記と判断するかという基準を明確にしなければならないことである（基準の一例として，神作・法学協会雑誌105巻4号119以下参照）。

2-1-1-3　満期（75③）

　満期とは，手形金額が支払われるべき日として手形上に記載された日（支払期日）をいう。ただし，「支払をなすべき日」と区別しなければならない。す

なわち，満期がくれば，所持人は手形を呈示して手形金額を請求できるが，ただ，満期が法定の休日（87）である場合には，それに次ぐ第一の取引日まで支払を求めることができない。この実際に支払を求めることのできる日を「支払をなすべき日」といい（77Ⅰ③・38Ⅰ・44Ⅲ），満期とは必ずしも一致しない（しかし，支払呈示の効果は満期に遡る〔*7-1-2*〕）。

(1) **確定日払**　特定の日を満期とするものをいう。

① **振出日以前の日を満期とする記載**　不合理な日の記載であるとして手形は無効になるとする考え方（A）がある（龍田・講座Ⅱ13。百選20事件 [12] 参照）。その理由としては，振出日付が手形関係の内容を決める上で不要であるとしても，現行手形法上，手形要件とみる必要がないことにはならないこと，手形上一個の意思表示として記載された内容に矛盾があるときは，論理を操るまでもなく，ことに専門家たる銀行の職員には一見して簡単にわかることなので，有効な手形とみる必要はないことがあげられている（*2-1-1-6* 参照）。

しかし，表示された日をそのまま満期として扱ってよいと考える立場（B）もある。これは，確定日払手形においては，記載された振出日によって手形関係の内容が影響を受けないこと，各手形要件を形式上一応具備する以上，各記載間の論理的関係にまで細かい注意を要求することは無理であることを理由とする。

この見解の対立は，手形制度の精緻化を通じて，手形制度への信頼を高め，また手形制度を使いやすいものにしようとする立場（A）と具体的妥当性を重視する立場（B）との対立とみることもできよう。

② **暦にない日を満期とする記載**

〔ケース 2〕

A は，B を受取人として約束手形を振り出したが，その手形には平年の 2 月 29 日を満期とする記載があった。

---

①と同じ問題がある。

手形制度の定型化を通じて，手形取引の安全性・迅速性を確保し，手形制度

への信頼を高め，また手形制度を使いやすいものとしようとする立場から，満期は社会通念上可能な日でなければならないから，〔**ケース2**〕の場合に，不能な日を記載したものとして手形が無効であると解すること（A）も一つの見方である。しかし，具体的妥当性を重視する必要性もまったく無視するわけにはいかない。そこで社会通念上合理的に解釈可能なら，できる限り有効に解釈して（手形有効解釈の原則），手形を無効にすることを避けるべきである。手形を有効と解するアプローチとしては，法律上は満期の記載がないと考え一覧払の手形と考える立場（違法な記載だけを無効にするもの）（B_1）と，確定日払であるという前提を崩さずに満期を決める立場（B_2）が考えられよう。思うに，手形要件の記載の一部のみを無効とし，手形全体には影響を与えないとすることができるとする前提には疑問が残るし，当事者の意思は確定日払とすることにあると考えるのが自然であるから，B_1説をとることは妥当ではない。そこで確定日払であるとすると，満期はいつになるかであるが，社会通念からみて2月29日は2月の末日を意味すると解するのが最も自然であろう（最判昭和44・3・4民集23巻3号586）。ただ，2月29日を2月28日の翌日であるとみて3月1日を満期と考えることも，まったく無理であるとはいえない。

③　一定性　一定することを要するから，到来するかどうか，あるいはいつ到来するかが不明なものや，複数記載は認められない。たとえば，「5月1日から5月30日まで」というような記載が許されるかが問題となる。たしかに，このような記載は期間を表示するもので無効であるとする考え方もある。しかし，その期間内ならば何時でも支払を求めることができるとしているのであるから，呈示期間を短縮した一覧払（34）を定めたものと解釈して有効な手形であると解すべきである。

(2)　日付後定期払　振出の日付後手形に記載された期間の末日を満期とするもの（77 I ②・33 I ③）をいう。

(3)　一覧払　支払呈示があった日を満期とするもの（77 I ②・33 I ③・34 I）をいう。

振出人は呈示すべき期間を定めることができるが，定めなかった場合には振

出日より1年内である（77Ⅰ②・34Ⅰ）。裏書人は，これらの期間を短縮することができる。この期間内に呈示しなければ，遡求権は行使できない。振出人は一定の期日まで呈示を禁止することができ，その場合には呈示期間はその期日から始まる（定期後一覧払）（77Ⅰ②・34Ⅱ）。

(4)　一覧後定期払　　振出の日付より，振出人の定めた期間内，振出人が定めていない場合には1年内に，振出人に一覧のための呈示をし（78Ⅱ・23，裏書人はこの期間を短縮できる。同条），その日から手形に記載された期間を経過した末日を満期とするもの（77Ⅰ②・33Ⅰ②）をいう。一覧後3ヵ月払，一覧後10日払などと記載される。振出人が手形に一覧の旨を記載して署名した日が初日になる。しかし，振出人が一覧の旨をその日付とともに記載に応じない場合には，拒絶証書によってこれを証することになり，その日付が一覧後の期間の初日とされる（78Ⅱ）。

(5)　満期の解釈　　以上と態様の異なる満期や分割払の記載は認められない。そして，違法な満期の記載された手形は無効となるが（77Ⅰ②・33Ⅱ），満期の記載がまったくないときは，一覧払のものとみなされ（76ⅠⅡ），要件欠缺によって手形が無効となることが救済される。ただし，手形法76条2項は，一覧払手形とみなすことが，当事者の意思に反するものでないことを前提としていると考えられる。したがって，満期としては無効となるような記載であっても，一覧払手形とするものでないという意思が積極的に表示されている場合には，同条を適用すべきではない。たとえば，「支払期日平成30年6月　日」などの記載は，確定日払における日の部分の補充を取得者に委ねた趣旨と考えられるから，白地手形とみるべきである。

他方，手形用紙に印刷された文字「支払期日平成　年　月　日」をそのままにして振り出された手形については，これを一覧払とみるか，それとも満期白地の白地手形とみるかについては議論がある。

この点，印刷された文字がとくに抹消されていない限り，白地手形とみるのが一般的である（森本188号104）。その理由としては，一般に確定日払の手形が多いところから考えて，このように解するのが自然であること，白地手形で

あるとすると，その補充をしなければならないという面倒が生ずるが，権利行使の可能期間は，一覧払とするより長くなるから，このように解しても所持人にとって不利益にはならないことがあげられている。

ただ，手形所持人は，いずれかを選択する権利を有し，白地手形として満期を補充することも，一覧払手形として請求することもできるとする考え方もある（前田 128）。そのような曖昧な手形に署名した者が，曖昧な記載による不利益を蒙ることはやむをえないというべきであって，そのような場合には，手形取引の安全の見地から，手形所持人に選択権が与えられると考えるべきことを理由とする。

2-1-1-4 支払地（75④）

満期において手形金額が支払われるべき地域のことである。

これを記載させるのは，所持人が満期に手形の支払場所を探知する手がかりを与えるためである。したがって，支払地は，支払場所を探すために，合理的な広さをもった地域であることを要する。

(1) 「地」の定義　支払地の「地」は地域を意味するが，手形は全国に流通するという性格を有するので，その権利行使に不便をきたさないように，支払地は全国に通用する地であることが必要であるとの観点から，「地」は最小独立行政区画たる地域を意味すると考えるのが判例（大判明治 34・10・24 民録 7輯 9 巻 124）である。

しかし，支払地の記載が要求される趣旨から，最小独立の行政区画よりも広い地域は認められないが（ただし，(3) 参照），それよりも狭い地域であれば，それが社会的に通用する名称で表示され，かつ，その範囲が客観的に確定している限り，当事者の意思を尊重して，これを支払地と認めるべきであろう。ただ，地点をも支払地と認めてよいかについては争いがある。なお，支払地の範囲が狭くてもよいとすると（極端には地点でよいとする），抽象的に考えると，支払地内に支払場所が存在しない可能性が高まることには留意しなければならない。

(2) 一定性　支払地の重畳的記載も選択的記載も，所持人の権利行使を困

難ならしめるものであるから認められないと解するのが通説（大隅85）である。しかし，重畳的記載は所持人を害するから認められないが，選択的記載は所持人が選択権を有する限り，これを有効としてよいと考えるべきである（鈴木198）。なぜなら，重畳的記載は遡求条件の一定性を害するものではないが，短い呈示期間内に両方の地において支払呈示をしなければならず，所持人の利益が不当に害されるから認めるべきでないからである。

　他方，選択的記載は，遡求条件の一定性を害するが，一定性が手形要件について求められる趣旨は，権利の実現を容易・確実にし，手形流通を円滑に行わせるためであるから，弊害がなければ，一定性を厳格に解する必要はない。振出人が選択権を有するとすれば，結局，重畳的記載と同じ弊害が生じることになるから，選択的記載は許されるべきではないが，所持人が選択権を有するならば，所持人の利益は害されないから認めてよい。もっとも，債務者は両方の支払地に資金を用意しなければならないが，自らそのような負担に甘んじるのなら禁じる理由はない。支払人について選択的記載を認めることとのつりあいからも，支払地について選択的記載を認めてよい。

　(3)　不適法な記載と記載の欠缺　　支払地は，振出地と別個の地である必要はなく，また振出人の住所地と同一の地である必要もない。しかし，支払地は実在する地でなければならず，支払地が実在しない場合には手形は無効となる。なぜなら，支払地が実在しなければ，権利行使が不可能となるからである。

　なお，記載された地名がたまたま他にも存在する場合がある。そのような場合，そのどちらであるかが認識できるように記載することは法的には要求されていない（大隅85）。そして，手形面からはいずれの地であるか不明な場合には，所持人は，いずれの地でも権利行使できるが，これは単一な支払地の記載である。もちろん，この場合にも，悪意者に対しては，それを人的抗弁事由となしうる。

　支払地の記載が違法な場合，手形は無効となる（76Ⅰ）。しかし，支払地の記載をまったく欠いている場合にも，振出地の記載があれば（*2-1-4*（1）も参照），それが支払地とみなされ（76Ⅲ），したがって，手形は無効とならないですむ。

　さらに，支払地がまったく記載されていない場合でも，支払場所の記載（有益的記載事項）が地の記載を含んでいる場合，または支払場所の記載から当然支払地を推測できる場合ならば，支払地の記載があるものと認めてよい（大連判大正 15・5・22 民集 5 巻 426）。手形要件は，必ずしもその記載欄に記載されなければならないわけではなく，実質的にみて手形面上に具備されていれば足りるからである。同様に，支払地の記載が不完全な場合（実在しない地を記載した場合などではなく，論理的にみて補充できるような場合。たとえば最小の独立行政区画より大きい場合）にも，支払場所の記載によって，それを補充しうる限り，支払地の記載があるものと認めてよい。

　(4)　**支払場所の記載がない場合**　　他方，支払地の記載はあるが，支払場所の記載がない場合，手形の所持人は，支払地における約束手形の振出人（為替手形・小切手の場合は支払人）の営業所，それがない場合は，振出人の住所または居所で，呈示することを要する（民 520 の 8）。支払場所の記載がなく，振出人の現実の営業所または住所を支払地内に探したが見つからない場合にも（振出人の住所地と支払地が異なる手形を他地払手形という），呈示に対して支払拒絶がなされたのと同一の効果が生じると解されている。

2-1-1-5　受取人（75⑤）

　手形の支払を受け，または支払を受ける者を指図するものとして，手形上に記載される者を受取人という。手形には無記名式，所持人払式のものが認められないが，受取人の記載は，単に権利者を指定するうえで要求されるにすぎないから，その記載は政策的見地から必要とされるにすぎない。すなわち，①手形が信用証券である結果，無記名式あるいは所持人払式のものが認められると通貨類似の作用を営んでしまうこと，②手形が輾転流通することを阻止すべきではないことによるものであると指摘されるほか（鈴木 44），手形所持人を善意取得の危険より保護する趣旨があるとされる（田辺 45，森本 182 号 44 注(8)）。さらに，手形は譲渡する必要があるが，譲渡に伴う過誤を少なくするために要求されるとも指摘されている（福瀧 24）。

　受取人の重畳的記載は，その数人が共同的に権利を取得するだけであるから

許されるし，受取人の選択的記載は，そのいずれかに振出人が手形を交付することにより，その者が手形権利者であることに確定するので，手形関係が不明確になるおそれはないから許される（大隅86）。

2-1-1-6 振出日（75⑥）

手形が振り出された日として手形に記載される日のことをいう。

振出日は，日付後定期払手形では満期を定めるために，また，一覧払手形および一覧後定期払手形では手形の呈示期間を定めるために必要である。他方，確定日払手形の場合には，以上のような意味では振出日の記載は必要ではないが，この場合にも手形要件とされている。

(1) 振出日の記載の効力　　振出日として記載された日が，実際に振出のあった日と一致しなくても，手形の効力には影響しない（手形外観解釈の原則）。もっとも，不能な日であってはならないから，暦にない振出日の記載は無効となる。しかし，社会通念に従って手形上の記載そのものを合理的に解釈し，できる限り有効とすべきである（手形有効解釈の原則）。

満期の日以後の日を振出日とする記載（たとえば，振出日平成30年9月30日，満期平成30年8月31日）は，記載が相互に矛盾するから無効であるとする考え方（百選20事件 [12]）があるが，確定日払手形にあっては満期が確定している以上，振出日は手形関係にとって，実際上格別の意味がないこと，各手形要件が一応具備されている以上，各記載間の論理的な関係についてまで細かい注意を要求することが無理であることを理由として，有効とする考え方もある。前者は定型化・画一化を通じて手形取引の安全性・迅速性を確保し，手形制度への信頼を高めようとする立場を前提とするのに対し，後者は具体的妥当性を重んじる立場を前提とするとみることができよう。

(2) 振出日の複数記載　　振出日の複数記載は，確定日払手形以外の手形にあっては，振出日が権利の行使に関して重要な意味をもつため，一定性が強く要請されるから，これを無効としなければならない。しかし，確定日払手形においては，手形関係の確実性を害することはないから，これを有効として扱ってよい。すなわち，確定日払手形においては，振出の日付に格別の意味はない

のであるから，これを厳格に要求する必要はないと考えられる。

(3) **確定日払手形の振出日の手形要件性**　確定日払手形に関しては，さらに，振出日が未記載のままで呈示された場合にも呈示の効力（**7-1-2**）を認められるかが争われている。通説は，確定日払手形の「振出日」も，手形要件であり，これが未記載のままでは完成手形とはいえず，したがって，そのままでなされた呈示の効力（遡求権保全効，付遅滞効。ただし時効完成猶予効を判例は認める。百選 39 事件 [13]，43 事件 [28]）は認められないとする。その理由としては，立法論としては格別，解釈論としては，法が明文で定めている要件であること，振出日の記載をしないのは，手形サイト（振出日から満期までの期間）が長期であることを隠蔽することが目的となっており，非要件説はそのような隠蔽を助長する結果を招くこと，そもそも要件ではないとすることは統一手形条約の忠実な解釈に反すること，などがあげられている。

2-1-1-7　振出人の署名（75⑦）

2-1-1-7-1　署　　名

本来の署名たる自署（行為者本人が自己の名称を手書きすること）のほか，記名捺印を含む（82，小 67）。

署名制度の存在意義としては，以下の①②の両方をあげる見解（鴻・講座 I 127 など）と①のみをあげる見解（鈴木 133 など）に分かれている（ただし，森本教授は，さらに，署名には偽造等を防止する機能〔手形取引の健全性維持〕があると指摘される）。

①　手形行為者に文書内容を確認させ，厳格な手形債務に服することを認識させる（主観的意義）。

②　手形取得者のために手形行為の同一性を認識させる（客観的意義）。

(1) **記載されるべき行為者の名称**　必ずしも正式の氏名・商号でなければならないものではなく，社会通念上その行為者を識別できる名称であればよく，通称・雅号・芸名などでも差し支えない。

署名の意義として①②の両方を重視する立場から，他人名義を用いて手形行為をした場合には，その名義が周知・慣用され（百選 1 事件 [15] は，少なくと

も，周知・慣用された場合には，他人の名称を自己を表示する名称として使用したとみる），取引上行為者の名称であると客観的に認められる場合にのみ行為者の署名と解し，その者の手形上の責任を認める考え方（A）がある。ただ，慣用の意味はかなり弾力的に理解されており，この考え方に立っても，ペンネームや芸名をはじめて使用する場合のように，過去におけるその名称使用の有無にかかわらず慣用性を認めてよい場合もありうるとされている。

　この考え方は，署名とは，手形面に手形行為者を表示する名称を顕現させることであるとすれば，当該手形の流通する取引界でその名称が行為者を表示したものと客観的に認められる場合に限って署名があると解するのが穏当であり，社会通念としても，単にその時だけ使われた名称をつねにその者の署名と認めるのはいきすぎであること，また，手形法7条は，被偽造者や仮設人の署名では債務負担の要件としての署名があるとはいえないという態度をとっているものと考えられ，たまたまある時に他人や架空の人の名称を使用した場合にはその行為者の名称とは評価できないことを前提とすると考えられること，偽造者自身にも当然に手形上の責任を認めることには賛成できず，やはり偽造の場合との一線はあくまで画すべきこと，を理由としてあげている。

　これに対して，平常慣用しているため周知されているような名称ではなく，単にその時1回だけ使われた名称であっても，いやしくも自己を表示するためにそれを用いた以上は，当然に手形行為者として責任を認めるべきであるとする考え方（B）がある。そして，慣用という点は，他人名義を自己を表示する名称として用いたことの立証の要否ないし難易の問題として処理すれば足りるとする。この考え方は署名の意義として①のみを重視する立場を前提とし，また具体的妥当性を重視する価値判断を前提とする。

　この考え方をとる論者は，その根拠として，通常の法律行為では，他人名義で行為をしても実際の行為者の行為と認められており，このことを手形行為に及ぼせば単にその時だけに使われた名称であっても自己を表示するために用いた以上は当然手形行為者として手形上の責任を負わなければならないこと，手形債務の内容を決定する問題とは異なり，だれが手形行為者であるかを決定す

るための記載に関する問題であるから，手形上の記載について手形外の事情を総合して決定しても手形行為の文言性に反するものではないこと，実質的にみても，自ら手形に署名したにもかかわらず，その名称が慣用されていないという理由で，手形上の責任を免れさせることは正義の理念に反することをあげている。しかも，偽造者が手形法 8 条の類推適用により責任を負うとする判例の立場を前提とすれば（*3-4-2*），行為者が自分自身に手形行為の効果を帰属させる意思がある場合には，なおさら手形上の責任を負うと考えるべきである（岩原・百選〔第 5 版〕7）。

(2) 記名捺印と拇印　　かつては，拇印は記名捺印という場合の捺印に含まれないとする立場（否定説）が支配的であった。その理由としては，特別の技能を有するものでなければ拇印の異同真偽は識別できず，したがって，高度の流通性を有する手形における行為者の同一認識の表示方法として不適当だと考えられることがあげられていた。この立場は当然(1)の A 説を前提とし，かつ手形制度を精緻化し，手形行為の安全性・迅速性を確保し，権利の実現を確実にすることを図ると同時に手形制度に対する信頼を確立することを重視する価値観を前提とする。しかし，近年では，具体的妥当性をも考慮する立場から，拇印も含まれるとする考え方をとるものが，(1)で A 説，B 説いずれの考え方をとるかを問わず，増えていた。A 説の考え方からは，理由として拇印は署名制度の主観的・客観的意義の双方を最もよく満たすものであることが指摘される。すなわち，同じ指紋の人間は世界中に二人といないことから手形行為者の同一性を認識するにはこれ以上確かな方法はない。しかも，絶対的強制の場合を除き，行為者が自ら押さない以上は，指紋が手形上に押捺されることはないから，その指紋が，ある者の指紋であると判明すれば，その者が手形行為者であることが直ちに確認できる（客観的意義）。否定説のいう識別に特殊な技能を要するとの点については，印章の中にもその印影が極めて複雑で，識別にある程度の道具や技術を要するものもあるから，拇印のみを排斥する理由はない。また，たとえ，特殊な方法によったにせよ，行為者の同一性が確認できた以上，その者の責任を否定するのは不当である。さらに，否定説は，拇印を認めると

その使用が普及してその結果，手形行為者の識別が困難になり，手形の流通を害することになるというが，具体的に問題となった個々の場合に拇印による手形行為を有効としても，この方式が普及するとは，実際の手形取引からみるととうてい考えられない。したがって，現実には生じないであろうことを心配するあまり，たまたま拇印を使ってなされた手形行為を無効にするのは妥当でない。

　他方，手形上に拇印を押すということは，自己が手形行為をなしたという絶対的証拠を手形の上に残すことであり，それによって厳格な債務を負担するとの覚悟を行為者にもたせることになる点でも，むしろ拇印は最もすぐれているといえる（主観的意義）。

　B説の考え方からは，さらに行為者が拇印は記名捺印に含まれないという理由で手形上の責任を負わないとするのは具体的妥当性を欠くことになるといえよう。

2-1-1-7-2　振　出　人

　約束手形の振出は，振出人が約束手形の基本手形を作成し，これを受取人に交付することによって行われる。約束手形の振出人は，振出によって，満期に手形金の支払をなすべき義務を負担する（78 I・28 I）。

　(1)　肩書を示すことなく，振出人欄に複数の署名が並んでいる場合　　手形法 31 条 3 項は，手形の表面になされた単なる署名は支払人または振出人の署名を除いては，保証のための署名とみなされると規定する（ただし，約束手形では支払人の署名はない）。つまり，手形面上になす限り，保証は保証たる文字を付記しないでなすことができるから（**8-1**），単なる署名が振出人の署名であるのか保証人の署名であるのか識別することが困難な場合がありうる。このような場合には，一般の取引慣行を考慮に入れつつ，手形上の記載から判断すべきである（手形客観解釈の原則）。具体的には，原則として，筆頭署名者を振出人，その他は手形保証人と解すべきである（百選 5 事件［17］）。

　なぜなら，一般の取引通念からみると，筆頭の署名と二番目以下の署名には差異が認められるし，また，このように解すれば，手形上になされたいろいろ

な態様の複数署名を画一的に取り扱いうるからである。なお，手形交換所での実務も取引停止処分をできるだけ回避するため，このように解している。

(2) 振出人欄になされた複数の署名がいずれも振出人としての署名であると識別できる場合　選択的記載と解することが所持人にとって有利であるから，原則として，そのように解するべきである（多数説は，特別の事情がない限り，重畳的記載と解するようである。森本190号59参照）。たしかに，選択的記載は権利の内容を不確定にし遡求条件の一定性を害するため，選択的記載を許さないという考え方が多数説のようであるが（大隅＝河本5），その考え方に立っても，振出人のうち一人でも支払を拒絶すれば，手形の信用が損なわれるから，償還請求できるとされているのであり，これは選択的記載であると解してはじめて理論的整合性を有する。そこでその趣旨が手形上に表示されているなら，重畳的記載も選択的記載も有効と認めてよい。全員の支払拒絶が必要だとすると（重畳的記載のケース），償還請求の条件はつねに一定するが，所持人にとってはそれだけ権利行使が面倒になる。なぜなら，全員に支払を求めなければならないからである。

これに対し，一人の支払拒絶でよいとすると（選択的記載のケース），償還請求に条件は一定しないが，所持人としては便利である。なぜなら，最も支払を受けやすいと思う者に請求し，その者が支払を拒絶すれば，直ちに償還請求できるからである。そして，そもそも支払地や満期のように権利内容自体の問題についてさえ必ずしも厳格な一定性を要求されていないのだから，償還義務者に対する権利行使の条件の問題にすぎないこの場合には，なおさら一定性を厳格に要求する必要はない。したがって，選択的記載であっても，所持人が選択権を有する以上，これを認めて差し支えないと考える。

振出人が数人あって重畳的記載とみられる場合には，共同振出として各振出人は各自手形金支払義務を負う。この場合，一人が支払えば他の振出人も手形金支払義務を免れる。

共同振出人相互間の関係については，連帯債務とする考え方もあるが，共同振出には商法511条1項は適用されず，共同振出人は各自，一種の不真正連帯

債務である合同責任（77 I ④・47 I）を負うと考えるべきである（大隅 87, 森本 190 号 59）。なぜなら, 共同振出を一個の手形行為と解するのは, 前の振出署名者とまったく無関係に後から振出人としての追加的署名があったケースを想定するとおかしいからである。したがって, 各々が独立した数個の手形行為とみるべきである。また商法 511 条 1 項は, 意思推定のための任意規定であり, 書面行為たる手形行為の性質と相容れない。しかも, 連帯債務についての民法規定を適用すると, 債務者の一人との間の更改に絶対的効力が認められるが（民 438）, これでは手形支払の確実性が害される。

2-1-2　有害的記載事項

　手形要件を欠く証券は, 原則として無効とされるが, ある種の記載によっては手形そのものの効力が破壊されてしまう。これを有害的記載事項という。有害的記載事項には, 免責文句, 支払を条件または反対給付にかからせること, 不確定期限付きとすること, 分割払とすること（77 I ②・33）, 支払の方法や資金を限定すること, 手形の効力を原因関係にかからせること, などがある。ただし, 原因関係の記載であっても, 単に帳簿処理の便宜のために手形授受の縁由を示すものであれば, 手形の効力には関係ない。

2-1-3　無益的記載事項

　無益的記載事項とは, その事項が記載されても無視される記載事項である。たとえば, 確定日払または日付後定期払の手形における利息文句（77 II・5 I）, 利率の記載のない利息文句（77 II・5 II）, 資金文句, 対価文句, 対価受領済文句, 賠償額予定文句（大判大正 14・5・20 民集 4 巻 264 [14]）, 合意管轄文句, 支払呈示免除文句などがある。

　また, 記載しても法定の事項の反復にすぎないことによって無益的とされるものもある。指図文句（77 I ①・11 I）, 引換文句（77 I ③・39 I）, 呈示文句（77 I ③・38 I）などである。

　なお, 指図文句を抹消することのみによっては指図禁止手形（77 I ①・11 II）

にはならない。指図禁止文句（有益的記載事項）の記載にあたっては，それが明瞭に記載されなければならないからである。すなわち，指図禁止の趣旨を含む文言が記載されており，それが振出人によって記載されたと認められることが必要であり，この点が，通常の手形取引において要求される認識力または注意力をもって認識されるようなものであることが必要である。

2-1-4　有益的記載事項

> 〔ケース3〕
>
> 　Aは，Bを受取人として約束手形を振り出し，当該手形はCに裏書されたが，その手形上には「手形が要件欠缺のために成立せず，または手形上の権利が権利者に満足を得させることなく消滅した場合には，手形金額と同金額の指図債権が成立し，手形振出人・保証人・裏書人は所持人に対し，その指図債権につき連帯して債務を負う」という記載があった。その約束手形が要件欠缺のため無効となった。

　手形要件のように記載しないと手形が無効となるというものではないが，記載されれば手形上の効力が認められる事項を，有益的記載事項（任意的記載事項）という。

　法定された有益的記載事項には，以下のようなものがあるが，法定された事項以外に有益的記載事項が認められるかについては，争いがある。手形取引を円滑に行うためには，単純・明瞭であることが必要であるとする観点からは，法定されていない記載事項は，原則として無益的記載事項と考えられる（ただし，有害的記載事項となる場合がある）（このように考えても当事者間では手形外の関係で効力が認められる。森本182号40参照）。しかし，当事者，とりわけ手形債務者の意思をふまえて具体的妥当性を追求する立場からは，法定事項以外にも有益的記載事項とみることができる事項があると考えるべきである。すなわち，所持人に有利な記載（たとえば，年1割の遅延損害金の定めなど）は，振出人との関係ではその効力を認めてよい。なぜならその記載を行った振出人にとって不測の負担はないし，所持人にとって有利であるなら，手形の流通性は増進され

るからである。これに対し，裏書人等には法定事項以外の事項の拘束力は当然には及ばないと考えるべきである（鈴木208。及ぶとするものとして前田123）。所持人にとって有利な記載の範囲が明確でないうえ，たとえば，裏書人には裏書により手形を法が予定している範囲の担保責任のみを負いつつ流動化できる利益を確保すべきだからである。〔**ケース3**〕のような手形を万効手形（ばんこうてがた）というが，上記のように考えると，CはAに対して指図債権の履行を求めうるが，Bに対しては求めえないことになる（もちろん原因関係上の債権が存続していれば行使できる。支払に代えて裏書された場合には，所持人は契約不適合責任〔民559・562–564〕による保護を受ける）。このほかに，合意管轄文句，荷為替手形における引受渡し（D/A），支払渡し（D/P）などが問題となるが，同様に考えてよいであろう。

(1) 振出人の名称に付記した地（肩書地）（76Ⅳ）　　振出地の記載がない約束手形については，肩書地が振出地とみなされる（為替手形の場合には，支払人の名称に付記した地〔肩書地〕が，支払地の記載がない場合に支払地とみなされる。2Ⅲ）。

(2) 換算率または外国通貨現実支払文句（77Ⅰ③・41ⅡⅢ）

(3) 一覧払，一覧後定期払手形の利息文句（77Ⅱ・5Ⅰ）　　利率の表示のないときは，利息の約定の記載はなされていないものとみなされる（77Ⅱ・5Ⅰ）。確定日払または日付後定期払の手形では，いずれも満期が確定しているから，利息が必要であればあらかじめそれを算出し，手形金額の中に含めることができるので，利息の約定を記載しても，記載されていないものとみなされる（無益的記載事項）。

(4) 指図（裏書）禁止文句（77Ⅰ①・11Ⅱ）（**5-1**（2））　　この文句が記載されると，指名債権譲渡の方式および効力をもってのみ譲渡することができるにすぎないから，たとえば，振出人は人的抗弁の主張を所持人に対してできることになる。

(5) 第三者方払文句（支払場所の記載）（77Ⅱ・4）　　支払は，振出人自身がその住所または営業所においてするのが原則であるが（商516Ⅱ），とくに第三者

の住所において支払うべきものとすることが認められている（これを他所払手形ともいう）。

(6) 支払呈示期間の伸長・短縮（77 I ②・34 I・78 II・23 II）（**7-1-1** 注 1））

(7) 拒絶証書作成免除文句（77 I ④・46）　　手形法の文言からは，遡求義務者である裏書人，保証人，為替手形・小切手の振出人が記載しうるが，約束手形の振出人も拒絶証書作成免除文句を記載できると考えるべきである。

　約束手形の振出人は，絶対的義務者であって，為替手形の振出人等と異なり拒絶証書がなくても支払義務を負うのであるから，拒絶証書の作成を免除しうるとするのは，自己が利害を有していないことについて処分権を認めることになって不合理であるという理由で，法律上の意義を認めない考え方もあるが（大判大正 13・3・7 民集 3 巻 91 [63]），基本手形作成者として一般的に記載しうると解釈すべきである（大隅 176）。なぜなら，約束手形の振出人は，手形の作成者であって証券上の債務内容の決定権者だから，拒絶証書作成を免除した手形の振出も可能である。またこのように考えれば，すべての手形取得者が拒絶証書を作成することなく遡求できることになるし，すべての遡求義務者が拒絶証書作成の費用の負担を免れることになり，各当事者が利益を受けるから否定すべき実質的理由がない。さらに，拒絶証書作成なしに裏書人が遡求されることになるので，裏書人が不利益を受けるという問題もあるが，裏書人は作成免除文句が手形に記載されていることを知りながら異議なく手形を取得したのだから，予想外の不利益があるとはいえない。

(8) 戻手形の禁止文句（77 I ④・52 I）（**7-3-6**）

(9) 準拠すべき暦の指定文句（77 I ②・37 IV）

2-2

手形行為独立の原則 (77Ⅱ・7)

2-2-1 意義と理論的根拠

　手形行為の中には，先行する他の手形行為を論理的な前提として成立する行為があるが（約束手形の場合は裏書・手形保証），同一手形上の各手形行為はそれぞれ独立して効力を生じ，論理的前提となった他の手形行為の実質的効力の有無によって影響を受けないという手形行為独立の原則がある[1]。なお，条文から明らかなように，本原則は，手形債務負担の面で働くものであり，たとえば，先行する裏書が無効である（かつ，指名債権譲渡の方式による有効な譲渡もなされていない）場合には，後行する裏書によって権利移転が生ずることはなく，後行する裏書の被裏書人は，善意取得しなければ振出人に対する権利を取得できない。ところで，この原則が認められると，手形の署名すべてについて有効性を調査する必要はなくなり，特定の署名の有効性を調査すれば，その署名者に対する権利を取得できるから，手形の流通性を促進する。たとえば，このような手形行為独立の原則が裏書について認められれば，直接の裏書人の資力を信用し，そして，その裏書署名の有効なことを確かめて手形を譲り受けた者は，少なくとも裏書人に対して償還請求権を取得することになり，その利益が保護されることになるから，手形の流通性の増進に寄与する。

　この原則の理論的根拠をめぐっては，一個の手形上になされる数個の手形行為はその間に論理的な関連性があるから，先行行為の無効により後行行為は無効とならざるをえないが，流通性を確保するために政策的に本原則は認められたとする見解（政策説）（森本 184 号 89 注 (25)）と本原則は手形行為の文言性に

---

1)　手形行為独立の原則を手形債務負担行為に関する制度であるとしたうえで，前提である
　　手形債務負担行為に瑕疵が存在する場合にも，それを前提とする手形債務負担行為はその
　　影響を受けずに有効に成立するという原則であるとする説がある（前田 182・192）。

基づく当然の原則であるとする見解（当然説）とが対立している[2]。当然説は，各手形行為は，それぞれ手形上の記載を自己の意思表示の内容とする法律行為であり，行為者は手形の記載文言に従って責任を負うのであるから，各手形行為が他人の手形行為の有効・無効によって影響を受けないのは当然であるとする。

　いずれの立場をとるべきかは難しいが，手形法7条の規定がなければ，手形行為者のより自然な意思としては，他の手形行為の有効性を前提として債務を負担するであろうから，政策説をとりたい。

　政策説に立つと，本原則は，先行行為の実質的有効性を確かめる必要を省くためのものであり，方式の瑕疵は手形面上から判明するから，この場合に適用する必要はない。また，条文上も実質的理由に基づく無効が考えられているから，前提となる手形行為に方式の瑕疵があり，それにより，無効となるときは，本原則の適用はないと考えられる（大阪高判昭和28・3・23高民集6巻2号78参照）[3]。

▌ *2-2-2*　手形行為独立の原則と裏書

5-2-3 をみよ。

---

2)　注1）の見解をとる論者は，各々の手形債務負担行為は独立に他の行為と無関係に債務を負担する意思でなされる行為であり，その債務は有効に成立することから，本原則は論理的に導かれるものであると説明する（前田193）から，当然説の一類型である。

3)　注1）の見解をとる論者は，本原則の根拠を手形債務負担行為は他の行為と関係なく債務を負担する意思でなすものであることに求めると，方式の瑕疵のみ受けつぐのはおかしいから，前提行為が方式の瑕疵によって無効となる場合にも，原則として適用があるとする。ただし先行行為が振出であって，その方式に瑕疵がある場合には，振出の方式はすべての手形債務負担行為の方式としての意味をもつことから，後行行為の方式も瑕疵を帯びることとなり，結論的には後行行為の効力が否定されるにすぎないという（前田56）。
　これに対して，一般的な政策説の論者は先行行為の方式を後行行為が自己の方式として利用していることから，後行行為も無効になり，本原則の適用はないと説明しており，いずれの説によっても本原則の適用はないことになる。

─〔ケース4〕─

Aは，手形用紙にBを受取人として記載し，その他の手形要件も記載し，振出人として署名した。なお，当該手形を現在はCが所持している。

① Bに交付する前に何者かに盗まれた場合

② Bに交付したが，交付時にはBは意思無能力状態であった場合

③ 手形をBに郵送中に紛失した場合

④ AがBに手形用紙に署名以外の手形要件を記載し，Bのところへ赴く途中に，ピストルをつきつけられ，署名し，交付した場合

⑤ AがBに対して振り出す手形を作成し，Bに交付するために，Bのところに赴く途中に，ピストルをつきつけられ，交付した場合

手形債務がいつ発生するかをめぐっては，学説が対立している。この背景には，(1)取引の安全の確保と静的安全（債務者の保護など）の確保とのバランスをどこで図るべきかという問題（利益衡量）と，(2)手形行為をどのように説明することが理論の組立て方としてスマートかという問題（法的構成）とがある。

現在の多数説は，民法上，債権債務関係を発生させる法律行為の大半は契約であることから（大塚・百選〔第5版〕21参照），手形行為も手形の授受という方式によって行われる契約と考えるべきであるとする（交付契約説）[4]。ここで，

---

4) このほかに発行説，二段階創造説などがある。

発行説（大判昭和10・12・24民集14巻2105）は，手形行為は単独行為であり，手形債務は，手形の作成（署名）と手形署名者の意思に基づいて相手方に証券の占有を移転することによって，発生すると考えるものである。この見解は，相手方の承諾は必要としないという価値判断に立つものであり，そのような価値判断の是非および単独行為と構成することが自然かという問題をもつ。しかし，第1に，民法上，相手方のある単独行為によって債権債務が発生することを否定する根拠はなく，第2に，後述するように，手形の交付を債務発生の要件とすることが妥当である。第3に，引受または保証は単独行為であるとされており，振出等も単独行為とみれば統一的に説明できる。利益衡量の観点からは，

手形の授受という方式によるのは，手形という書面を通じて意思表示が行われ，手形の授受により，相手方に意思表示が到達するからである。

〔ケース4〕①③においては，交付契約説と同じ結論を導くが，②の場合には，手形債務が発生することから，交付契約説よりは，いく分か手形取引の安全を保護するといえよう（また②のような瑕疵を権利外観理論でカバーするのはいきすぎであるとも考えられるが，発行説によっても，相手方（受取人など）の受領能力が必要とされ，また，原因関係上も同様の瑕疵があるのが一般的であるから，この点については，発行説と交付契約説との差は大きくない）。

なお，発行説を手形取引の安全を図るという観点から修正したものとして修正発行説がある。この見解は，手形行為は不特定多数人に対する意思表示（単独行為）であって，署名者がその意思に基づき交付を目的として，その証券の占有を手離したときに手形債務が発生するというものである。この見解に立っても①ではCはAに対する手形債権を取得しえないが，③の場合にはCは手形債権を取得する点において，手形取引の安全が発行説より図られ，手形債務者と手形所持人の利益衡量の点ではすぐれている。ただし，理論構成上は，受取人以外の者に対して占有を手離した場合に，発生した手形債権がだれに帰属するかの説明が困難であるという，創造説と同様の難点をもつ。

創造説は，証券の作成・署名によって，手形債務は発生するという見解である。この見解においては，発生した権利の取得の要件が問題となるが，最近では二段階創造説がとられている。二段階創造説は，手形行為を債務負担行為と権利移転行為の二段階に分けて把握するものである。証券の作成・署名（債務負担行為）によって，署名者の自己に対する権利が発生して証券と結合し，証券を相手方に交付すること（権利移転行為）によって，権利が署名者から交付の相手方に移転するとされる。ここで債務負担行為の法律行為の性質は相手方のない単独行為，権利移転行為のそれは契約であるといわれる（詳細については，前田19以下をみよ）。この見解は，手形取引の安全を図るために早期に手形債務の成立を認め（手形債務が成立していれば，少なくとも善意取得によって手形取得者が保護される可能性がある），かつ手形に関する諸問題（たとえば，原因関係の消滅のケース，表見代理の問題）を統一的に説明することをめざす。また善意取得，人的抗弁の切断，手形行為独立の原則など諸制度の適用場面を明確にできるとされる。理論的には，創造説をとることによって，交付行為を別個の法律行為としてとらえられることをあげることができ，また手形法7条は手形行為独立の原則を債務負担の局面に限定して定めているし，16条はもっぱら権利移転に関する規定であるから，二段階に分けて手形行為を把握することは，手形法の条文と矛盾するものでもない。利益衡量的には手形取引の安全を重視するので，①②③ではAは手形上の責任を負う可能性がある（権利移転行為有因論は，

〔ケース4〕において手形債務は発生するか

	④	⑤	①	③	②
交付契約説	×	×	×	×	×
発行説	×	×	×	×	○
修正発行説	×	×	×	○	○
二段階創造説	×	○	○	○	○
交付契約説 （または発行説） ＋権利外観理論 （署名の帰責性）	×	○	○	○	○
交付契約説 （または発行説） ＋権利外観理論 （保管の帰責性）	×	△ 帰責性が ある場合	△ 帰責性が ある場合	○	○

この見解に対しては，法的構成の面からは，契約と構成すべき必然性はない
し，また，そのように解することは当事者の意思にも合致しないのではないか
という疑問を投げかけることができるように思われる。すなわち，民法上も単
独行為によって債権債務関係は生じうるし，相手方（たとえば手形受取人）の承
諾を必要と考えるのは擬制的であるというのである。しかし，たとえば，手形
を振り出すと，「支払のために」であっても，「支払に代えて」であっても，原
因関係上の債権の行使または消長に影響を与えるのであって，相手方の承諾を
必要と考えることには，それなりの意味があろうし，また，契約と考えること
に不都合があれば格別，そうでなければ，契約であると構成することが適当で

手形債務者の利益を重視し，また手形債務者の意思に適うと考えられるうえ，民法との整
合性もあるが，この点については，**1-2**（2））。
　なお二段階創造説によると，受取人への交付前には振出人が権利者であるにもかかわら
ず，手形上には権利者として受取人が記載されるという問題があるが，債務負担行為時に
は無記名証券として成立するが，法律上当然の指図証券として取り扱われるため（**5-1**
(1)），指図式で流通すると考えればよい。手形法 11 条も証券の成立と流通方法とは別で
あることを前提としていると解される。
　法的構成の適切さを考えてみると，交付契約説は明らかに民法の体系に最小限度の修正
を加えようとするものであるが，民法上，相手方のある単独行為により債権債務関係が発
生することは認められるから，発行説も民法の体系に反するものではない。これに対して，
修正発行説は不特定多数人に対する意思表示（単独行為）を認めるが，民法上は，債権者
がまったく未定のままで，債権債務関係が生ずるとは考えられない。二段階創造説は，債
務負担行為により，署名者は自己に対する権利を取得し，自己に対する債務を負担するこ
とになるとする。この場合に手形の独立的財貨性に注目して，混同の例外を認めれば，そ
のような債権債務関係を認めることはできようが，民法の一般体系とはそぐわない面を有
する。
　交付契約説および発行説と二段階創造説のいずれをとることが，法的構成として妥当と
考えるかは，民法の体系にできるだけ近づけることが望ましいと考えるのか，手形につい
ては取引の安全を図るため独自の体系を構築することが望ましいと考えるのかに，第一次
的にはかかっているといえよう。
　ただ手形行為者の通常の意思は，手形を相手方に交付してはじめて債務を負担するとい
うところにあると考えられる。すなわち，証券をいったん作成し，署名した後であっても，
占有を手離すまでは，署名者は自由に手形債務の内容を変更し，または消滅させることが
できるからである（森本 184 号 88 注（9）参照）。このように考えると交付契約説または発
行説が，当事者の意思に合致するのではなかろうか。とりわけ，振出の場合には，受取人
を記載するのであって，相手方のない単独行為（あるいは相手方の未確定な単独行為）と
考えたり，振出人自身に対する債務を考えることは不自然であろう（白地式裏書について
は別考を要する）。
　なお，交付契約説または発行説に立ちつつ，権利外観理論を導入することは，民法の体
系そのものとは食いちがっている面をもつが，**2-3** に示すように考えれば，民法体系の延
長と考えられよう。

あるともいえる。

ただ，この見解に立った場合には，〔ケース4〕の①②③において，CはA
に対する手形債権を取得することはないので，手形取引の安全の確保が不十分
である。なぜなら，手形の授受が欠けた場合（交付欠缺）には手形債務は発生
しないが，①③では，手形の授受は存在しないからである。また②の場合にも，
Bが意思無能力のために，承諾の意思表示をすることができなかったために，
CがAに対する債権を取得できないというのは問題である。

そこで，利益衡量に基づき，手形取引の安全を図るため，権利外観理論を導
入し，修正を加えるべきであろう。すなわち，手形債務が有効に成立しない場
合において，ⓐ有効な手形債務が成立したかのような外観が存在するときは
（外観の存在），ⓑその外観作出につき帰責性が認められる者は（外観作出への帰
責），ⓒこの外観を信頼して取得した第三者に対し（外観への信頼），外観どおり
の手形債務を負うものとする。

ⓐの要件は，手形要件が記載され，署名がなされていれば，交付あるいは署
名者の意思に基づく占有の手離しがなくとも，あった場合と同じ外観を呈する
ことから，容易に満たされる。またⓒの要件も善意無重過失で足りるとするの
が一致した見解である。民法においては，外観への信頼を保護する制度（たと
えば即時取得，表見代理など）で求められる主観的要件は善意無過失が原則であ
るが（ただし，民520の10），手形の流通の迅速・確実を図るため，手形法にお
いては善意無重過失が原則となっている（77Ⅰ①③・16Ⅱ・40Ⅲ。民192・478と
比較せよ）。

問題は，ⓑの要件である。この点に関して，意思によらない手形の流通を防
止するために必要とされる相当な注意を欠いたことに関する帰責性を意味する
という有力説（田辺70）がある。この見解は，証券の作成あるいは証券への署
名自体は帰責原因としては不十分であるという価値判断に立つ。たしかに，こ
の見解によると，帰責性の有無が画一的に判断されないという欠点を有するが，
外観法理は事後的な判断枠組を与えるものであるから，必ずしも厳格な画一性
は要求されないし，利益のバランスの点からは弾力性のある概念とすることに

も意義があるといえよう。

外観法理という一般条項を使用することに対しては，二段階創造説から，「一般条項はできる限り使用すべきでない」という批判があるが，二段階創造説のような特異な法律構成によることと比べて，利益衡量上必要な場合に一般条項を用いることが，法的構成上劣るとは必ずしもいえない。

ただ外観法理を適用することの効果は法律行為の効果と変わりがないことから，帰責性を認めるには，結果に対する識別能力および生活経験に関して法律行為をする場合に必要とされる能力が，帰責能力として必要である。そこで，権利外観理論を導入する学説も，有効に法律行為をできることを手形上の責任を負担する前提とするものであり，それなら，手形上の責任は有効な法律行為により成立すると解するほうが自然であるという指摘が二段階創造説からはなされている。しかし，二段階創造説のように意思を擬制，少なくとも抽象化してまで，法律行為の成立を広く認めることも妥当ではないという反論は可能であろう。

なお，少なくとも，この局面における条文上の根拠は，民法上は直接見出しがたいし，手形法上も的確に対応するものは存在しない。この点，手形法 10 条を類推適用する見解があるが，10 条の位置づけは難しく，10 条は少なくとも交付欠缺の瑕疵を治癒することは規定していないと思われる[5]。むしろ，民法の虚偽表示（民 94 II）や表見代理（民 109）が一定の外観作出（代理権授与の表示）に関連して本人に責任を負わせることとのバランスから，少なくとも，交付欠缺の場合に権利外観理論を適用することを根拠づけられる。

以上に対し，証券を作成し，署名したことのみで⑥の要件は満たされるというのが多数説である（百選 8 事件 [4] も「流通におく意思」で約束手形に振出人としての署名または記名捺印をした者は，その者の意思によらずに流通に置かれた場合でも，悪意または重過失によって所持人が取得したことを主張・立証しない限り，振出人

5）　手形法 16 条 2 項を根拠とする見解があるが，16 条 2 項は占有喪失者の帰責性を問題としないことからもわかるように，外観法理とはいっても権利外観理論とは異質である。そもそも，民法は債務を負担するか否かという局面と動産（証券）の所有権が移転するか否かという局面とは区別して考えていると思われる。

として債務を負うとしている）。この見解は，少なくとも証券作成により，信頼の基礎を作出したという責任が署名者に認められるという。すなわち，手形であることを認識して（「認識しうべくして」を含める立場もある）署名した者は，それが第三者の取引対象となる危険を承知している，または承知すべきなのだから責任を負わせてよいとされる。しかし，署名しても，それを適切に保管しておれば，第三者の取引対象となる危険を生ずることは通常ないのであり，また，署名者の占有を離れるまでは，第三者の信頼が生ずることはないのであるから，保管上の過失なしには，信頼の基礎作出は認められないという批判が可能であろう。また，交付契約説ないし発行説は，手形の交付（占有の手離し）が手形行為の重要な要素であるとするものであるから，権利外観理論導入にあたって，証券の占有移転を顧慮しないことは理論の一貫性を欠く面がまったくないとはいえない。

　たしかに，署名者が適切に保管中に盗難等に遭い，当該証券を第三者が取得した場合に，つねに手形債務が発生しない点では手形取引の安全確保が図られず，採用しえないとみる余地はあろう。

　しかし，手形取引の安全が重要であるとはいっても，静的安全（手形債務者の利益）が合理的に図られなければ，手形制度は成り立たない。まったくの他人がある人の名義で手形を振り出しても，名義を冒用された者が手形債務を負うわけではないことを考慮すると，手形取引の安全確保にも限界がある。どの説も，⒤抗拒不能の状態で証券を作成・署名し交付した場合（〔ケース4〕④）には手形債務の成立を認めないのであるが，二段階創造説や多数説によれば，⒤⒤署名後抗拒不能の状態で証券を交付した場合（〔ケース4〕⑤）には手形債務を第三者に対して負担することになる。しかし，⒤の場合には手形取引の安全を害してもよく，⒤⒤の場合には害してはならないとするほどの帰責性の差が存在するとは思われない。したがって，署名に帰責性を認める学説や二段階創造説はバランスを欠く。

　このように考えると，保管に帰責性を認める説が最も適当であると考えられる。この説によれば⒤⒤⒤のいずれにおいても，署名者の責任を認めないという

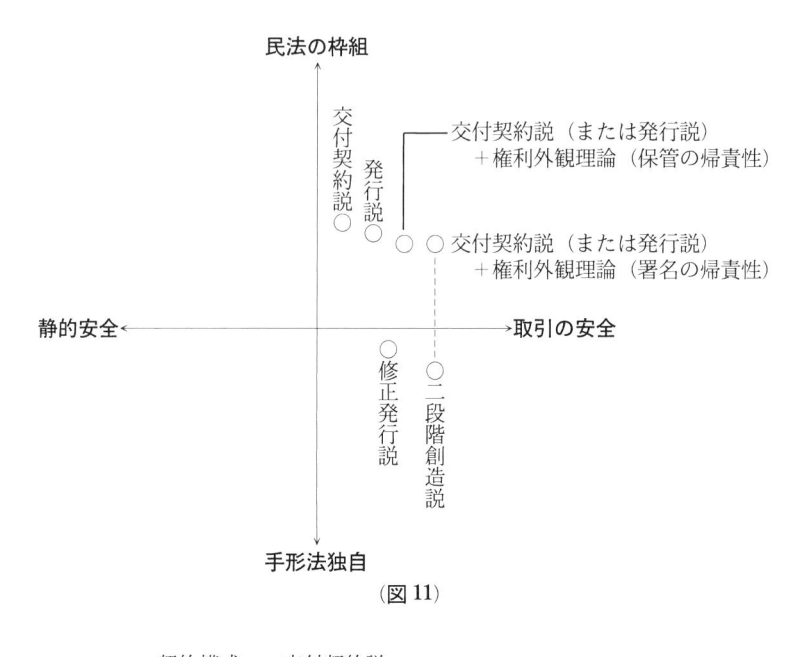

(図11)

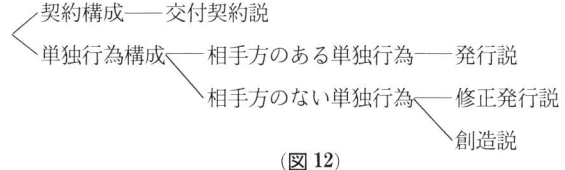

(図12)

一貫した処理が可能であるし，他方，その他の場合には署名者の意思によらない占有喪失が生ずる際には，保管上の不注意が認定されるのがほとんどであろうから，手形取引の安全を不当に害するとはいえない。

　すなわち，〔**ケース4**〕の①の場合にCがAに対し手形債務を負うという結論は，署名に帰責性を認める説や二段階創造説によらず，この説によっても導くことができる。

2-4
手形行為の有効要件

2-4-1 手形能力

2-4-1-1 手形権利能力

　手形法には，特別の規定はなく，民法上の権利能力と対応する。したがってあらゆる自然人に手形権利能力は認められる。また法人はその目的たる事業がどのようなものであれ，手形権利能力を有する（最判昭和44・11・4民集23巻11号1951は権利能力なき社団・財団に手形権利能力を認める）。なぜなら，あらゆる法人は取引を行うのであって，その決済手段として手形行為が行えるのは当然であり，目的の範囲内の行為だからである。そして，手形行為の無因性（Part I *2-1-2*，Part II *1-2*）の結果，法人の目的の範囲外の行為を原因としてなされた手形行為も無効ではなく，人的抗弁として当該事実を主張できるにとどまる。

2-4-1-2 手形意思能力

　手形法には明文の規定はない。意思無能力者保護は手形行為においても図られなければ，民法において意思無能力者保護を図っていることの実効性が大きく減じられるから，民法の一般規定（民3の2）による。すなわち，手形意思能力を欠いてなされた手形行為は無効であり，意思無能力者は手形債務を負担しない（物的抗弁）（東京地判平成10・3・19金法1531号69）。手形行為者が意思無能力者であるか否かは，手形面上からは判明しないので，手形取引の安全を害するが，意思無能力者保護が優先される（手形行為独立の原則の適用の結果，手形の第三取得者は，裏書人の担保責任によって保護される。*5-2-3*）。

2-4-1-3 手形行為能力

　手形法には，特別の規定がなく，しかも，制限行為能力者保護の必要性は，手形行為においても変わりがないから，民法の一般原則が適用される（取引の安全より制限行為能力者保護が優先されるが，手形の第三取得者は，裏書人の担保責任

によって保護される。*5-2-3*)。すなわち成年被後見人の手形行為はつねに取り消しうるし，未成年者が法定代理人の同意なしに行った手形行為は取り消しうる。また振出や通常の裏書のように手形行為により手形上の債務を行為者が負担する場合は借財保証（民13Ⅰ②）に，無担保裏書のように手形上の債務を負担しないときは重要な財産の得喪を目的とする行為（同③）にあたるから，保佐人の同意なしに被保佐人が行った手形行為も取り消すことができる（大判明治39・5・17民録12輯758)[6]。被補助人について手形行為が補助人の同意を得ることを要する行為とされている場合には，補助人の同意なくして被補助人がなした手形行為は取り消しうる（民17Ⅳ）。取り消された場合には，制限行為能力者は手形債務を負担しない[7]（物的抗弁）。

2-4-2　手形行為と意思表示の瑕疵等

---〔ケース5〕---

　①　Aは，ダイヤモンドの代金支払のため，Bを受取人として約束手形を振り出した。Bは，その手形をCに裏書譲渡した。ところが，実はBがガラス玉をダイヤモンドであると騙してAに売り付けたものであった。

　②　Aは，Bにスキャンダルをばらすぞと脅かされて，Bに対して約束手形を振り出した。Bは，その手形をCに裏書譲渡した。

　③　Aは，Bから見せ手形として使用したいと依頼され，Bを受取人とする

6）　取消し・追認の意思表示は，直接の相手方に対してのみならず，現在の所持人に対してもなすことができる（百選9事件［5］は反対。大判昭和7・7・9民集11巻1604などは無権代理について，所持人に対して追認の意思表示を行えるとする）。なぜなら，民法123条は，相手方の保護と取消し・追認の意思表示をなす者の便宜を図るため，直接の相手方に対し，意思表示させるものにすぎないところ，手形関係では最も利害関係を有する者は現在の所持人であるのが通常であるから，その者に対して意思表示することを認めてもよいし，また手形金請求に対して取消しの意思表示をなすことを認めることは便宜にも適う。他方，手形は輾転流通する可能性があるため，現在の所持人がだれであるかを，取消し・追認する者が知りえない場合があることから，直接の相手方に対する意思表示も認めるべきである（小野寺・百選21参照）。

7）　裏書の場合には，手形が善意取得されていない限り（*5-2-5*），手形の返還請求ができる。また，振出の場合には，事実上，所持人から請求を受けて，紛争を生じることを防止するため，所持人が手形行為独立の原則の適用により裏書の担保的効力の効果を受けているとき（*5-2-3*）を除き，手形の返還を請求できる。

約束手形を振り出したが，Bは約束に反して，この手形をCに裏書譲渡した。

④　Aは，手形金額100万円の約束手形を振り出そうとして，誤って金額欄に1000万円と記載して（他の手形要件は適切に記載した），その手形をBに交付した。Bは，その手形をCに裏書譲渡した。

〔**ケース5**〕①のように原因関係について意思の欠缺や意思表示の瑕疵（以下，意思表示の瑕疵等という）がある場合には，人的抗弁の問題となるが（*6-3*），②のように手形行為自体に意思表示の瑕疵等がある場合には，手形行為も意思表示を中核とする法律行為であるから，意思表示の瑕疵等が手形行為の効力に及ぼす影響が問題となる。手形法には，意思表示の瑕疵等に関する特別の規定がないため，一般法たる民法の規定が適用されると考えるのが法律構成としては最も自然である（河本・百選〔新版〕35参照）。

平成29年改正前には民法95条により錯誤に基づく意思表示は無効であり，民法96条1項により強迫による意思表示も取り消すことができるとされていたが，いずれの場合にも善意の第三者[8]を保護する規定がないことに注目するのが多数説であった。すなわち善意の第三者が保護されない可能性があると，手形取引の安全を害し，手形の流通性に悪影響を及ぼすとして，さまざまな法律構成によって，善意（無重過失）の手形所持人を保護することが試みられていた[9]。そして，近年では，権利外観理論によって，善意無重過失の手形取得

----

8)　手形の第三取得者は，裏書等によって債権を譲り受けた者であって，本来，民法にいう「第三者」にはあたらないようであるが，手形の第三取得者が「第三者」にあたることを前提として議論してきた。手形は，有価証券として，動産に類似した取扱いを受けることから，手形行為に民法の意思表示の瑕疵に関する規定を適用ないし類推適用する場合には，手形の第三取得者は「第三者」に含まれるとしてよいであろう。

9)　第1に，民法の意思表示の瑕疵に関する規定はまったく適用されないという見解がある。手形意思表示については具体的効果意思は必要としないとするものであり，手形であることを認識し，または認識しうべくして手形に署名すれば，手形行為の有効な成立を認める（形式行為説）。判例（百選6事件〔7〕，百選7事件〔6〕，最判昭和26・10・19民集5巻11号612）は，手形であることを認識して署名すれば手形行為の成立を認めるようであるが，悪意の取得者に対しては手形債務負担の具体的意思を欠くことを人的抗弁として主張できるとする。学説は直接の相手方および悪意者に対して一般悪意の抗弁あるいは手形法17条の抗弁を主張できるとするが，もし，民法の適用を否定し，意思を擬制するのなら，善意・悪意ということは考えられないし，そもそも，手形行為が法律行為であるとする前提と矛盾するといわざるをえない。さらに直接の当事者間でも民法と異なる法律構成を考える必要があるのか疑問である。

（表4）　手形行為と意思表示の瑕疵等（振出の場合〔保証・引受にも

		全面適用説（本書）	個別的修正説[*1]
心裡留保（民93）[*4]	相手方が善意	手形行為は有効	
	相手方が悪意	手形行為は無効	
通謀虚偽表示（民94）		手形行為は無効。善意の第三者に無効	
強迫（民96 I）[*5]		手形行為を取り消しうる。取消し前の第三者にも対抗できる。取消し後の第三者は民94 II で保護	手形行為を取り消しうるが，善意無過失の第三者は民96 III 類推で保護
第三者による強迫（民96 I）[*5]		手形行為を取り消しうる。取消し前の相手方・第三者に対抗しうる。取消し後の第三者は民94 II で保護	手形行為を取り消しうるが，善意無過失の相手方・第三者は民96 III 類推で保護
詐欺（民96 I III）[*5]		手形行為を取り消しうるが，善意無過失の取消し前の第三者に対抗できない。取消し後の第三者は民94 II で保護	
第三者による詐欺（民96 II III）[*5]		手形行為を取り消しうるが，善意無過失の相手方・取消し前の第三者に対抗できない。取消し後の第三者は民94 II で保護	
錯　誤（民95）[*4]	表意者に重過失	手形行為は取り消しうるが，善意無重対抗できない	
	表意者が無重過失	手形行為は取り消しうるが善意無過失の第三者に対抗できない（民95 IV）	手形行為は取り消しうるが，善意無過失の第三者に対抗できない（民95 IV）

[*1] 河本説によった（河本＝田辺117–119）。
[*2] 木内説によった。木内説は，民法によれば無効とされる場合（取り消された場合）保護されないとするものと解される。なお，田辺説によれば，直接の相手方も善
[*3] 浜田（道）説（法教160号30）は適用排除説と同じである。
[*4] 平成29年民法改正を反映するとこのようになると考えられる。
[*5] *2-4-2* 注9）参照。

おおむね妥当する〕。裏書の場合については，**5-2-5-1** 参照）

権利外観理論による一般的修正説*2	二段階創造説（前田）*3（債務負担行為は常に有効）	適用排除説
	権利移転行為も有効	手形行為は有効で、意思表示の瑕疵等は、民法の規定に従って人的抗弁となるにすぎない
手形行為は無効 を対抗できない（民94 II）	権利移転行為は無効	
手形行為を取り消しうるが, 善意無重過失の第三者は権利外観理論で保護	権利移転行為は取り消しうるが, 取り消されても善意無重過失の第三者は善意取得で保護	
	権利移転行為は取り消しうるが, 取り消されても善意無重過失の相手方・第三者は善意取得で保護	
手形行為を取り消しうるが, 善意無重過失の取消し前の第三者に対抗できない。善意無重過失の取消し後の第三者は権利外観理論で保護	権利移転行為は取り消しうるが, 善意無重過失の取消し前の第三者に対抗できないし, 取り消されても善意無重過失の第三者は善意取得で保護	
手形行為を取り消しうるが, 善意無過失の相手方・取消し前の第三者に対抗できないし, 善意無重過失の第三者は権利外観理論で保護	権利移転行為は取り消しうるが, 善意無重過失の相手方・取消し前の第三者に対抗できないし, 取り消されても善意無重過失の相手方・第三者は善意取得で保護	
過失の相手方・第三者には	権利移転行為は取り消しうるが, 善意無重過失の相手方・第三者には取消しを対抗できない	
手形行為は取り消しうるが, 善意無過失の第三者に対抗できない（民95 IV）	権利移転行為は取り消しうるが, 善意無過失の第三者に対抗できない（民95 IV）	

合を含む）に権利外観理論を適用し，また直接の相手方は権利外観理論によっては
意無重過失なら権利外観理論によって保護される（田辺 76）。

者を保護する見解が多数説のようであった。

　しかし，平成 29 年民法改正もふまえると，民法の規定を適用（ないし類推適用）したとしても，手形取引の安全が不当に害されるとは必ずしもいえないよ

　第 2 に，民法に善意の第三者を保護する明文の規定がない場合には，民法 94 条 2 項や 96 条 3 項を類推する見解があったが（河本＝田辺 117-119），錯誤や強迫の場合に類推できる基礎が不明であり，ある場合には民法の規定を適用し，ある場合には適用しないか修正適用するというのは便宜的にすぎないかという批判にさらされていた。なお，民法の解釈として，そのような類推が認められるというのであれば，これらの批判はあたらないが，そのように考えると，民法の解釈として，民法 96 条 3 項や 94 条 2 項が類推適用されるのであって，個別的修正ではないことになる。

　第 3 に，民法の規定は全面的に適用されるが，権利外観理論（PartⅠ第 4 章 (1)，PartⅡ *2-3*）によって第三者の利益を図ろうとする見解があった（木内 64，田辺 76）。この見解は交付欠缺の場合（*2-3*）との統一的な解決を図りうるという長所を有するといわれるが，意思表示の瑕疵等がある場合には，債務負担の局面でも瑕疵があるのであり，統一的に解することが適当であるかは検討を要するし，法律の条文を離れて，一般的な権利外観理論を導入することには問題がありそうである。それらの点は，さておいても，まず，強迫のように民法が意思主義によっている場合のみを権利外観理論がカバーすると解するのは，一貫性を欠く。しかも，民法が主観的要件に差を設けていることを無視することになりりうる（詐欺の場合など）。また，権利外観理論による場合の帰責性を「手形であることを認識し，または認識しうべくして署名したこと」に求めるのは妥当ではないが（*2-3*），それ以外に，錯誤や強迫によって手形行為をした場合に，どのような帰責事由があるのか不明である。さらに，本来，手形面上の記載は意思表示の瑕疵等がないことを示してはいないのであって，意思表示の瑕疵等が存在しないという外観があるといえるのであろうかという疑問が残る。以上に加えて，権利外観理論の要件からは，直接の相手方も，それによって保護されそうであるが（田辺 76 参照。ただし木内・講義 55 のように権利外観理論の妥当範囲を限定し，直接の相手方は保護されないと解する見解がある），直接の相手方を，手形以外の取引の相手方以上に保護する理由は見当たらない。なお，権利外観理論の適用等によって善意の第三取得者が保護される場合に，その者から譲り受けた悪意者も手形上の権利を取得できるとするのが通説であるが，相対的構成（善意者のみ保護）も考えられよう（上村・商法演習Ⅱ〔成文堂〕26）。

　第 4 に，二段階創造説（*2-3* 注 4)）に立って，手形であることを認識し，または認識しうべくして手形に署名すれば，意思表示の瑕疵等により手形債務を負担する具体的意思がなくとも，債務負担行為は有効であるが（債務負担行為について形式行為説），手形権利移転行為には民法の意思表示の瑕疵等に関する規定の適用があるとする見解がある（鈴木 142・150，前田 62 以下，平出 141 以下・153 以下）。まず，この見解に対しては，手形債務負担行為の構成に関して，形式行為説に対する理論構成上の上述の批判が妥当する。また，この見解は，善意取得によって取引の安全を図ろうとするものであるが，直接の相手方を善意取得によって保護することは，利益衡量上問題がある（ただし，PartⅠ第 4 章 (1) ①，PartⅡ *5-2-5* 注 27)）。すなわち，手形取引であるからといって，直接の相手方を他の取引の場合以上に保護する根拠はない。しかも，16 条 2 項の文言は，裏書を前提としており，直接の相手方に，善意取得を認めることを想定していない。なお，手形債務負担行為が相手方のない単独行為であると解しても，法律行為である以上，当然に意思表示の瑕疵等に関する民法の規定が適用されないということにはならない（浜田・法教 160 号 30）。

うに思われる（関237, 倉沢・シンポ59。また，龍田・現代講座2巻130, 130-134）（**表4**）。民法の規定を適用すると，以下で述べるように，善意無過失が，手形取得者が保護されるための主観的要件とされることが多いが，手形行為者に問い合わせれば過失はないとすれば，不都合はない。手形債務の発生については，所持人に挙証責任があるから，無担保裏書のような場合には，問い合わせるのが自然であり，取得者に問い合わせることを求めても酷ではない。

　まず錯誤（要素の錯誤でなければならないし，原因関係に関する錯誤は動機の錯誤であり，手形には原因関係を記載することはできず，表示されないから，要素の錯誤にはあたらない）の場合であっても，表意者に重過失が認められる場合（手形行為に関して要素の錯誤が認められる場合には，通常，重過失が認められよう。〔**ケース5**〕④はこれにあたるであろう）には錯誤による取消しの主張は許されない（民95ただし書）。そして，錯誤による意思表示の取消しは善意無過失の第三者に対抗することができない（民95 IV）。

　強迫の場合[10]には，善意の第三者も（第三者による強迫の場合には善意の相手方も）保護されないが，これは，そのような場合には，取引の安全より表意者を保護するという価値判断を民法が採用しているからである（制限行為能力者保護や意思無能力者保護は民法の価値判断に従いつつ，意思表示の瑕疵等に関しては修正するというのは平仄が合わないようにも思われる）。そもそも，民法は固定的な当事者の間の関係のみを規律するものではなく，第三者が出現する場合をも予想して規定を設けているのである（なお，手形行為の場合にも直接の相手方をとくに保護すべき理由はないと考える[11]）。

---

10) ただし，原因関係の意義を拡大解釈すれば，強迫の場合にも，手形行為自体ではなく，原因関係に強迫があったにすぎないと解して，第三者を保護することが考えられる。なぜなら，本来，相手方に交付するのは，手形ではなく，金銭でも，物でも何らかの経済的価値のあるものであればよかったのであるから，手形行為に意思表示の瑕疵があるというより，手形行為をする動機に瑕疵があると解することができるからである。原因関係上の意思表示の瑕疵と解すれば，第三者は有効に手形上の権利を取得し，害意がない限り原因関係上の意思表示の瑕疵を抗弁として対抗されない（77 I ①・17）。

11) 手形流通保護のためには，直接の相手方を保護する必要はない。
　木内・講義55のように，権利外観理論の適用範囲を限定すれば，権利外観理論を適用しても，直接の相手方は保護の範囲から外れる。他方，適用範囲を限定しない場合に，直接の相手方に対しては意思表示の瑕疵等を人的抗弁として主張できるとすれば，問題はな

詐欺または強迫に基づく取消し後の第三者の保護について，民法には直接の規定がないと考えられるが（ただし，たとえば四宮＝能見・民法総則〔第9版〕274は詐欺による取消し後の第三者も民法96Ⅲにより保護されるとする），民法における議論に従って（四宮＝能見242-243, 277），民法94条2項を類推適用して，善意無過失の第三者を保護することができる。また，このように，民法の規定を適用しても，善意無重過失の所持人は裏書人に対して担保責任を追及することができ，その限りにおいては保護されるし（**5-2-3**）（直接の裏書人について意思表示の瑕疵等がある場合には，このようにはいえないが，その場合には，所持人に，民法と異なる保護を与える必要はないであろう[12]）。また，無担保裏書を受ける場合には，振出に関する事情を調査することを求めても不自然ではないであろう），所持人は原因関係上の債権を直接の裏書人に対しては行使できる（ただし，**5-2-3** (3)）。なお，手形面上から判明しない事情によって，手形行為が無効とされ，または取り消される場合は少なくないのであって，意思表示の瑕疵等の場合に限ったことではない。

本書の立場によれば，〔**ケース 5**〕の①の場合には，手形取得時にCに害意がなければ，Cに対する手形金の支払をAは拒めない（77Ⅰ①・17。詐欺の場合は手形ではないといって作成・交付させたケースや③のケース等を除き，原因関係上の意思表示の瑕疵があったと評価できるのが一般的であろう）。②の場合には，Cが取消し前に手形を取得した場合には，AはCに対して，手形行為の取消しを理

いようであるが，権利外観理論を適用しておいて，さらに人的抗弁を認めるというのは迂遠であろう。

二段階創造説をとっても，権利移転行為有因論を採用すれば，直接の相手方との間では原因関係に意思表示の瑕疵があれば，手形権利移転行為が無効となるから，その限りで手形行為者は保護される。そして原因関係に瑕疵がない場合には，原因関係上の債務の簡易な弁済という所持人の期待を保護しても，手形行為者の利益はある程度保護されるというのであろう（善意取得に関する議論として，永井180など参照）。

他方，二段階創造説（または形式行為説）をとって，手形行為の無因性を堅持する立場からは，原因関係を広く解することによって，意思表示の瑕疵を人的抗弁として直接の相手方に主張できることになる。すなわち，原因関係とは「手形行為の直接の当事者間の実質的・具体的債権債務関係のすべてから，証券に表章された金銭的債権債務関係を抽出した残余」をいうと定義するからである（浜田（道）・法教160号30）。

12) Part I 第4章 (1) ①，Part Ⅱ **2-4-2** および **2-4-2** 注11) 参照。

由として手形金の支払を拒むことができ（強迫は原因関係に存するにすぎないと解すると，①と同様の法律関係になる），CはBに遡求することになる。取消し後にCが手形を善意無過失で取得した場合には，民法94条2項の類推適用によってCはAに手形金の支払を求めることができる。

③はいわゆる「見せ手形」の事案である。「見せ手形」とは，通常，所持人の資力を仮装する目的をもって他に譲渡しないという約束の下に振り出された手形をいうが，そのような手形が，約束に反して流通した場合に，振出人がどのような抗弁を主張できるかが問題となる。主張できる可能性がある抗弁としては，通謀虚偽表示の抗弁，詐欺・錯誤の抗弁のほかに，手形債務の成立を前提とした，人的抗弁の性格を有する対価欠缺の抗弁，不譲渡特約の抗弁があろう。また，「見せ手形」の場合には，「交付」があったとはいえないとして，交付欠缺の抗弁（*2-3*）を主張することも考えられる。しかし，手形取得時に，Cに害意がなければ，対価欠缺の抗弁，不譲渡特約の抗弁は主張できないし，Cが善意無重過失であれば，交付欠缺の抗弁もAは主張できない。また，Cが善意無過失であれば，Cが取消し前の取得者であっても，Aは詐欺の抗弁を主張できず，取消し後の取得者であって善意無過失であれば，民法94条2項の類推適用でCは保護される。さらにCが善意であれば，通謀虚偽表示の抗弁を主張できないし，Aには重過失があると考えられるから，Cが善意無重過失であれば，錯誤の抗弁も主張できない。

④の場合には，Aに重過失があるから，Aは原則として錯誤による取消しを主張できないが，CがAの錯誤について悪意または重過失がある場合には，手形行為の取消しを主張できる（民95Ⅲ①）。ただし，取消しを主張できるといっても，100万円については支払義務を負うと考える（百選6事件〔7〕）[13]。

---

13) 流通が予定されている以上，手形上の表示を基準とすることが必要であると考えられるところ，真の意思に対応する表示は手形面上には現れていないし，手形行為の可分性は法律関係を複雑にするものであって認めがたい，また，たとえば，〔**ケース5**〕の場合，1000万円という表示からみても，100万円については錯誤がないというのは不自然である，さらに当事者間の実質的公平の観点から問題があるようにみえるが，所持人（〔**ケース5**〕ではC）が悪意または重過失であることが多いことを考えると，手形制度による権利行使を認める必要はなく，実質的公平は原因関係に基づく請求などを通じて手形外で図れば十

なぜなら，100万円については錯誤はないとみることもできなくはないし，手形債務は金銭債務であり，本来可分なものであるのみならず，実質的に考えても，手形上の記載を基準に考えるのは，所持人の期待を保護するためであり，また手形債務者の責任の範囲を限定するためであるから，手形債務者に債務負担の意思のある範囲においては，手形金請求を認めてよいからである。

　なお，Bに100万円の手形を裏書する意思しかなかった場合には，当事者間では流通の保護の要請はなく，1000万円についての担保責任は追及できないと考える。ただ，100万円については，上述したところと同様の理由に基づきBは担保責任を負う。1000万円という手形金額の表示があることから，100万円についてのみ担保責任を負うとすると一部裏書の禁止（77Ⅰ①・12Ⅱ）にふれるのではないかが問題となるが，一部裏書の禁止は裏書の権利移転的効力に注目して権利の分属が生ずると，手形の権利行使が複雑になり，また手形の流通性に悪影響が及ぶことに鑑みたものであるから，担保責任を負うか否かの議論にあたっては，むしろ一部保証の許容（77Ⅲ・30Ⅰ）が類推適用され，一部について担保責任を負うとすることは手形法上問題はない。

分であると解することも一つの説得力を有する見解であろう。
　　二段階創造説によれば，〔**ケース5**〕の場合，Aは1000万円につき手形債務を負担し，1000万円の手形であることを認識していたか否かを問わず，Bは1000万円につき担保責任を負うが，A・B間，B・C間の権利移転行為には民法の規定が適用される結果，BまたはCの善意取得（77Ⅰ①・16）によって，Cは1000万円の手形上の権利を取得しうる。他方，BおよびCに悪意または重過失がある場合には1000万円の手形上の権利を取得できないが，手形債務の可分性を前提とすれば，100万円については権利移転行為は有効であり，CはAに対し100万円の支払を求めることができ，支払を拒絶された場合には，Bに対して，その限度において，遡求することができることになる。

第3章

他人による手形行為

手形行為も，他の法律行為と同様，手形行為の効果の帰属主体（本人）以外の他人によってなされうる行為である。

　他人による手形行為の方式には，代理方式（*3-1*）と機関方式（代行方式）（*3-3*）とがある。代理方式とは，代理人が手形上に本人のためにすること（代理文句）を記載して自己の署名または記名捺印をする方式であり，機関方式（代行方式）とは，他人が手形上にその名義を表すことなく直接本人の署名または記名捺印を手形上に表す方式である。

　代理方式と機関方式の区別は，手形行為の形式による区別であり，行為の決定権の有無とは直接の関係がないとするのが現在の多数説である。

　これは，証券的行為たる手形行為に関しては形式的な区別によることが必要だからである。すなわち手形上の効果が手形上の表示によって決定される手形行為にあっては，実質よりも形式によって考えられるのが自然だからである。たしかに，代理人は行為の決定権を有するのに対し，代行者はこれを有しないのが一般であるが，代理の形式がとられた場合でも本人が口授して他人にこのような手形行為をさせる場合がありうる。また，機関方式がとられた場合でも，本人が他人に印章を預けておき，必要に応じてこれに手形行為をさせる場合がないわけではない。

　したがって，代理方式か機関方式かの形式的区別と，行為の実質的決定権の有無とは一致するとは限らず，どちらの方式による場合にも，行為者に決定権がある場合とない場合とがある。

　なお，本人が自然人である場合には，代理方式，機関方式のいずれによることも許されるが，本人が法人である場合に機関方式によることが許されるかをめぐっては議論がある（*3-3*参照）。

3-1
代理方式による手形行為

3-1-1 形式的要件

　代理人のなした手形行為の効果が本人に帰属するためには，たとえば，「A代理人B」「A株式会社代表取締役B」というように本人のためにすること（代理関係）を手形上に記載し，その他人（代理人）が自己の署名または記名捺印をすることが必要である。

　代理関係の表示としては，代理または代表たることを直接意味する文字を用いなければならないという別段の定めはなく，本人のためにするものであることを認識しうる程度の記載があればよい（大判明治40・3・27民録13輯359）。

　① 代理関係の表示と肩書の区別

> 〔ケース6〕
> 　A合資会社の業務執行社員Bは，振出人欄に「A合資会社B」（Bの個人印を押捺）と署名して，Cを受取人として約束手形を振り出したが，当該手形はDに裏書された。

　判例（百選4事件[8]）・多数説は，手形は文言証券であるから，手形外の証拠によって記載の意味を決するのは妥当ではないという前提をとったうえで，「手形の記載のみでは，その記載が法人のためにする旨の表示であるとも，また，代表者個人のためにする表示であるとも解しうる場合の生ずることを免れないが，このような場合には，手形取引の安全を保護するために，手形所持人は，法人および代表者個人のいずれに対しても手形金の請求をすることができ，請求を受けた者は，その振出が真実いずれの趣旨でなされたかを知っていた直接の相手方に対しては，その旨の人的抗弁を主張しうる」としている。

　〔ケース6〕の場合には，A会社は合資会社であり，業務執行社員は原則として代表権を有することから，個人印が押捺されていても，会社のために行う

場合がありうるから，DはA合資会社（ただしBが代表権を有していることを前提）および（A会社が会社財産をもって債務を完済することができない場合などは）Bのいずれに対しても手形金を請求できるが，A合資会社は，手形がB個人のために振り出されていたことをDが知っていた場合に，Bは，手形がA合資会社のために振り出されたことをDが知っていた場合に，それぞれその事実を抗弁できる（77Ⅰ①・17但書。**6-3-6**）。

　すなわち，利益衡量上，第三者が手形を取得した場合に手形外の事情によって，債務者がいずれかに決定されることになっては善意の第三者が不測の損害を蒙ることになり，手形取引の安全が著しく害されるから，手形外の事情に基づく主張は人的抗弁にすぎないとすべきであると考えられている。

　もっとも，このように表示が曖昧な手形をよく確かめもせずに取得する第三者側にも責められるべき点があるが，そのような手形の作出者と取得者との利益を比較すれば，取得者に有利に解釈せざるをえない。このように解しても，法人は代理（代表）権を与えていなければ無権代理の抗弁をなしうるし，表見代理（代表）が認められても，個人に求償できる。個人も法人のためにしたのであれば，支払をなした場合には法人に求償できる。

　ただし，このような結論を導く法律構成はかたまっておらず，一種の表見責任を認めるもの，所持人が選択するまでは手形債務者は未確定であり，選択により確定するとするもの（田辺・シンポ37）などがある。しかし，もし，法人・個人のいずれとも解される署名があるとすれば[1]，法人の署名と個人の署

----

1) 法人のためとも個人のためとも解しうるのであれば，その表示は多義的であり，確定できない以上，表示は無効となるから，手形は無効とならざるをえないという前提に立って，そのような場合（たとえば〔ケース6〕）には代理関係の表示があると解すべきであるという見解がある（木内69など）。そもそも，法人の表示，代表関係の表示の方式については別段の定めは存せず，法人のためにすることを認識できる程度の記載があればよいとされてきた。これは，法人の署名として認識できる限り法人の署名と解釈してよいということであり，逆にそのように認識できない以上は，法人の署名とは解することができないことを意味する。
　利益衡量の観点からも，そのように解しても本人が署名者に代理権を授与していなければ，所持人からの請求に対して，無権代理の抗弁を主張できるが，所持人は署名者に無権代理人としての責任を追及できる（77Ⅱ・8）から格別の不都合はない。
　もっとも所持人は，代理権の有無を確認したうえでなければ署名者に対して請求できな

名という二つの署名が法律的には併存しているとみるのが最も説得的であろう。すなわち，署名は現実に署名をなした行為者自身の署名として成立すると同時に，署名によって客観的に表示される名義人の署名としても成立するとみることができる（庄子・シンポ 35・45）。

ただし，法人・個人のいずれとも解される署名を広く認めることは妥当ではない。〔ケース 6〕の場合には，押捺された印が会社印であれば A 合資会社を代表して B が署名をしたとみるべきである。また，たとえば「A 株式会社 B」（B の個人印を押捺）の記載は，株式会社の場合，株主としては代表権を有しない以上，B 個人を表示したものとみるべきであろう。

そもそも所持人は，取得に際して，個人・法人のいずれかを債務者として認識していたにちがいないことを考えれば，両方に請求できると解するのは保護として一般的には，いきすぎであろう。

② 代理関係の記載がない場合

> ─〔ケース 7〕─────────────
>
> A は，D に手形行為をなす代理権を与え，D は，A を代理して，B を受取人として約束手形を振り出した。その手形は B から C に裏書譲渡された。なお，手形上には代理関係の記載はなく「D」という署名がある。

手形行為は，証券的行為であって，証券上の記載に従った効果が生ずるにすぎないから，本人のためにする旨が記載されていなければ，たとえ代理意思があっても本人に対しては効果が生じない。

たしかに，手形法には代理関係の記載の要否，顕名主義についての規定はなく，手形行為は商行為（商 501④）であるが，商法 504 条の適用はない[2]。なぜ

いという不利益を受ける。しかし，本来，明確に代理関係が表示されていた場合には，そうするよりほかにしかたがないばかりか，このような不明確な手形を取得した以上，署名者に対して即座には請求できないという程度の不利益を受けてもやむをえない。

2) ただし，前田教授は手形行為にも商法 504 条が適用されるとされる。偽造者に手形法 8 条を類推適用することによって責任を負わせること（*3-4-2*）を手がかりとして手形の文言証券性を形式的に徹底すべきではないことを根拠とする（前田・特別講義商法 II 93）。しかし，本文中で示したように，商法 504 条を適用する必要性は必ずしもない。また〔ケース 7〕において，D が A のためにすることを B は知らず，C は知っていたような場合

なら，商法504条は明示的に顕名がなくとも周囲の事情から本人のためにすることが判断できることを前提とするが，手形行為の解釈にあたっては，手形外の事情を反映すべきではなく，手形上の記載によって判断すべきだからである。

　また，商法504条の適用がないため，民法の一般原則に戻りそうであるが，同様の理由により民法100条ただし書は手形行為には適用されない。すなわち，本人のためにする旨の記載がない限り，たとえ相手方が本人のためにするものであることを知りまたは知ることができた場合にも，本人に手形上の責任を認めることはできない。

　この場合には，代理人が自己のために手形行為をなしたものと認められ，代理人自身が手形行為者としての責任を負う。ただし，相手方が代理人自身のためにではなく本人のためにするものであることを知っていた場合には，代理人はそれを人的抗弁として手形金の支払を拒絶できる。したがって〔ケース7〕では，Aは手形上の責任を負わない（もちろん，Bとの関係で原因関係上の債務を負っていることはありうる）。そして原則としてCはDに対して手形金を請求できるが（CはDが手形債務者であると考えて取得するのだから，Aに請求させる必要はない。またDも自己の名を表示している以上，責任を負わされることを覚悟すべきである。もちろんDという名称がAを表すものであると考えられ，かつAがそのような権限をDに与えていた場合には，Dではなく，Aに対して手形金を請求できる〔機関方式の手形行為と考えられる。*3-3*〕），B，CともにDがAのために手形行為をするものであることを知っていた場合にはCはDに対して請求できない。

　このように考えるとCの保護に欠けるようにも思われるが，知らなかった場合には人的抗弁の主張制限（*6-3-3*）によって保護されるし，知っていた場合でも，Bに対して遡求権または原因関係上の債権を行使できる。

につき，前田教授は「第三者」には転得者も含まれるとされ，CはAに対して手形金を請求できると解されるようである。ところが，Aが支払拒絶した場合に，CがBに遡求できるとすると，Bに不測の損害が生ずることにならないかという疑問が生ずる。

3-1-2 実質的要件（代理権・代表権の存在）

　本人に手形行為の効果を帰属させるためには，代理人・代表者として署名する者が，本人のために手形行為をする権限（代理権・代表権）を有することが必要である。

　(1)　手形行為と取締役（指名委員会等設置会社においては執行役を含む。以下，本章において同じ）の利益相反取引規制　　判例（百選 37 事件 [9]）は，手形行為も原則として[3]会社法 356 条 1 項 2 号（平成 17 年改正前商法 265 条）にいう利益相反「取引」にあたるとする[4]。これは，手形行為は「単に，売買，消費貸借

----

3)　たとえば，取締役が会社のために保証する目的で会社から取締役に手形が振り出されるような場合のことを「隠れた手形保証」というが，「隠れた手形保証」にも，会社法 356 条 1 項 2 号（平成 17 年改正前商法 265 条）の適用があるかが問題となる。

　かつての判例は，会社法 356 条 1 項 2 号（平成 17 年改正前商法 265 条）の適用があるとしていたが，現在の下級審判例（大阪高判昭和 38・6・27 高民集 16 巻 4 号 280）および多数説は適用はないとしている。

　通常の手形保証によっては会社は損害を受けるおそれはなく，利益を受けるだけであり，また，手形保証は所持人に対してなすのだから形式的にも会社との間の取引とはいえないので通常の手形保証は自己取引にはあたらないが，隠れた手形保証は，実質的には通常の手形保証の場合と変わりないから同様に解すべきだからである。

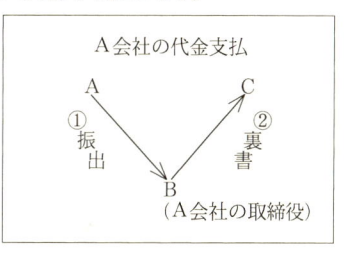

A会社の代金支払

A　　　　　　　C
①　　　　　　②
振　　　　　　裏
出　　　　　　書
　　　　B
　（A会社の取締役）

　たしかに振出を受けた取締役が受け取った手形に不当な裏書をしたり会社に対して不当な権利行使をするおそれがあるが，このような危険は取締役の権限濫用の危険として一般に存在するもので，手形取引の場合だけとくに問題とするのはおかしいし，「隠れた手形保証」の場合には，取締役は保証のために裏書署名するだけであり，第三者たる所持人に対し直接会社から手形が交付されるのが，通常であり，危険はない。

　また，裏書人として，担保責任を果たした取締役は会社に対する手形上の求償権を取得することになるが，もともと会社は，所持人に対して手形債務を負っていたのであるから，取締役が会社に対し求償権を取得したからといって，それにより，一層厳格な債務を負うことになるわけではない（通常の手形保証の場合にも同じことが生ずる）。

4)　これに対して，百選 37 事件 [9] の少数意見は，「手形行為は，既存の法律関係に基づき，その延長線上でなされる，単なる手段としての形式的な無色の行為」であって，「新たな利益の変動を生ずべき債権債務関係を創設するためのものではない」から，手形行為は同条の「自己取引」にあたらず，原因関係につき承認を要すれば足り，それを欠く場合には悪意の抗弁が成立するとすれば十分であるとしている。

　また前田教授は，会社が取締役に会社のための保証をさせる目的で，取締役を受取人として手形を振り出した場合や，会社が取締役に約束手形を裏書して手形金額と同額の融資を受けた場合や小切手の振出の場合にも挙証責任の加重，抗弁の切断，不渡処分の危険な

等の実質的取引の決済手段としてのみ行なわれるものではなく，簡易かつ有効な信用授受の手段としても行なわれ，また，約束手形の振出人は，その手形の振出により，原因関係におけるとは別個の新たな債務を負担し，しかも，その債務は，挙証責任の加重，抗弁の切断，不渡処分の危険等を伴うことにより，原因関係上の債務よりもいっそう厳格な支払義務であるから」である。

　ただし，（手形）取引の安全の見地から，取締役会の承認を得ていない場合には，会社は会社が振り出した手形の受取人である取締役に対し手形行為の無効を主張しうるが，裏書譲渡を受けた第三者に対しては，取締役会の承認がないことおよびその第三者の悪意を主張・立証しなければ，会社は手形上の責任を免れることはできないとされている（相対的無効説[5]）。

　(2)　手形行為と自己契約・双方代理[6]　　手形法には代理人の自己契約・双方代理についての規定がないので，民法108条が適用されるかが問題となるが，判例（最判昭和47・4・4民集26巻3号373）は適用されるとする。手形行為によって本人は原因関係上の債務とは別個の，しかもいっそう厳格な新たな債務を負担することになり，手形行為が新たな利害衝突をもたらすものである以上，本人の利益保護のために自己契約を禁止する法の趣旨を実現する必要があるからである。

　　どの不利益は生じうるが，そのような場合には会社法356条1項2号（平成17年改正前商法265条）の「取引」にあたらないと解されていることから，原因関係上の債務とは別個のより厳格な債務を負担することによる不利益は，会社法356条1項2号・365条1項（平成17年改正前商法265条）による取締役会の承認を要するほど大きくはないとされ，手形行為には会社法356条1項2号（平成17年改正前商法265条）の適用はないとされる（前田86）。そして権利移転行為有因論の立場を前提として，原因関係が会社法356条1項2号（平成17年改正前商法265条）に違反して無効となれば，手形権利移転行為も無効になって，取締役は手形上無権利者になり，第三者は善意取得によって保護されるとされる。

.　5)　実定法上の根拠を欠くという批判に対しては，竹内・判例Ⅰ267を参照。

　6)　自己契約や双方代理による手形行為は，理論的には本人の代理人が自己または他人の代理人としての自己に対して意思表示をした時に成立する。具体的には，代理人自身が受取人として記載されている場合には手形作成の時点で手形行為の成立が認められる。他方，受取人白地などの場合には，代理人がその手形で権利行使するか，または，他人に譲渡した時にはじめて代理人の意思が外部に表示されたと考えられる。もっとも，この場合でも，手形行為の成立時期は手形作成時である。なぜなら，代理人の意思は手形作成に表されているものと考えられるからである（木内88）。

なお，民法108条違反が証券上明白でない場合もあるから，もし一律に本人が手形上の責任を負わないとすると，手形取引の安全を害することになるから，同条違反の無権代理行為としての無効を，本人は当該行為の相手方には主張しうるが，第三取得者に対してはその悪意を主張・立証しなければ，本人はその手形行為の無効を主張できないといわれている。

(3) 権限の濫用　　代理権（代表権）を有する者が，自己または第三者の利益を図る意図で権限を濫用して，客観的にみれば権限に属する手形行為をした場合，有効な手形行為となるかが問題となるが，判例（百選15事件［10］）によれば，民法93条1項ただし書が類推適用される。すなわち，本人は相手方に悪意または軽過失があれば，それを立証して，手形上の責任を免れることができるが，第三者に対しては，手形法17条但書にいう悪意を立証しなければ，責任を免れることができないとする。

しかし，この判例の見解は二つの難点を有する。まず，心裡留保の場合は表意者に効果意思がないのに対し，代理権濫用の場合には，代理人は，表示（本人のためにすること）に対応する効果を本人に帰属させる意思を有しているから，民法93条ただし書類推の基礎はないという法律構成上の問題点がある。また，利益衡量上も，本人には代理人等を選任・監督することができ，代理権濫用はまったく行為者の内心にのみ属するものであるから，相手方に軽過失があるからといって保護を否定すべきでないといえよう。

そこで，代理行為の効果は本人に帰属する（手形行為として有効）が，権限濫用の事実を知っていた（悪意またはこれと同視することができる重過失）[7]相手方が本人に対してその権利を行使することは権利濫用ないし信義則違反の行為であって許されないという抗弁（人的抗弁）を，相手方（および害意ある第三者。77 I ①・17但書）に対して本人は主張できる。

---

7) 倉沢63は人的抗弁として悪意の場合に限るようである。

3-2

無権代理

〔ケース8〕

① Aから手形振出の代理権を与えられていないBは，「A代理人B」と振出人欄に記載された約束手形をCを受取人として振り出し，Cは当該手形をDに裏書した。

② Aは，Bに手形金額が100万円以下の約束手形を振り出す代理権を与えていたが，Bは，手形金額が1000万円で振出人欄に「A代理人B」と記載された約束手形をCを受取人として振り出し，当該手形をCはDに裏書した。

3-2-1 本人の責任

（表5）

	①		②	
	表見代理の要件を満たす場合	満たさない場合	表見代理の要件を満たす場合	満たさない場合
Aの責任	追認した場合には責任を負う			
	手形上の責任を負う	手形上の責任を負わない（ただし使用者責任。民715）	1000万円について手形上の責任を負う	100万円については手形上の責任を負う
Bの責任	無権代理人としての責任（Aが追認した場合を除く）（77Ⅱ・8）		無権代理人としての責任（Aが追認した場合を除く）（77Ⅱ・8）1000万円全部について責任を負う	

（1）原則　手形法には規定がなく，また民法の一般原則を適用すべきでないとする理由はない。したがって，一般の法律行為と同じく（民113Ⅰ），代理

権（代表権）が与えられていない場合，あるいは代理権（代表権）の範囲を越えた部分については，原則として，追認しない限り本人は手形上の責任を負わない（例外として表見代理。後述（3）参照）。

そして，本人は無権代理人がした手形行為を追認することができ，追認によって当初から代理権を与えていたのと同様の責任を負う（民116）。

民法上は，直接の相手方に対して追認の意思表示をなすべきものとされているが（民113Ⅱ），手形は，輾転流通する性質を有し，追認による直接の利害関係は現在の所持人が有するから，追認の意思表示は直接の相手方または現在の手形所持人に対してすれば足りる（*2-4-1-3*注6）も参照）。

したがって〔**ケース8**〕①の場合，AはDに対し手形金の支払を拒む（表見代理が成立する場合を除く）ことも，CまたはDに対して追認の意思表示をしてDに対し手形金を支払うこともできる。

(2) 越権代理　　代理人の越権行為があったからといって本人がすべての責任を免れる合理的理由はないので，手形法8条後段の規定は代理権の範囲内の部分についての本人の手形責任を排除する趣旨ではないと解すべきである。したがって，越権代理の場合にも，代理権の範囲内の部分については，本人は当然に責任を負わなければならない。他方，本人は，越権部分については責任を負わないのが原則である（表見代理が成立する場合を除く）。

このように考えると，〔**ケース8**〕②の場合は，Aは追認しなくとも，Dに対して100万円の範囲内で手形上の責任を負う。

(3) 表見代理　　手形法には表見代理についての規定はなく，手形行為の性質に反しない限り，民法の一般原則（民109・110・112）によることになる[8]。

---

8) 商法・会社法は外観を信頼した者を保護し，または取引の安全・迅速を図るために以下のような規定を設けており，手形行為にも適用される。すなわち，代表取締役，代表執行役，代表社員または支配人としての登記がなされれば，それが事実に反していても，善意の第三者には対抗できないと定めるほか（商9Ⅱ，会社908Ⅱ），表見代表取締役，表見代表執行役または表見支配人がなした行為については善意の第三者に対して株式会社または商人は責任を負うとされている（会社354・421・13，商24）。なお，会社法13条，商法24条（平成17年改正前商法42条）にいう「相手方」の意義についても判例（最判昭和59・3・29判時1135号125）は，表見代理の場合と同様にとらえる。

すなわち，無権代理の場合，本人は原則として責任を負わないが，代理人に権限があると第三者が信ずるのがもっともであり，しかも，そのように信ずることがもっともであることについて本人に帰責事由があると認められる場合には，本人は手形上の責任を負わなければならない。ただし，手形の流通性を高めるという観点から，第三者の保護要件は，他の商事取引と同様，善意無重過失で足りると解される。

さらに，手形行為の直接の相手方以外の第三取得者も，民法の表見代理の規定によって保護されるかが問題となる。判例（百選 10 事件 [11]）および少数説（木内 80，倉沢・手形法の判例と論理 78 以下）は，表見代理の規定にいう「第三者」は手形行為の直接の相手方に限り，第三取得者を含まないとする。もっとも，手形の形式上は直接の相手方でなくとも，実質的にみれば直接の相手方である場合（最判昭和 45・3・26 判時 587 号 75。また，百選 14 事件）には，表見代理の適用を認める。

民法は，代理行為の直接の相手方を「第三者」として予定しているが，表見代理の要件とされている「正当の事由」の有無などは，代理行為のなされる際における具体的事情によって決定されるべきものであり，手形の第三取得者がそのような直接の当事者間における具体的事情を信頼して手形を取得するということは，実質的に直接の相手方である場合を除き，ほとんど考えられないことが根拠の 1 つとされる（手形上に，たとえば，A 株式会社代表取締役 B あるいは C 代理人 D と記載されていても，そこから権限の存在を信頼することはできないことに留意すべきである。*3-4-1* 注 15）参照）。

この見解は，手形債務者の利益をも重視するという価値判断を前提として，民法の表見代理規定が本来的に予定している以上に保護範囲を拡張することは許されないというものである（このように解しても，手形の第三取得者は，無権代理人の責任〔7 条〕のほか，手形行為独立の原則により裏書人等の責任を追及でき，さらに，実際の行為者の使用者〔多くの場合，本人〕に対して使用者責任を追及できる場合があるから〔前掲最判昭和 59・3・29 参照。ただし，使用者責任を追及する場合の損害額は手形金額と一致するとは限らない〕，手形の第三取得者の保護に大きく欠けると

いうものでもない）。

　この見解によれば，〔ケース8〕①②の場合に，Bが代理権（②では1000万円の手形金額の約束手形を振り出す代理権）を有していることについて，Cが善意無重過失であれば，DはAに手形金（②では1000万円）の支払を求めることができる。

　これに対して，多数説は，手形行為に表見代理の規定を適用する場合には，「第三者」に直接の相手方のみならず，手形の第三取得者も含むと解する[9]。

　民法上予定されているような固定的な当事者間の行為については，直接の相手方のみに適用されるとすれば十分であるが，輾転流通する手形にあっては，直接の相手方のみならず手形の第三取得者についても表見代理による保護の必要があるという価値判断を前提とする。

　しかし，表見代理の要件とされている第三者の正当事由の有無などは代理行為の際の具体的事情によって決定され，手形の第三取得者がそのような直接の当事者間における具体的事情を信頼して取得することはまれであるから，判例と結論において大きな差は生じない。ただ，例外的に要件が第三取得者につき具備された場合には，このほうが手形流通の安全に適う。

----

[9]　二段階創造説を徹底すれば，他人が本人を代理する権限ありと信ずべき正当の理由を有するかという相手方の事情によって，手形債務発生の有無が左右されるということは，手形債務負担行為が相手方の事情によって影響されない単独行為であるということと相容れない。そこで前田説（前田77以下）は，手形が流通して第三者の利益にかかわる可能性があることから手形関連して権限を与えることには慎重を要し，いったん手形行為に関連して権限を与えた以上は，権限を越えたとの主張は許されず，それによって生ずる不利益は本人が甘受すべきものと考えられるとして，本人が手形行為に関連した権限を他人に与えた場合にはその内容を限定できず，権限踰越の当該行為についても代理権を与えたとみなされ，債務負担行為は有効に成立するとする。そして，権利移転行為について代理権の欠缺も善意取得によって治癒されるとする立場（**5-2-5-1**）に立って，悪意・重過失なく手形を取得すれば，直接の相手方は権利者となり，直接の相手方がこのような要件を満たさなくとも，その後の手形取得者が悪意・重過失なくこれを取得すれば手形上の権利者となるとする。

　なお，民法109条および112条の表見代理については，手形行為に関連した授権表示があったときは手形行為についての権限を与えたものとみなされ（民109の場合），いったん，手形行為に関連して他人に権限を与えた者は，社会通念上相当な方法でそれを撤回しなければ代理権の消滅を主張できず（民112の場合），いずれの場合にも本人は有効に手形債務を負担するとされる。

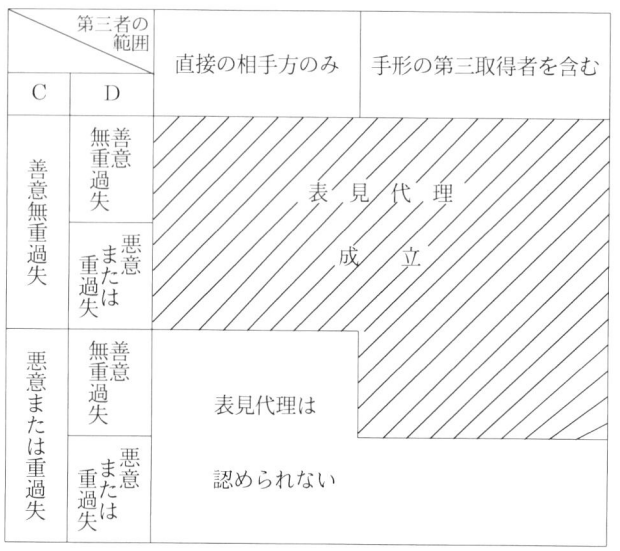

（図13）〔ケース8〕①の場合（②も同じ）の表見代理の成否

　なお「第三者」に手形の第三取得者が含まれるとすると，手形上の権利は，前者からの承継によるものではなく，第三取得者のところで突如として発生することを認めなければならない。これには，裏書を債権譲渡と解することに反するという批判があるが，表見法理とはそういうものであるから（木内80），説得力のある批判とはいえないであろう。

3-2-2　無権代理人の責任と地位

　⑴　手形法8条の趣旨と適用範囲　　無権代理人は，自己のために行為をなしたのではないから，本来なら法律行為に基づく権利義務の主体とはならないはずである。しかし，民法117条は，取引の安全を図るため無権代理人に対して善意無過失の相手方は契約の履行または損害賠償を請求できるものとしている。そして，手形取引の安全を図るため，手形法8条は，民法の規定を若干修正して，かりに無権代理人に代理権があったなら，本人が負担したであろう手

形責任を無権代理人に負わせ，その責任を履行したときは，無権代理人は本人と同一の権利を取得するとしている。

これは，手形は，単純な金銭債権を表章するものだから，債務者の個性を重視する必要がないという性質を有し，通常，手形上の義務が履行されたほうが手形の取得者の意図に沿うからである。また取得者の選択によって手形上の権利が発生したりしなかったりすると，手形上の権利が不安定なものとなり，取引の安全を害するからである。代理権があった場合に本人が負担する責任と同じ内容の責任を負うから，無権代理人は，所持人に本人が主張できたはずの抗弁を所持人に対抗することができる。

しかし，この責任は無権代理人自身の責任であるから，無権代理人自身が主張できる抗弁をも対抗できるし，時効中断は無権代理人自身に対してなされる必要がある。

① 手形法8条の法的性質 判例（百選17事件［20］）および現在の多数説は，「手形法8条による無権代理人の責任は，責任負担のための署名による責任ではなく，名義人本人が手形上の責任を負うかのように表示したことに対する担保責任である」としている（偽造者に8条を類推適用できるか否かの議論に影響する。*3-4-2*）。

② 民法117条2項の適用の可否 手形法8条には民法117条2項のような規定は置かれておらず，8条と民法117条1項とがおおむね対応していることを考えると，民法117条2項のような規定をあえて設けなかったと考えるべきであろう。

したがって，民法117条2項は適用されず，無権代理人は相手方の過失を立証してもその責任を免れることはできない。しかし，無権代理人が代理関係の表示をなしたことは責められるべきであるが，それが真実に反することを知りながら手形を取得したような者の権利行使を認める必要は存しないから，相手方の悪意は人的抗弁事由となる。

他方，無権代理人の行為能力が制限されていた場合は，代理人の手形行為自体の実質的要件の問題であり，行為能力の制限による取消しが認められること

により，無権代理人は責任を負わなくてよい場合がある。

　　　③　本人が実在しない場合　　本人が実在しないと考えられる場合には，論理的には代理関係はないが，代理人として手形に署名した者は手形法8条類推適用により責任を負う（最判昭和38・11・19民集17巻11号1401）。

　たしかに，本来，無権代理とは，本人は実在しているが，代理権を与えられていない者が行為した場合をいう。しかし，本人が実在しないため代理関係が存在しない場合でも，本人として手形に表示された者に手形行為の効果を帰属させることができない以上，流通証券である手形の信用を確保するために，手形法8条を類推適用すべきである。8条は，本人不在の場合を当然予定していたものとは考えられないから，類推適用ということになる。

　なお，本人や会社が通称や未登記の商号で表示されることもあれば，また，本人の個人営業が通称や会社名義で表示され，営業所またはその代理人が，その代表者・代理人として表示されることもあるが，このような場合は「本人が実在しない場合」というべきではない。

　たとえば，A会社がB会社という通称で手形上に表示された場合には，B会社という名称が取引上の一般の通念からA会社とは別個の会社を指すものと解され，かつ所持人が手形を取得した当時にB会社がA会社の別名・通称だということを知らなかった場合にはじめて実在しない会社の代表者名義で手形行為がなされたというべきであろう。

　(2)　越権代理　　この場合に，本人と代理人の両者に一部分ずつ請求すべきであるとすると，所持人にとって不便であるばかりか法律関係が複雑になるし，代理人は全額について，代理関係の記載をしたのだから，代理関係の全額につき責任を負わせても不当でないから，越権代理人は全額について無権代理人としての責任を負う（大隅＝河本120）。したがって，〔ケース8〕②の場合には，DはBに対して1000万円について責任を追及できる。

　(3)　表見代理　　手形所持人が表見代理の成立を主張して本人から支払を得た場合には，もはや代理人に対し責任を追及できないのは当然である。しかし，無権代理人は表見代理が成立することを主張してその責任を免れることはでき

ない（百選 11 事件［21］）。「表見代理は，善意の相手方を保護する制度であるから，表見代理が成立すると認められる場合であっても，この主張をすると否とは，相手方たる手形所持人の自由」だからである。また，無権代理人がその責任を免れうるとすると，相手方は，本人に対し表見代理による責任を追及することしかできなくなるが，その立証は，無権代理の立証に比べ，困難でありうる。相手方にそのような負担を強いてまで，無権代理人を保護する必要はない。

　(4)　責任を履行した無権代理人の権利　　無権代理人は，その責任を履行したときは本人が有したはずの権利と同一内容の権利を取得する（8 中段）。たとえば無権代理人が裏書し，後者からの遡求に応じたときには，前者に対し再遡求できる。

　ただし，無権代理人が手形を第三者に譲渡して得た対価を自ら取得した場合には，本人は無権代理人に対して手形の交付を請求し，それに基づいて権利を行使できる（前田 92）。なぜなら，手形法 8 条中段をそのまま適用すると，第三者に譲渡して得た対価について無権代理人が不当に利得する結果を認めることになる。したがって，この場合には，無権代理人は，手形の盗取者と同様の地位にあるから，手形上の権利を取得できず，手形上の権利を取得するのは本人であると解すべきである。

3-3
機関方式（代行方式）による手形行為

　機関方式（代行方式）とは，たとえば，B が直接 A 名義の記名捺印を A に代わって行う場合のように，他人が直接本人名義の署名（記名捺印を含む。以下同じ）を代わって行い，本人が自ら署名したように手形上に表示される方式をいう。

　本人が自然人の場合には，機関方式による手形行為が許されることについては異論がないが，本人が法人の場合には，法人の代表者が直接法人の署名をすることは許されず，代理方式（たとえば A 株式会社代表取締役 B）による手形行

為のみが許されるとするのが，判例（百選2事件［16]）・通説である。

　この見解は，機関方式による手形行為を認める実益はなく，法人印について，諸外国と異なり法律上特別な取扱いがなされておらず，その実際上の取扱いについても必ずしも慎重といえない一般の実情とを考え合わせると，機関方式による手形行為を法人について認めるのは妥当ではないという価値判断を前提とする。そして，署名の客観的意義（*2-1-1-7-1*）を重視する立場（手形制度の画一性・安定性の重視）から，署名が，法人の適法な代表者によってなされたか否かを手形上の記載のみによって識別できるようにするには，代表者の署名が必要であるとする。さらに理論的根拠として，実定法上，代表と代理は同じ規定に服すべきものとされているから，機関の行為が法人の行為と認められるためには，代理の場合と同様の方式によるべきであることと，記名捺印を含めて，署名という概念は直接または間接に身体的動作を前提とするものである以上，そのような動作をなしうる自然人を手形上に表示する必要があることをあげる。

　しかし，本人が自然人の場合について機関方式による手形行為を認める以上，この理論的根拠は説得力を欠く。

　そこで，まず，法人の手形行為の方式として，代表者が直接法人の記名捺印をすること（たとえば，A株式会社の代表取締役Bが「A株式会社　会社印」と振出人欄に記名捺印すること）を認めてよいという見解がある。

　この見解は，法人の記名捺印も署名が適法な代表者によってなされたか否かを識別させる機能を有すると考え[10)]，また，正当な代表者が法人の印章ないし職名印を押捺したことが，明らかにされている場合に，その個人名が手形上に表されていないという方式の欠缺があるとして手形を無効とし，法人の責任を否定する理由はないという利益衡量をする（具体的妥当性の確保）。

---

10)　署名を自署に限って認める法制下であればともかく，記名捺印の方式のみならずその代行までもが認められている状況の下では，法人の機関の記名捺印があってもそれが代表者自身によるものか，権限者または無権限者による代行かは，手形面上には表れず，したがって記名捺印の場合に行為者たる自然人を手形面から識別するということは，もともと困難なことである。そして，記名捺印の場合には，記名よりも捺印のほうに重点があると考えられるから，法人印ないし代表者印が押捺されていれば，不十分ながらも，その限りで判断には役立ちうる。

　さらにすすんで，代表者が法人名を直接手書きすること（たとえば，A株式会社の代表取締役Bが「A株式会社」と振出人欄に手書きすること）まで認める見解が近年有力である（鈴木170，前田70，田辺59）。この見解も具体的妥当性の確保を重視するが，理論的には，署名は記名捺印と異なり自然人でなければできないから，代表者が法人の名を手書きしても法人の署名にはならないとも考えられるが，自然人の場合に署名の代行が認められ（*3-3-1*），しかも代表者の行為が法律上は法人の行為と認められるのであれば，代表者による法人の署名を否定することは，理論的一貫性を欠くと指摘する。

　これらの見解に対しては，通説から，行為能力のある自然人が手形行為をする場合には，代理人の署名のある手形より本人の署名のある手形のほうが取引上信用があることが多いので，記名捺印の代行を有効とする実益があるのに対し，法人の場合にはそのような事情が存しないので同様に扱う必要はない[11]，署名の原則からみて例外的な取扱いにすぎない記名捺印の代行を署名に及ぼし，法人についてまで推し及ぼすものであって，理論的にみていきすぎであるだけでなく，実際上の必要もまったくないという利益衡量上の批判が加えられ，理論的にも，法人代表者の代表行為とは別の法人の行為は観念できないのに対し，自然人の場合には，代理人の代理行為とは別に本人の行為が存在しうるから，本人の行為の代理人による代行という方式を認められるともいわれている。さらに，署名が偽造等を防止する機能を有していることから，否定的に解されるべきであると指摘される（森本190号57）。

3-3-1　形式的要件

　他人が直接本人名義の署名（記名捺印）を代わって行うことが形式的要件（方式）となるが，署名の代行が認められるかについては争いがあり，判例（大判大正4・10・30民録21輯1799）は一般論として認められるとしており，現在の多数説（前田69，田辺55，森本190号55）も認める立場に立っている[12]。

---

11)　法人の場合には，機関方式によることのメリットはないし，代理方式による場合にも代表者の署名は記名捺印（またはその代行）でなされていることが多い。

署名の客観的意義の点から考えると，他人の手書きでも，筆跡によって行為者を識別できるから，これをも署名の一方式として認めてよいといえるし，行為者の権限の調査は代理人による手形行為などの場合にはつねに必要なことであり，署名の代行を認めた場合に限られない。

　また，記名は，何人がいかなる方法で名前を表示したものでもよいため，押捺の必要があるのに対し，署名は本人または権限を与えられた者の手書きによらなければならないから，署名の代行を認めても記名捺印と署名の区別が全然なくなるわけではない。

　さらに利益衡量上も，権限のある者が署名の代行をした場合に本人が手形上の責任を負わないとすべき理由はない（実質的妥当性の重視）。署名の代行を否定するということは代行者が権限を有したか否かを問わず無効とすることであって，署名が本人によってなされたか否かという手形面からは識別できない方式の瑕疵を認めることを意味し，その手形上の後続の手形行為をすべて無効にすることになって（手形行為独立の原則の適用がない。*2-2-1*），手形取引の安全を害する。

▌*3-3-2*　実質的要件

　機関方式によってなされた他人による手形行為の効果が本人に帰属するためには，その他人が，本人名義で手形行為をする権限を有することが必要である[13]。

---

12)　これに対して，かつての通説は，署名の代行は認められないとしていた。理論的な理由としては，本来署名は個性的な行為であるから，他人に代行させることができる性質のものではないことをあげ，条文上の根拠としては，署名と記名捺印とを法律が区別している以上，署名は自署に限ると解するほかないとしていた。しかし，署名の代行を許さないとするのは，諸外国で署名の代行を許していることを考えると説得的ではない。したがってこの説の最も重要な根拠は本来の署名だけでなく，記名捺印も署名の一態様として認められている現行法のもとでは，実際上，署名の代行を認める必要がないことに求められよう（鴻・法学協会雑誌 84 巻 8 号 1080）。
　　また，手形の定型性・画一性により手形制度を使いやすいものにするという視点からは，署名の代行を認めると，行為者が代行権限を有していたことを所持人が立証する必要が生ずるが，所持人にそのような実質的権限の調査を義務づける署名の代行という方法を認めると，手形の流通を阻害するという批判がなされうる。

　なお，このような権限は，代理権とは別個のものであるから，代理権を有していても，本人名義で手形行為をする権限まで当然に有するものとはいえない。

3-4
偽　造

　偽造とは，署名（記名捺印を含む。以下同じ）の代行権限を有しない者が，他人の署名をいつわって，あたかもその他人が手形行為をなしたかのような外観を作り出すことである。

　従来の判例（大判昭和8・9・28民集12巻2362）は，無権限者が代理方式で手形行為をすれば無権代理とし，無権限者が機関方式で手形行為をした場合には手形署名の代行を認める立場から，本人のためにする意思があれば無権代理であり，それがなければ偽造であるとしていた。これは，偽造の場合に被偽造者（本人）は責任を負わないことを前提として，本人に責任を負わせる必要のないときは無権限代行者の手形行為を偽造とし，他方，本人に責任を負わせる必要があるときは，表見代理の成立により本人の責任を認めるための理論構成で

13）　代表取締役の権限は，包括的なものであって，その中には会社を代表して手形行為をする権限が含まれているが，代表取締役が数人ある場合でも取引銀行の預金口座はそのうちの一人の名義で設けられているのがふつうである。したがって，会社のための手形行為に使用されるべき名義も通常は特定の一人の代表取締役の名義とされている。そこで，会社の手形行為としての方式を具備するために，他の代表取締役もその名義を用いて手形行為をする権限をも当然に与えられており，この権限も代表権の内容の一つになっていると解すべきである。その結果，その権限に制限を加えても会社法349条5項によって善意の第三者に対抗しえない。

　また，表見代表取締役は，代表権をもつという外観を有する取締役であるから，表見代表取締役の外観を信じた者は他の代表取締役の記名捺印の代行権をも当該表見代表取締役がもつものと信ずるであろう。表見代表取締役が，手形上に自己の名称を表す場合には，直接的に代表権に基づいた署名についての信頼を発生させることになるが，手形外において表見代表取締役たる名称によって代表権を有するという外観が何らかの事由で存在している限りは，他の代表取締役のその者による記名捺印の代行，またはその方式を備えた手形の交付があった場合に，その外観を信じた第三者は代表取締役の代行権に基づく会社の手形行為であると信ずるのは当然である。そのような信頼を保護するのが，会社法354条の趣旨である以上，その表見代表取締役に代表権がないことにつき善意の第三者は，会社法354条により保護される（最判昭和40・4・9民集19巻3号632）。

あった。

　ところが，判例（百選 13 事件 [22]）は，機関方式による無権限者がなした手形行為について表見代理規定の類推適用を認めるにいたったので（*3-4-1*（2）），行為者の主観的意思を基準として偽造と無権代理を区別しなくてもよいこととなっている。

　そして，輾転流通する手形の性質からすれば，両者の区別は，手形外の事情たる本人のためにする意思の有無によって決定すべきではなく，あくまでも手形上の記載によって決定しなければならない。手形上に代理関係の記載がない以上，無権代理ということはできないから，無権限者が直接本人名義の手形行為をなした場合は，すべて偽造と考えるべきである。

　すなわち，偽造と無権代理の区別は代理関係の表示の有無によってなすべきであるから，無権限者による代理方式の手形行為の場合が無権代理であり，無権限者による機関方式の手形行為の場合が偽造である。

3-4-1　被偽造者（本人）の責任

　(1)　原則と被偽造者による追認　　被偽造者は，自ら署名したのでもなければ，他人に自己の署名の代行権限を与えたのでもなく，したがって自己の意思に基づく手形行為が存在しないから，原則として，手形上の責任を負わない。

　もちろん被偽造者は無権限者がなした手形行為を追認できるが，その追認に遡及効が認められるかは問題となる。

　偽造の場合には，手形行為者である偽造者の署名がなく，その結果手形上には有効な意思表示はまったく存在しないから，追認の対象がなく，政策的観点からも偽造は倫理的に悪質であるとして，遡及効ある追認を認めない見解もあるが，現在の判例（百選 16 事件 [23]）・多数説は無権代理の場合（民 116）に準じて，遡及効ある追認を認める（鈴木 172，前田 88，田辺 99）。

　これは，偽造と無権代理とは方式に差があるにすぎず，事前に権限が与えられていれば，本人の手形行為として完全に有効であることは代理方式による場合も機関方式による場合も変わりがなく，事後に被偽造者が追認によって権限

を補充することも可能なはずであり，偽造の追認については無効行為の規定よりも無権代理の規定を類推適用すべきであるとするものである。

まず偽造の場合には，無権代理の場合よりも，本人に手形上の責任を負わせようとする意思がいっそう直接的に表されており，手形に対する第三者の信頼もより強いから，遡及効ある追認を認めることによって，第三者の利益が保護される。

また被偽造者が，代行権限を与えていた場合と同様の責任を負うというのであれば，被偽造者の利益も不当に害されるわけではない。

なお，偽造が非倫理的であるといっても，本人に無断でなされた点では無権代理も非倫理的であり，犯罪的で非倫理的という点では両者は異ならないであろう。

(2)　表見偽造　　無権限者が代理形式で手形行為をした場合（無権代理）に，相手方がその者に代理権があると信じ，かつそのことについて正当な理由を有して手形を取得した場合には，表見代理が成立し，手形上に本人として表示された者は責任を負わなければならない（民 109・110・112）。

これに対して無権限者が機関方式で手形行為をした場合（手形偽造）[14]に，表

---

14)　なお，判例（百選 18 事件 [24] など）は，手形の偽造の場合に，手形の第三取得者を保護するために，従来から，被用者による手形の偽造につき使用者責任（民 715）を適用して使用者たる被偽造者の責任を認めてきた。そして，民法 715 条の「事業の執行について」とは，「被用者の職務の執行行為其のものには属しないが，その行為の外形から観察して，恰も被用者の職務の範囲内の行為に属するものと見られる場合をも包含するものと解すべきである」として（外形標準説），被用者の偽造行為が，本来の職務を逸脱しその地位を濫用してなされたものであるが，その行為が本来の職務と密接の関連を有し外形上本来の職務の執行と見られる場合に，使用者責任の成立を認めてきた（詳細については，大野・百選〔第 5 版〕39）。

なお，外形標準説の趣旨を「取引行為に関するかぎり，行為の外形に対する第三者の信頼を保護しようとするところに存する」と解し，手形の直接の受取人に悪意または重過失が認められる場合には，判例は，使用者責任の成立を否定しているが（最判昭和 42・4・20 民集 21 巻 3 号 697），手形の第三取得者は被用者の手形行為に関する「行為の外形を信頼する」ことはほとんどありえないとして，直接の受取人が悪意または重過失であっても第三取得者が「真正に振り出されたものと信じて」手形を取得した場合には使用者責任が成立するとする（最判昭和 45・2・26 民集 24 巻 2 号 109）。

しかし，手形の第三取得者は，記名捺印や手形の交付をした者がだれであるかを知らずに手形を取得するのが通常であるのに，偽造者の職務執行の範囲内の行為であるかどうかを問題にすることは妥当ではないし，そもそも，表見代理の規定を類推適用できれば，使

見代理規定の適用ないし類推適用によって被偽造者は手形上の責任を負うかが問題となるが，判例（百選 13 事件 ［22］・百選 14 事件）・通説は民法の表見代理規定の類推適用を認める[15]。

たしかに，直接，本人名義の署名をすることは代行行為であるから，実質的にみれば無権代理であっても手形行為としては無権限の代行行為となり，表見代理の規定を直接適用できない。しかし，無権代理と偽造は，「いずれも無権限者による本人名義の手形振出である点において差異はないところ，無権限者によりいわゆる代理方式による手形振出がなされた場合には表見代理に関する規定の適用を肯定すべきものであるから，第三者の信頼を保護しようとする表見代理の制度の趣旨から」無権限者により機関方式による手形行為がなされた場合には表見代理に関する規定を類推適用すべきであるというのである。

なお，無権限者が代行方式で手形行為を行った場合に，本人に手形上の責任

用者責任構成が機能する局面は少なくなろう。

15) これに対して，すでに本人名義の署名がなされた手形を無権限者を通じて受け取る者は，当該署名が本人によってなされたのか，代行権者によってなされたかはわからないが有効な署名であると考えるにすぎず，有効な署名代行権が存在するという認識も信頼も有しないのが通常であるが，このような者を保護すべきであるとして，第 1 に，機関方式による場合も交付行為については交付者が名義人たる本人に代理してこれをなすのであるから，交付者がそのような権限を有するという信頼と認識が相手方にあれば，民法の表見代理責任が成立するためには，十分であり，そのような場合相手方たる受取人は，民法 110 条等の直接適用によって保護されるという見解がある（河本＝田辺 100）。しかし，理論的にみれば，署名行為（者）と交付（者）とは必ずしも一体をなすものではなく，しかも手形行為の本体は前者に求めるべきであるから，右の説は，一般論としては疑問であろう。

第 2 に，権利外観理論は有効な手形意思表示がなされていない場合であっても，外観の発生に本人が有責的に原因を与えているならば，その者に例外的に手形責任を負わせるための理論であって，必ずしも有効な署名を前提とする必要はないとして，第三者を権利外観理論によって保護する見解がある（田辺 88 以下）。そして被偽造者に偽造の防止が期待しえたにもかかわらず，防止せず偽造が行われた場合に帰責性を認める。しかし，権利外観理論は一般的な法理論であり，できるだけ用いないことが望ましいし，そもそも，このような第三者の信頼が保護に値するかが問題となろう。

他方，倉沢教授は，無権代理の場合の無効は「本人に対して」効力を生じないことを意味するのに対し，偽造の手形行為はすべての者との関係で無効であるとされる。そして代行の場合，代行行為者が本人の名義を手形面上に表すのは手形行為者の署名としてであって，代理の場合と異なり，手形行為者と異なる効果の帰属者の名称を記載するものではないとされる。したがって他人の表示機関でない者がどのような表示行為をしてもそれは代行行為ではなく，権限のない者による代行行為はありえないとされる（倉沢 43-51）。この立場からは，遡及効ある追認や表見代理規定の類推は否定されるのが論理的であろう。

を負わせる理論構成として，外観法理によるにせよ，表見代理の規定の類推適用によるせよ，印鑑は預けておらず，本人の署名はしていない手形を単に預けていたにすぎないような場合には，本人に手形上の責任を負わせる帰責性があると解するのは行きすぎであろう。たとえば，預かっていた者が裏書を偽造した場合に，善意取得制度によって預けた者が手形上の権利を反射的に失うことがあるにせよ，預けていた者に担保責任を負わせるためには民法109条，110条あるいは112条に定められているような事情がさらに必要とされると考えるべきである。

3-4-2　偽造者の責任

かつての判例・通説は，偽造者は手形上に自己の署名をしたのではないから，手形上の責任を負うことはなく，不法行為に基づく損害賠償責任を負うにすぎないとしていたが，現在の判例（百選17事件 [20]）・多数説は手形法8条の類推適用により，偽造者は手形上の責任を負うとしている[16]。この見解は手形法

16）　これに対して偽造者は，他人の名称を自己に表示するものとして用いたのであるから，自ら手形行為をした本人としての責任を負うのは当然であるとして，偽造者の責任を認める見解（偽造者行為説）も有力である（鈴木174，蓮井・争点327など）。
　　手形行為の文言性は手形債務の内容に関する原則であり，それは何人が手形債務者であるかの決定の基準にはならず，少なくとも周知・慣用された他人の名称を用いた場合には，その文言にかかわらず当該行為者が手形債務者であると解されており，この趣旨を推し進めれば，行為者が平素から取引上別名を慣用していたか否かは，その名称が行為者を表示するものであることの立証の難易の問題にすぎず，立証さえできれば同様に解してよいことを根拠とする。
　　しかし，他人名義の署名がなされた場合に，当該他人から代行権限が与えられていれば機関方式による他人の手形行為があることになるのに，無権限であれば偽造として行為者の手形行為となるのは整合性を欠くことになる。
　　また，このように解すると相手方が無権限につき悪意でも偽造者は責任を負うとするのが理論的であるが，利益衡量上適当ではないように思われる（8条類推適用の場合には，悪意者に対しては責任を負わない）。さらに偽造者はつねに債務負担の意思で被偽造者の名義を使用して手形行為をしたと擬制するのは，いきすぎであるし，擬制しなければ，偽造者に債務負担の意思があったことを立証することは著しく困難であるから，多くの場合，偽造者が責任を免れることになって利益衡量上不当であるといわれている。
　　しかし，いかなる名義を用いようと自ら行為した者が行為者としての責めを負うというのが法の一般原則であるということができるから，偽造者行為説にも一理ある。ただ，この立場をとると被偽造者の使用者責任の成立を説明するのは困難になろう。また「偽造」という概念はなくなり，表見代理規定の類推や追認は考えられないこととなろう。

8条による無権代理人の責任は，責任負担のための署名による責任ではなく，名義人本人が手形上の責任を負うかのように表示したことに対する担保責任であることを前提とする。

そして，手形偽造の場合も，名義人本人の氏名を使用するについて何らの権限のない者が，あたかも名義人本人が手形上の責任を負うものであるかのように表示する点においては，無権代理人の場合と変わりはなく，したがって，手形署名を作出した行為者の責任を考えるにあたり，代理表示の有無は本質的な差異をきたすものではなく，かえって，偽造者は，より直接的な形で，名義人が責任を負担するかのような外観を作出表示したのであるから，手形法8条を類推適用して，無権代理人と同じく手形上の責任を負担すると解するのが衡平に合致する。

さらに，手形上に名称が表示されていない偽造者に手形債務を負わせるのは，手形行為の文言性に反するようにも思われるが，文言性は手形取引の安全のために認められたものであるから，それを逆に自己の手形債務を免れるための根拠として偽造者に利用されることは，手形行為の文言性を認めた趣旨に反する（前田43）。

なお，判例（最判昭和55・9・5民集34巻5号667）は，手形法8条は善意の取得者保護のための規定であるから，偽造を知って手形を取得した者に対しては，偽造者は責任を負わないとする。

〈補論1〉 名板貸と手形行為

―〔ケース9〕――――――――――――
　① Aの営業について，Bが自己の名義の使用を許諾し，Aがその営業の一
環としてB名義で約束手形をCに振り出し，当該手形がDに裏書された。

　他方，偽造者の署名がなく（白地式裏書を受けた者が交付によって手形を譲渡した場合には手形上の責任を負わないように，署名をしない行為者には手形上の責任はないことを前提とすると），手形法8条は「署名シタルトキ」としており，類推の基礎があるとはいえないとして，偽造者は手形上の責任は負わないとする見解もある（大塚・現代企業法講座5巻215）。この見解からは偽造者は不法行為責任（民709）を負うにとどまる。

② Ｂが自己の当座預金口座を利用して手形行為をすることをＡに許諾し，Ａがｂ名義で約束手形をＣに振り出し，当該手形がＤに裏書された。

③ 銀行取引・手形取引についてのみ，Ｂが自己名義の使用をＡに許諾し，ＡがＢ名義で約束手形をＣに振り出し，当該手形がＤに裏書された。

なお，①から③において，Ｂは商人（会社・外国会社を含む）であるとする。

(1) 名板貸——事業または営業についての使用許諾がある場合　判例（最判昭和42・2・9判時483号60）および通説は，手形行為は事業上・営業上の行為に含まれていると一般に考えられることから，事業または営業自体につき名義使用を許諾された者がそれを使用して事業または営業を行い，これに関連して名板貸人の名義を使って手形取引をした場合には，手形取引について名義使用許諾者の承諾を得たか否かを問わず，許諾者は名板貸人として会社法9条，商法14条（平成17年改正前商法23条）の責任を負うとする。

さらに判例（最判昭和55・7・15判時982号144［87］）は，自己の名称を営業に使用することを許諾したところ，許諾された者が営業上は使用しなかったが，手形取引にこれを使用したという場合にも，許諾者は名板貸の責任を負うとする。

すなわち，会社法9条または商法14条が名板貸人の責任を認めるのは，第三者が営業主体・事業主体を誤認したことについて名義貸人が原因を与えたことによる。そして会社法9条または商法14条が営業取引における名称使用を念頭に置いて規定したのは，それが原因となって第三者が営業主体・事業主体を誤認することが最も多いからにすぎないと考えることができる。このように理解すると，名義貸人から名義借人に対して，名称を使用することの許諾があり，しかも許諾された範囲内の営業について手形が振り出されたため，第三者が営業主体・事業主体を誤認したのであれば，許諾者に名板貸の責任を認めることが第三者保護に必要であって，認めても許諾者にとって不測の損害はないと利益衡量上は考えることができる。

したがって，判例・通説によれば，〔**ケース9**〕の①の場合に，Ｄが，Ｂが営業主体・事業主体であると誤認した場合にはＢは名板貸人としての責任をＤに対して負うことになるが，会社法9条または商法14条は名板貸人は名板借人と連帯して責任を負うとしているので，Ｂが会社法9条または商法14条の責任を負う前提としてＡが手形上の債務を負うことが必要になるはずである。

ところで，他人の名義（本ケースではＢ）の使用を許諾された者（本ケースではＡ）が，当該他人名義で手形行為をなした場合に手形上の責任を負うか否かは，自己を表すために他人の名称を用いた場合一般の議論によって決まる（*2-1-1-7-1*）。

自己を表すために他人の名義を用いて手形行為をした場合について，当該他人の名称が手形行為者を表すものであることにつき周知性・慣用性がなければ，署名としては有効ではないという見解（周知性・慣用性必要説〔*2-1-1-7-1*〕）をとった場合においては，周知性・慣用性が認められないと A は手形上の責任を負わないため（なお，B という名称が A を表すものとして，周知・慣用されていれば，会社法 9 条または商法 14 条の誤認の要件は満たされない可能性が高い），B の名板貸人としての責任が生じないのではないかという問題が生ずる。しかし，まず，慣用性が認められない場合の他人名義使用者は一種の偽造者として手形法 8 条の類推適用による責任を負い（百選 17 事件[20]），かつその責任について名義使用許諾者は会社法 9 条または商法 14 条により連帯責任を負うと考えることができる。また，名板借人の責任発生を名板貸人の責任発生の不可欠な要件と考える必要はないという見解も示されている（服部・商法総則〔第 2 版〕218，江頭・ジュリスト 455 号 124 など）。さらに，本ケースのような場合に会社法 9 条または商法 14 条の適用を考えず，授権があるときは機関方式による手形行為（ただし，代理・代行についての授権があると認められる場合は通常考えられない），それ以外の場合には表見代理や外観理論によって名義使用許諾者の責任を認めようとする見解（鴻・昭和 41・42 重判 194）がある。

　また，2 段階創造説の立場から，手形上になされた署名は名板借人の署名であると同時に，名板貸人の署名であると法律上評価できるという説明も試みられている（シンポ 45〔庄子〕）。

　他方，自己を表すために他人の名義を用いて手形行為をした場合について，周知性・慣用性がなくとも手形行為を行った者の署名として有効であり，他人名義使用者は手形債務を負担するという見解（周知性・慣用性不要説）によると，本ケースで A が手形上の責任を負うことに問題はないことになろう。

　さらに会社法 9 条または商法 14 条と手形行為との関係で問題となるのは，相対的構成をとるべきか絶対的構成をとるべきかという点であろう。すなわち，本ケースの①において C に誤認があったが D には誤認がなかったときに D に対して B が手形金の支払義務を負うと考えるべきか否かは問題となる。B の責任が手形上に表章されていると考えることができるのであれば，C に誤認があったが D には誤認がなかったときにも D に対して B は手形金の支払義務を A と連帯して負うと考えるべきであろうが，前述した庄子説によらないかぎり，手形上に名板借人の署名があるとすれば名板貸人の署名はないから，手形上に名板貸人の債務は表章されていないというべきであるし，他方，手形上に名板貸人の署名があるとすれば名板借人の署名はないのであるから会社法 9 条または商法 14 条の責任の問題でないと考えるのが自然であろう。したがって，庄子説に

よらない限り，会社法9条または商法14条に基づく責任は手形金額（および利息・費用）を連帯して支払う手形外の責任であると考えるべきであり，Cが手形行為者をBであると誤認したとしても，Dが手形行為者をAであると知っていた場合には，BはDに対して会社法9条または商法14条に基づく責任を負うことはないと考えるべきであろう。

　他方，手形取引の安全を図るという要請と名板貸人の予測可能性を考慮すると，ケースの①においてCには誤認がなく，Dに誤認があった場合には，Dに対してBが手形金の支払義務を負うと考えるべきであろう。理論的には，会社法9条または商法14条が適用される場合には，もともと名板貸人の負う責任は二次的な責任であって，それが手形とともに流通すると考えなければならない必然性がないから第三取得者が保護されることを説明しやすいし，信頼の対象たる外観は本人の行為によって作出されるものではなく，手形上の記載そのものであるから，第三取得者といえどもそれを信頼しうる正当な事由を備えている場合が多いと考えられ，第三取得者の保護を図れる余地が大きい（木内101）。これに対して，名板貸人の署名が手形上に表章されていると考えると，手形取得者が誤認していないことは人的抗弁の問題とされることになろう（永井・商法の争点Ⅰ17）。なお，表見代理（表見偽造）によって名義使用許諾者の手形上の責任を説明するという見解による場合には，表見代理における「第三者」の範囲に関する議論が妥当することになろう。

　(2)　事業または営業についての使用許諾がない場合　　判例（百選12事件［25］）は，平成17年改正前「商法23条にいう営業とは，事業を営むことをいい，単に手形行為をすることはこれに含まれないと解すべき」であるとして，自己の名称を使用して手形取引をすることを許諾していても平成17年改正前商法23条は適用されないとした。この理由づけからは，自己の当座預金口座を利用して手形を振り出すことを許諾した者にも，会社法9条または商法14条は適用されないこととなろう。

　他方，かなり多くの学説は，手形取引のみについての名義使用許諾や自己の当座預金口座の使用許諾がある場合に，会社法9条，商法14条（平成17年改正前商法23条）の適用ないし類推適用を認める（木内100，田辺57，松岡・法教25号132など）。この見解は，平成17年改正前商法23条（会社法9条，商法14条）により事業または営業についての許諾が要件とされている趣旨を，その事業または営業についての許諾そのものが重要だからではなく，むしろ事業または営業についての許諾がなされた結果，第三者に名板貸人が取引の主体であると誤認させるおそれが大きいからであると理解する。そして，事業または営業自体について許諾がなされていなくても，第三者に取引の主体が名義人であると誤認させるような外観が存在すれば，会社法9条，商法14条（平成

17年改正前商法23条）の適用あるいは，類推適用の基礎があるとする。

　この場合には，第三者が事業主体・営業主体と誤認するということは，その者を取引の相手方と信ずることであるから，手形取引においては名板貸人が手形債務者だと信じたことで足りると，この見解は解する。

　いずれの見解によるべきかは，価値判断の問題であろうが，会社法9条または商法14条の文言からは判例のように解することが自然であり，〔ケース9〕の②③の場合には，会社法9条または商法14条の適用はないと考えるべきであろう。しかし，周知性・慣用性必要説によると，Bという名義がAを表すことにつき周知性・慣用性が認められない場合には，Aは一種の偽造者ということになり，表見偽造（表見代理規定の類推）によってBがDに対して責任を負うことがあると考えるべきであろう。他方，周知性・慣用性不要説によると，Aは偽造者ではないから，Bが表見偽造による責任を負うというのは論理的ではない。そこで，外観理論によってBのDに対する責任を認めることが考えられるが，その中核をなす「帰責性」の内容が不明であり，しかも明文の根拠規定のない理論に基づきBの責任を認めるより，手形行為の特殊性に鑑み，事業または営業に関連した許諾という要件を緩和し，他方で，手形行為のみに名称使用が許諾されているという事実について相手方が悪意であれば相手方は会社法9条または商法14条によっては保護されないとして，会社法9条または商法14条を類推して，Bの責任を認めるというのが穏当ではないかと思われる（なお，会社法9条または商法14条の類推適用を認めてもAがB名義で事業または営業を行っているわけではないから，名義借人が自己の名で行っている原因関係上の事情から，手形行為のみに名称使用が許諾されているという事実について相手方が悪意となることが多い）。

〈補論2〉　他人の名称を用いた手形行為

> ─〔ケース10〕─────────────────────────
>
> 　Aは，振出人欄に「B」と署名して，Cを受取人として約束手形を振り出した。

〔ケース10〕では，①Bによる許諾（権限付与）があったか否か，②Aを表す名称として（Aが債務を負担する意思をもって）「B」という名称が用いられたか否か，の二つの観点から，さらに四つのケースが想定される。ただし，AがB名義で署名したことをCが主張・立証した場合には，BからBのために手形行為をなす権限が与えられていることをAが主張・立証しない限り（民117 I 参照），Aはそれが自己を表示する

名称ではないことを主張・立証すれば手形法8条類推適用により責任を負うし（**3-4-2**），主張・立証しなければ自己を表示する名称としてB名義を用いた（**2-1-1-7-1**）と解すべきであろう。したがって，Bのためにする権限を有しない場合には，いずれにせよAはCに対して責任を負うことになる。

〈補論3〉 代表権・商業使用人の代理権に制限を加えた場合

　代表者または一定の商業使用人の包括的権限に内部的制限を加えても，そのような制限は善意の第三者に対抗できないとされている（商21Ⅲ・25Ⅱ，会社11Ⅲ・14Ⅱ・349Ⅴ・420Ⅲ・599Ⅴなど）。判例の立場からは，この場合の「第三者」とは実質的にみて直接の相手方を意味するものと考えられ（平成17年改正前商法42条に関する最判昭和59・3・29判時1135号125），また，直接の相手方が善意であれば，制限について悪意の第三取得者に対してもその制限を対抗できないと考えられている（百選28事件[48]）。この判例の立場は，直接の相手方が悪意の場合には，手形の第三取得者が善意でも，手形上の権利を取得できないとするものであるから，内部的制限違反も無権代理の一種であるとして，内部的制限違反を物的抗弁とする立場によるものと考えられる。

　他方，多数説は，民法の表見代理における「第三者」には手形の第三取得者を含むと解釈する以上，内部的制限違反についても「第三者」の意義を同様に解釈することになろう。しかし，そのように解釈する場合には，直接の相手方は善意であるが，手形の第三取得者が悪意である場合には権利行使を認めないということが商法21条3項などの文言からは自然であるが，そうすると人的抗弁の主張制限について通説である「切断説」の考え方（**6-3-8**（1）参照）との整合性が確保できなくなるようにも思われる。

　内部的制限違反を無権代理の一種と見ても，いわゆる新抗弁理論の考え方によれば，無権代理は手形債務の有効性に関する抗弁であり，手形の第三取得者は善意取得の要件をみたせば保護されるので（**6-3**注6）），直接の相手方が悪意である場合にも手形の第三取得者は保護されることになろう。

　なお，そもそも，商法21条3項，会社法11条3項，349条5項または420条3項の場合は無権代理とは異なり，その行為は原則として有効であるが（商21Ⅰ，会社11Ⅰ・349Ⅳ・420Ⅲ），単に悪意者に対しては制限を対抗できるにすぎないと解する余地があるかもしれない。もし，商法21条や会社法11条，349条および420条3項をそのように解することができるのであれば，代理権の濫用に関する百選15事件[10]と同様に，内部的制限は人的抗弁にすぎないと位置付けることができ，手形の第三取得者は「害スルコトヲ知リテ」取得した場合を除き手形金を請求することができるという結論を説明することが容易になろう。

（表6）

B の許諾等 ＼ Bを表すために用いられた	有	無
Bを表すために用いられた	**機関（代行）方式** ○ Aは手形上の責任を負わない（ただし，Aが自己を表す名称として「B」を慣用していた場合には責任を負う場合があると考えるべきであろう） ○ Bが手形の責任を負う	**偽造**（ただし，偽造者行為説〔本章注16〕からは，このような場合はないということになるかもしれない） ○ Aは8条類推適用によって責任を負う（反対説あり） ○ Bは原則として手形上の責任を負わない（ただし，表見偽造にあたる場合には負う。また使用者責任が認められる場合がある）
Aを表すために用いられた	**名板貸** ○ Aは手形上の責任を負う（ただし，周知性・慣用性を要するとする見解からは，偽造の場合と同じく取り扱われる） ○ Bは商法14条または会社法9条の要件が満たされる場合に責任を負う（ただし，類推適用を認める見解がある。また周知性・慣用性必要説に立つと問題がある）	○ Aについては同左 ○ Bについては偽造の場合と同じ

4-1
権限に基づく記載の変更・抹消

手形上の記載の変更・抹消は権限者によって行われる限り[1]，手形上の権利を変更または消滅させる。これは意思によって権利の消滅または変更が生ずるが，形式と実質を一致させるために証券上の記載が変更・抹消されるのである。

4-2
変造——権限に基づかない記載の変更・抹消

〔ケース 11〕

Ａは，Ｂを受取人として手形金額 100 万円の約束手形を振り出したが，Ｃが当該手形をＢから盗取した。

① Ｃが手形金額を 1000 万円と改ざんしてＢ・Ｃ間の裏書を偽造したうえでＤに裏書譲渡した（ＤはＣの無権利につき善意無重過失）。その後ＤはＥに当該手形を裏書譲渡した。

② Ｃが受取人欄を抹消して，Ｄに手形の交付により譲渡した（ＤはＣの無権利につき善意無重過失）。

③ Ｃが受取人欄をＣと書きかえて，Ｄに裏書譲渡した（ＤはＣの無権利につき善意無重過失）。

手形債務の内容を決する手形上の記載に，他人が無権限で変更を加えること（抹消することを含む）を変造という（ただし，行為者の署名を変更するのは偽造〔3-4〕）。

(1) 変造前の署名者の責任　　変造前の署名者は，原文言に従って責任を負

----

1) 手形上の記載の変更・抹消は，手形を受け戻した裏書人の裏書抹消権（77 I ④・50 II）などのように法律上規定がある場合は別として，他の手形関係者の同意を得るか，他人の権利義務に影響を及ぼさない場合に限って，その権限があると解される。

い（77 I ⑦・69），変造によっては，その責任に変化は生じないのが原則である[2]。

　なぜなら，手形の署名者は，署名当時の文言による手形行為をしたのであり，後にその文言が，他人によって変更されても，そのため責任を免れることはないし，また，自分の関知しない新しい文言に従って責任を負う理由もないからである。したがって〔**ケース11**〕①では，A は 100 万円の手形金支払義務を負うのみである。

　なお，署名者が記載の変更を許可した場合には，その署名者との関係では，権限に基づいて変更されたことになり，変造とはいえず，変更前の署名者であっても許可すれば，変更後の文言に従って責任を負う。

　署名者の追認，表見変造が考えられるが（鈴木・新商演 75，大隅＝河本 123），通常，署名者は，変造される危険を回避するすべをもたず，帰責性がないから，表見変造を権利外観理論により認めることは困難である。ただし，不用意な余白，抹消されやすい記載などの事情が存する場合には，例外的に帰責性が肯定され，69 条の規定にかかわらず，権利外観理論によって責任の発生する余地があると解されている（大隅＝河本 123，木内 193 など。なお鈴木 175 も結論同旨）。しかし，記載の変更あるいは新たな記載の場合には 10 条を類推適用すると説明したほうがよいのではなかろうか[3]。ただし，無権限者による単なる抹消の

---

2)　署名の時期や変造前の文言についての立証責任は所持人が負うとするのが判例である（百選 21 事件［65］）。
　　すなわち，要件事実の挙証責任は請求者である所持人側にあり，署名が変造後のものであることを所持人側に立証させる解釈を採用したうえで，変造されやすい手形への署名者は，変造に関して悪意や重過失のない取得者に対しては，白地手形の不当補充の場合（**10-6**）と同様に，変造後の文言に従った責任を免れることはできないと考えるべきである。
　　このように解することにより，不当に酷な結果を署名者に負わせることを避けることができ，他方，手形の外形に異常がないときには，署名者が変造されやすい手形に署名したという事実上の推定が通常働くので，取得者は現文言による責任追及が容易になって，その利益保護が図られるから，両者の利害調整がなされる。
　　これに対して，署名時の文言が現在の文言と異なる旨を主張する側が負うとする見解（竹内 256）や外観に異常があるか否かによって分配する見解（鈴木 177）があるが，多数説は，手形金請求訴訟においては，被告の手形債務の発生原因は，被告の手形行為であって，その債務の内容は手形行為の内容により定まるから（文言証券性），変造の主張は原告被告どちら側がなすとを問わず，手形行為成立の有無に関する証拠にすぎないとする。

効果は権利外観理論で説明するのが自然であろう（*4-2*（8））。

　(2)　**変造後の署名者の責任**　　変造後の署名者は，変造後の文言による責任を負う（77 I ⑦・69）。なぜなら，変造後の署名者は，変造後の文言による手形行為を行ったのであるから，手形行為の文言性からこのように解されるからである。したがって〔**ケース 11**〕①では，D は E に対して 1000 万円の遡求義務を負うことになる（*2-4-2* をあわせてみよ）。

　(3)　**変造者の責任**　　手形の変造者が手形に署名する場合には，変造後の署名者として手形上の責任を負う（〔**ケース 11**〕①では C は D または E に対して 1000万円の遡求義務を負う。*2-2*・*5-2-3* の手形行為独立の原則も〔**ケース 11**〕①②③では問題となる）。他方，白地式裏書のある手形に変造を加えて，これを交付により譲渡する変造者は，刑事上の責任（刑 162）または不法行為による損害賠償責任（民 709）を負うことになっても，手形に裏書をしていないから，担保責任を負うことはなく，手形上の責任を負うことはないと解するのが通説である（受取人白地の白地手形についても同様に考えるのであろう）。しかし，偽造者が手形上の責任を負うべきこと（*3-4-2*）とのバランスを考えるべきである。すなわち，自らいかなる署名もしていない場合であっても，他人の署名を冒用して手形行為として完成させることは，一般に手形偽造の一態様と認められているのであるから，手形の記載事項を変造することにより，既存の手形行為の署名を冒用して内容の異なる他人の手形債務負担行為を成立させようとする場合にも，手形の変造者は偽造者と同様の責任を負うと解する余地がある。すなわち，既存の内容とは異なる他人の手形行為を無権限で成立させようとする手形の変造者は，手形法 8 条の類推適用により，手形上の責任を負うものと解すべきであろう。

　(4)　**手形要件の記載の無権限変更**　　(1)〜(3)が原則として妥当するが，受取

---

3)　前田 146 参照。なお鉛筆書きの記載が抹消され，異なる記載がチェックライター等でなされた場合について，判例は，所定の記載欄内に鉛筆書きの記載がされていた場合には変造として，欄外に記載されていた場合には 10 条の問題として処理するようであるが（百選 21 事件 [65]，百選 22 事件，大阪高判昭和 39・6・15 高民集 17 巻 5 号 261)，多数説は，鉛筆書きの記載は確定的記載とはいえないとして，補充権の濫用（77 II・10）として扱うべきであるとする（竹内 258，岩原・百選〔第 4 版〕47）。これに対して，変造されやすい手形の署名者は変造後の文言に従って責任を負うとするものとして，前田・法教 160 号 20。

人欄の無権限変更については議論がある。

　まず69条の変造にあたるかが問題となるが，判例（百選51事件［40］）・多数説は，69条の変造とは，手形債務の内容を決する手形上の記載に他人が無権限で変更を加えることを意味するとし，受取人の記載も手形要件であり，手形債務者は，手形金を受取人またはその指図人に支払う債務を負担するのであるから，受取人の記載も，手形債務の内容を決するといいうるという（また，指図禁止手形の受取人の記載は内容をなすといえよう）。すなわち，この場合にも69条の変造にあたると考える[4]。しかし，判例は，16条1項にいう裏書の連続の存否は裏書の外観により判定すれば足り，約束手形の受取人欄の記載が変造された場合であっても，手形面上，変造後の受取人から現在の手形所持人へ順次連続した裏書の記載があるときは，その所持人は振出人に対する関係においても77条1項1号，16条1項により，その手形の適法な所持人と推定されるとしている。すなわち，69条は，手形の文言が権限のない者により，変更されてもいったん有効に成立した手形債務の内容に影響を及ぼさない法理を明らかにしたものにすぎず，手形面上，原文言の記載が依然として現実に残存しているものとみなす趣旨ではない。したがって，判例の立場からはこのような手形も善意取得できる（〔ケース11〕③ではDは善意取得できる。なお，①と同じように金額などを変造した場合には(3)の議論が妥当しよう）。

　なお，69条の変造にあたると考える実益は，当初記載された受取人から現在受取人として記載されている者までの関係については，裏書による手形上の権利の譲渡はないことが明らかになり，当初記載された受取人と現在受取人として記載されている者との間に指名債権譲渡の方式による譲渡もしくは法律上の承継があり，かつ対抗要件を備えていることを少なくとも立証しなければ権

4）　二段階創造説（**2-3**注4））を前提とすると，振出は第一の権利移転行為であり，受取人の記載は，だれが権利者であるかという意味において，権利の所属ないし権利移転に関することである。
　　ところが，69条は文言から考えても，手形債務負担に関する規定であるから，この場合には，69条の変造にあたらないという見解がある（前田176，竹内67，庄子・シンポ18）。
　　この見解によれば，手形を善意取得する余地があることになる。

利行使できない（裏書の連続が認められない）ことになることにある（大塚・法教
157号110）。しかし，判例のように形式的資格には影響を与えないと考えると，
所持人が善意取得しなかった場合にのみ違いが生ずることになる。

(5)　手形要件の無権限抹消　　手形上の記載が抹消されることによって手形
要件を欠いてしまい，手形が無効となる場合（手形の抹消）にも，抹消前の署
名者は，手形の原文言に従った責任を負う。なぜなら，証券が手形要件を欠き
無効となっても，一度発生した手形上の権利は当然に消滅するものではないか
らである。所持人は手形と認められる紙片が存在する限り，除権決定を得なく
ても，権利行使ができる。しかし手形とはいえない状態になっていれば，所持
人は公示催告手続をふむ必要がある。

この場合にも受取人欄が抹消された場合が問題となる。この点，裏書の連続
との関係では，受取人白地とみることができることには異論はほとんどないが，
そのような手形をどのような方法で譲渡しうるかについては争いがある。

受取人欄の抹消は69条の変造にあたらないとすると，受取人白地の白地手
形として譲渡しうる。しかし，69条の変造にあたると考え，そのような手形
は，受取人白地の白地手形ではなく，受取人の記載された手形と解すべきであ
り，以後の譲渡も，裏書によることを要すると解すべきである。

なぜなら，無権限による受取人欄の抹消により，証券の性質が指図証券から，
無記名証券に変更されると解するのは妥当でないし，手形は厳格な要式証券で
あり，受取人の記載は手形要件の一つである。そして，このような場合には，
白地補充権はまったく存在していないからである。

たしかに，被裏書人欄のみの抹消（*5-2-4*（4））と異なる処理のようであるが，
受取人の記載は手形要件であり，被裏書人欄の記載は手形要件ではないから，
異なるのは当然である。

なお，善意取得は，あくまで，所持人の形式的資格を信頼して手形法的な移
転方法によって取得した者を保護しようとするものであるから，受取人の記載
が抹消された場合でも，受取人白地の手形と同じ形式的資格が与えられる以上，
その外観を信じてその外観によれば可能な交付という手形法的移転方法で手形

を取得した者は，善意取得の保護を受ける（木内193）[5]（したがって〔**ケース11**〕②のＤも善意取得できる。また，かりに①と同じように金額などを変造したような場合には(3)の議論が妥当しよう）。

(6) 有益的記載の無権限変更・抹消　(1)〜(3)の変造の一般論が妥当する。

(7) 無益的記載の無権限変更・抹消　この場合には，それによって手形責任が変更されないので，変造は問題とならない（ただし，指図文句の抹消については，*2-1-3*）。

(8) 有害的記載の無権限抹消　有害的記載事項（たとえば，商品と引換えに支払う旨の記載）の抹消がなされると有効な手形の形式を備えることになるから，原則として，(1)〜(3)の変造法理に従う。

ただし，変造前の署名者も権利外観理論（*2-3*）によって責任を負うことがある（民94Ⅱ類推適用とのバランス）。なお有害的記載事項の記載がある手形に，その手形が無効であることを認識しつつ署名することは通常考えられないし，無効であることについての信頼を保護する必要もないから，署名者の帰責性は認められよう。

(9) 裏書の無権限変更・抹消　裏書人の署名を無権限で変更するのは偽造（*3-4*）であるが，被裏書人欄の無権限変更・抹消は，受取人欄の記載の無権限変更・抹消（*4-2*（4）（5））と同様，69条の変造にあたると考える（他方，裏書全部の抹消は正当な手形所持人の権限の範囲内であると考える。なぜなら抹消によって不利益を蒙る者はいないからである。*5-4*，*4-1*注1)）。したがって，これによっては，裏書の権利移転的効力や担保的効力は影響を受けない。

しかし裏書の連続は，外形的に判断されるから，無権限で記載を変更したとの一事をもって認められなくなるものではなく，被裏書人欄のみの抹消は，裏書の連続との関係では，白地式裏書と同視される（*5-2-4*（4））。

---

5) 河本・判評196号35は，このような手形においては，以後，手形法的移転によって何人も権利を取得することはできないから，善意取得の要件を満たしえないとされる。

第5章

手形上の権利の移転と裏書

5-1
手形上の権利の移転

(1) 当然の指図証券性　手形は，法律上当然の指図証券である（77 I ①・11 I）。指図証券とは，証券上特定された者（たとえば受取人 A とされていれば A）だけでなくこの者によって指図された者（指図人）も権利者となることができる証券（すなわち裏書によって譲渡できる証券）であるが，法律上当然の指図証券とは，指図文句（統一手形用紙では「あなたまたはあなたの指図する者に」）が証券上に記載されていなくとも，法律により，当然に指図証券と認められ，裏書によって，その権利を譲渡できるものをいう。

(2) 指図禁止手形（裏書禁止手形）　振出人は，手形上に「指図禁止」「裏書禁止」またはこれと同一の意義を有する文言（指図禁止文句）を記載することによって，手形の指図証券性を奪うことができる（77 I ①・11 II）。このような文言を記載した手形を指図禁止手形（裏書禁止手形）という。

このような手形が認められているのは，手形所持人に債権の行使の安全性や確実性を享受させることは望むが，受取人に対して有している人的抗弁の主張が制限されることや遡求金額が増大することを回避したいなどの理由で，その手形の流通は欲しないという振出人の利益を図るためである。

① 指図禁止文句の記載　すでに述べたように（2-1-3），指図禁止文句の記載は明瞭でなければならない。ところで，統一手形用紙には指図文句が不動文字で印刷されているので，手形に「裏書禁止」「指図禁止」の文字が記載されているが，印刷された指図文句が抹消されていないため，手形面上に指図文句と指図禁止文句とが併存している場合が生じうる。このような場合には，手形は有効であり，指図禁止文句が優先して指図禁止手形となるとするのが判例（百選 48 事件 [33]）・通説である。これは，指図文句は統一手形用紙に不動文字で印刷された無益的記載事項であるが，指図禁止文句は特定の手形だけに記載された有益的記載事項であるから，有益的記載事項が優先すると解するの

（表7）

	手形上の権利の移転									
	指図証券性							指図証券性の例外		
	手形上の権利の譲渡									一般承継（合併・相続等），代位弁済による移転
	譲渡裏書（権利移転的効力あり）						期限後裏書	指名債権譲渡の方式による譲渡[*]		
	記名式				白地式裏書			指図手形禁止	指図手形禁止以外[**]	
	右以外の場合	無担保裏書	裏書禁止裏書	戻裏書	その裏書	その後の単なる交付	期限後裏書	指図手形禁止	指図手形禁止以外	一般承継
所持人の権利推定（資格授与的効力）				○					×	
担保的効力	○	×	直接の被裏書人に対してのみ ○[***]	前の裏書の前者 ○	○	×		×		
善意取得			○				×[**][****]	×		
人的抗弁の切断	○		○[**][*****]	前の裏書後の抗弁 ○	○			×		

[*]なお，単なる交付による譲渡を認めると（**5-1**注1）），その場合には同じ効果が生ずる。

[**]理論的には認めがたいとする説がある（**5-1**(3)①）。

[***]担保責任を一般に認める見解がある（**5-3**注32））。

[****]善意取得を認める見解がある（**5-3**注35））。

[*****]直接の裏書人以外の者に対しても担保責任を負うとする立場からは，それらの者には裏書禁止裏書を行った者が有する人的抗弁の主張制限は認められない。

が，理論的であるし，あらかじめ手形用紙上に印刷された文言と矛盾した記載がとくに付加されたことが記載の態様から明確なときには，手形行為者は既存の文言を変更する意思であると考えるのが合理的であるから，そのような追加的記載が優先すると解すべきだからである。

②　譲渡の方式　　指図禁止手形は，指名債権譲渡の方式および効力をもって譲渡できるとされている（77 I ①・11 II）。ここで指名債権譲渡の方式をもってとは，意思表示のほかに対抗要件として民法 467 条の定める債務者への通知または債務者の承諾を要することを意味すると解するのが通説である[1]。

この場合，債務者への通知は，手形面上に権利者として記載された者以降の者すべてがなさなければ，債務者は通知を信頼できないから，譲渡しようとする者はすべて通知しなければならないと考えるべきである[2]。このように考えると煩雑であるが，指図禁止手形は流通しないのが通常であり，また流通性を高める要請もないから，現実には問題は生じないであろう。

これに対して，指図禁止手形といっても，権利と証券とが結合していることには変わりなく，その譲渡に手形の交付を要すると考えれば，債務者による譲渡人への履行や二重譲渡などの危険がないから，民法 467 条の対抗要件を要求する根拠がないとして，民法 467 条の対抗要件具備を不要とする見解（前田159）もあるが，条文の文言に反するし，また利益衡量上も妥当ではない。す

----

1)　指名債権譲渡の対抗要件は不要として，手形の単なる交付による移転を認める見解がある（前田 10，竹内 82）。この見解は第 1 に，民法 467 条の対抗要件を要求する理由がないとする。すなわち，手形と引換えに権利行使され，手形の交付を権利移転に要求すれば，譲渡人に債務者が履行することはありえず，二重譲渡の譲受人相互間や，譲受人・差押債権者間でどちらが優劣するか問題となることもありえないことを根拠とする。
　　第 2 に，民法 467 条の対抗要件は手形の譲渡の場合には対抗要件としての適格性を欠くとする。すなわち，手形上の権利が裏書譲渡されることは予定されており，最初の権利者から譲渡通知を受けても，その者がその時点の手形上の権利者か否か確認しえず，その通知を信頼しえないし，債務者としては，最初の権利者以外の者からの譲渡通知はまして信頼しえないとする。しかし，手形上に所持人とは別人が権利者と記載されている以上，単なる所持人を権利者とは推定できないので，通知・承諾不要説に立てば，真の実質的権利者以外の者に支払っても免責されないことになる。これに対し，債権譲渡の通知により債務者に所持人（譲受人）が判明しておれば，その所持人に支払えば債務者は免責される（民 478）から，やはり譲渡通知を要すると解すべきである。また第 2 の点については私見（上記）のように考えればよい。
2)　平出 364 は裏書の記載は債権譲渡の通知としての効力を有するとする。

なわち，指図禁止手形は，記名証券であって，無記名証券ではないので，単なる所持人を権利者と推定できない。また，裏書のように見えるものがあっても，指図禁止手形を有効に裏書することはできないので，資格授与的効力は認められず，譲渡人からの譲渡通知により新債権者を知らされなければ，債務者には所持人が権利者かどうかわからない。手形の交付のみで足るとすると，裏書の連続がない以上，善意支払の規定の適用がないから債務者が二重払の危険にさらされる。

なお，手形の有価証券性は指図禁止文句を記載することによって失われるものではない。したがって，譲受人は証券の交付を受けておかないと，権利行使しえないばかりか，譲渡人による権利行使または二重譲渡を完全には防止できないので，意思表示のみにより権利が移転するといっても意味がなくなるから，手形の交付も，譲渡の方式として要求される（ただし，森本 182 号 43）。

③　譲渡の効力　　指名債権譲渡の効力のみを有するので，通常の譲渡裏書の被裏書人に認められる人的抗弁の主張制限・善意取得の余地がないだけでなく，かりに裏書をしても，その裏書の記載には資格授与的効力は認められない。また，このような手形については，裏書をしても，法律行為としての裏書の効力（**5-2-2**）は生じないから，担保的効力は認められない。

(3)　指図禁止手形以外の手形と指名債権譲渡の方式による譲渡

①　指名債権譲渡の方式による譲渡の可否　　判例（大判昭和 7・12・21 民集 11 巻 2367）・通説は，指図禁止手形以外の手形も指名債権譲渡の方式（ただし証券の交付を伴う）によって譲渡しうると解してきた[3]。

この見解は，譲渡の当事者とりわけ譲受人が裏書による譲渡に認められる手形法的保護（人的抗弁の主張制限，善意取得等）[4]を受けなくともよいというので

---

3)　ただ二段階創造説の立場からは，権利移転行為の方式は交付のみで十分であるとも考えられ，手形の単なる交付による移転が認められるのは当然のことであるともいえそうである。注 1) 参照。

4)　指名債権譲渡の方式によった場合には善意取得の適用がないことは当然である。したがって，A が B に約束手形を振り出し，B が当該手形を C に裏書譲渡したが，C から D が盗取し，D から E に指名債権譲渡の方式によって譲渡された場合には E は善意取得しえない。他方，A が B に約束手形を振り出し，B が当該手形を C に裏書譲渡し C が D に裏

あれば，指名債権譲渡の効力のみが認められるという事態が生じてもよい（期限後裏書〔5-3（4）〕の場合には指名債権譲渡の効力のみ認められる）という価値判断を前提とする。そして，手形法的譲渡方法が採用されなければ手形法的保護が付与されないのは当然であるが，手形法的保護が付与されないからといってその他の譲渡方法を否定する必要はないとする。また譲渡人に，指名債権譲渡の方式（および効力）によって譲渡する必要が例外的にでもある場合には（そのような譲渡方式を認める必要性があることを前提），指名債権譲渡に認められる効力まで否定する必要はなく，このような譲渡方法を認めることは，所持人に有利であり，手形の交付を要求し，呈示証券性などが認められるので，債務者にも不利益はないとする。

　このような見解に対しては，第1に，手形の譲渡方法の規定は，流通証券である手形の譲渡方法を強行法的・定型的に規定したものであるが，指名債権譲渡の方式によることを認める説は，証券化された権利に関し権利を証券と切り離して譲渡できることを承認するものであるという批判があった（石井＝鴻42）。しかし，権利が紙片に結合していること（有価証券性）に変わりはない以上，証券の交付は当然必要であるから，指名債権譲渡の方式を承認しても，証券と権利を当然に切り離すことにはならない（指図禁止手形も有価証券である）。

　第2に，平成29年法律第44号による改正前民法の下で，対抗要件に関する民法の規定は強行法規と解すべきだから，指図債権を譲渡する場合には指名債権譲渡の対抗要件を具備しても第三者に対抗できず，手形が指図債権である以上，裏書という対抗要件を必ず具備することを要するという批判があった（倉沢108）。

<hr />

　書譲渡し，DがEに指名債権譲渡の方式によって譲渡したが，その後A・B間，B・C間，C・D間の原因関係が解除・取り消されたケース（Eに悪意なし）において，Eが対抗される抗弁はどのようなものかが問題となる。自己より前者のすべての人的抗弁（ケースではA・B間，B・C間，C・D間）を対抗されるという結論は通説である切断説（**6-3-8**）からは説明できないであろう。善意者Dのところで切断された以上，手形権利に人的抗弁は付着していないからである。同様に属人性説からも説明はつかないであろう。
　そこで通説や属人性説からは，C・D間の人的抗弁のみEに対抗できるという結論にならざるをえない。これに対して不対抗説（**6-3-8**注14））からは，EはA・B間，B・C間，C・D間すべての人的抗弁の対抗を受けることになる。

　これに対しては，平成 29 年改正前民法 469 条は指図債権譲渡の効力が認められる場合について対抗要件を定めたものであり，手形を指名債権譲渡の方式で譲渡する場合には指図債権譲渡の効力ではなく指名債権譲渡としての効力が生ずればよいのであるから，指名債権譲渡の対抗要件を満たせばよいと考える余地があると応接することが考えられた。また，平成 29 年改正前民法 469 条などを絶対的強行法規であると解する必要はなく，裏書方式の定型化にしても，指図禁止手形や裏書禁止裏書が認められている以上，絶対的なものではないという見解もあった。しかし，平成 29 年改正後民法 520 条の 2 は，「指図証券の譲渡は，その証券に譲渡の裏書をして譲受人に交付しなければ，その効力を生じない」と定めるので，指図禁止手形のように明文の例外規定が設けられている場合でなければ，指名債権譲渡の方式による譲渡は認められないと解するのが穏当であろう。

　　② 指名債権譲渡の方式による取得者は裏書できるか　　通説は，指名債権譲渡の方式により指図禁止手形以外の手形を取得した者は，その手形を裏書により譲渡できると解していた[5]。

　これは，理論的には，指名債権譲渡の方式により指図禁止手形以外の手形を譲り受けたとしても，それによりその手形は指図債権性を失うものではないからである。また，手形は本来指図証券であって裏書を許すものである以上，手形の取得方法がどのようなものであるかを問わず，指図禁止手形以外の手形の取得者は裏書することができると考えるべきだからである。

　裏書の連続した手形所持人は権利者と推定されるが，裏書不連続手形の所持人でも，その有する実質的権利に差はない。そして，裏書をなしうる権利は被裏書人の地位から生じるものではなく，手形上の権利を有していることによるから（11 I 参照），指名債権譲渡の方式による手形取得者も当然裏書する権利を有する。

　利益衡量の見地からも，指図禁止手形としなかった以上，振出人は自己の有

　5）　ただし，倉沢・手形法の判例と理論 160 以下は，合併や相続の場合には裏書できるが，指名債権譲渡の方式により手形を取得した者は裏書しえないとされる。

する人的抗弁についての主張制限が生じないことにつき合理的期待を有しないから，裏書を認めても不都合はない。したがって，この裏書は法律行為として有効であるから，担保的効力や人的抗弁の主張制限が認められる（善意取得の可否については，*5-2-5-2*)[6]。また，裏書の記載としての意義も認められ，資格授与的効力が認められるので，指名債権譲渡の方式で譲り受けた場合といえども，裏書する場合には民法 467 条の対抗要件は不要であり，債務者も裏書の不連続部分について実質的権利の立証があり，かつ指名債権譲渡の方式による譲渡人からの通知を受けていれば，民法 478 条により保護される（*7-2-2*（4））。

〔ケース 12〕

　A は，B を受取人として，約束手形を振り出した。B は，当該手形を C に交付によって譲渡し，C に譲渡した旨を A に通知した。
　① 　C が満期に当該手形を A に呈示して支払を求めた場合
　② 　C が当該手形を D に裏書し，さらに D が E に裏書し，E が満期に当該手形を A に呈示して支払を求めた場合

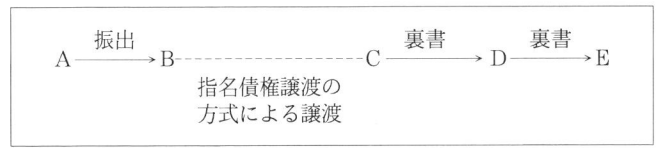

（図 14）

〔**ケース 12**〕①の場合には，C は権利者としての推定を受けない（裏書がない以上，資格授与的効力もない）ので，C は自己の実質的権利を立証しなければならない。B から A への通知がない場合には民法 467 条の対抗要件を満たさないが，実質的権利の立証の過程でも，B から A への通知は可能である。なお，かりに，C が実質的無権利者の場合，A は民法 478 条によって保護される可能性がある（*7-2-2*（4））。

---

6)　近藤（弘）・現代企業法講座 5 巻 104 は，人的抗弁の主張制限は民事的承継には認められないから，裏書の不連続の場合には保護に値する信頼の基礎がなく，それ以後の裏書による抗弁の主張制限は認められないとする。

②の場合は裏書が不連続のケース（*5-2-4*（6）・*5-2-5-2*・*7-1-3*）である。

裏書が不連続なので，E は権利者としての推定を受けないが，B・C 間の実質的権利移転を立証すれば，A に対して手形金の支払を請求でき，A は民法478条によって保護される。しかし，かりに B から A への通知がないときには，民法467条の対抗要件を満たさないので，請求できない（民法467条の対抗要件を不要とする見解〔*5-1*注1）〕に立てば，これは問題とならない）。

5-2
通常の譲渡裏書

裏書[7]も手形行為であり，法律行為の一種として，手形行為一般の成立要件（たとえば，手形能力，瑕疵のない意思表示）を満たす必要がある。さらに裏書も手形行為である以上，要式行為であり，手形・補箋（手形と結合した紙片）または謄本の上に一定事項を記載して裏書人が署名し，被裏書人にこれを交付する[8]という方式をとって行われる（77 I ①⑥・13・67Ⅲ）。

裏書は単純であることを要するが，条件付裏書は無効ではなく，その条件が記載されなかったものとみなされるにすぎない。他方，一部裏書[9][10]は無効である（77 I ①・12 I Ⅱ）。

---

7) 手形の裏面に裏書人の署名その他の事項（たとえば，被裏書人の氏名）を記載するのが通常であるため，裏書といわれる。しかし，白地式裏書（*5-2-1*（2）），（77 I ①・13Ⅱ）の場合を除いて手形の表面に記載してもよい。

8) 判例（大判明治44・12・25民録17輯904）およびすべての学説は，裏書の方式として交付が必要であるとする。二段階創造説をとっても，裏書は手形債務負担行為だけでなく，手形権利移転行為を含むものであり，権利の移転の面で手形の交付が裏書の方式として必要である（前田32・160）。

9) ただし，権利移転行為有因論をとると，原因関係の一部が消滅した等の場合には，一部裏書をしたのと類似の状況が生ずる（*1-2*（2））。

10) 指名債権譲渡の方式による手形債権の一部譲渡も無効である（最判昭和60・7・2判タ578号68）。これによって権利の分属状態が生ずることは手形法12条2項所定の一部裏書の場合と異なるものではないから，同項を類推適用できるからである。

5-2-1 裏書の方式

裏書の方式には，記名式裏書と白地式裏書がある（77 I ①・13）。

(1) 記名式裏書　　裏書人の署名のほか，裏書文句と被裏書人の名称を記載した裏書をいう（77 I ①・13 I）。

なお通説は，被裏書人の重畳的記載，選択的記載は，いずれも許されるとしている。重畳的記載はその数人が権利を取得するだけであるし，選択的記載はそのいずれか手形の交付を受けた者が権利を取得するだけだからである（受取人について，*2-1-1-5* 参照）。また，裏書人と被裏書人とは同一人であってもよい。手形当事者の資格は，通常の法律関係の場合のような実質的な利害対立を予定したものとは異なり，手形の支払の実現を目的として形式的・技術的に規定された手形上の地位にとどまるからである（Part III *2* も参照）。

(2) 白地式裏書　　被裏書人の名称を記載しないでする裏書をいう。

さらに，裏書文句を記載しないでもよいが，単に裏書人の署名だけがあり裏書文句も被裏書人の名称も記載がない裏書を，とくに略式裏書とよぶ。略式裏書の場合には，他の署名と混同されることを防ぐため，手形の裏面または補箋に署名をしなければならない（77 I ①・13 II）。

5-2-2 裏書の権利移転的効力と担保的効力

法律行為としての裏書の効力としては，権利移転的効力と担保的効力が認められる。また，裏書の記載という事実には資格授与的効力が認められる。したがって，資格授与的効力は法律行為としての裏書が有効であるか否かを問わず認められる（もちろん法律行為としての裏書の方式として「裏書の記載」という事実が必要であるから，法律行為としての裏書が有効であれば資格授与的効力が認められる）。

(1) 権利移転的効力（77 I ①・14）　　裏書により，裏書人の有する手形上の一切の権利が被裏書人（白地式裏書の場合は手形取得者）に移転する[11]（77 I ①・14）ことを裏書の権利移転的効力という。これは裏書の本質的効力である。す

　なわち，14条の文言から，裏書による手形の譲渡は，手形債権の譲渡である
ということができる（ただし，***6-3-3***）[12]。

　なお，証券に表章された債権の譲渡は，原因行為とは別個の外形的事実を伴
う行為である証券の交付によりなされるから，原因行為の瑕疵は譲渡行為の効
力を当然には左右しないといえるし，裏書を有因的に構成するのは，手形法
12条1項の裏書の単純性に反するとして，裏書による権利の移転は原因関係
の不存在や消滅などによって影響を受けない無因行為であるとするのが通説で
ある[13]。

11）　かつては手形債権について手形外で民事保証契約を締結（または担保物権を設定）し
　　ても，その民事保証債権（担保物権）は裏書によって当然には移転しないと考えられてい
　　た。
　　　しかし，判例（百選49事件［35］）・多数説は民事保証債務（または担保物権）は裏書
　　の権利移転的効力によっては被裏書人に当然に移転するものではないが，保証債務（担保
　　物権）の付従性・随伴性により，主たる債権の移転とともに移転し，この理は主たる債権
　　の種類や債権譲渡の態様によって別異に解すべきではないとして，民事保証債務（担保物
　　権）は当事者の特段の合意がない限り移転するとする。
　　　民法上の保証（または担保物権）の規定は民法上の指名債権を前提に定められているが，
　　保証（担保物権）は主債務がいかなるものでも，その債務の履行担保の機能を果たすもの
　　であって，主債務がつねに指名債権に限られるものではない。
　　　しかも手形債権が主たる債権であるときは，その譲渡は通常予想できるから，保証債務
　　（担保物権）の移転を認めても，不当に保証人の利益が害されるとはいえない。また，手
　　形外の民事保証の場合には，手形保証と異なり，保証人が主たる債権の譲渡人に対し主張
　　しえた抗弁は，異議をとどめない承諾（民468）がない限り，譲受人に対しても主張しう
　　るので，移転による不利益はないし，移転を認めることは，手形流通確保のためにも有益
　　である。
　　　なお，この場合には民事保証債権（または担保物権）移転について別個に対抗要件を具
　　備する必要はない。なぜなら，一般の指名債権譲渡の場合，主たる債権につき対抗要件が
　　具備されれば，保証債務の付従性・随伴性により，保証債権につき対抗要件を不要とする
　　のが判例（大判大正元・12・27民録18輯1114）であり，この理は主たる債権の種類や債
　　権譲渡の態様により異ならないからである。しかも手形上の権利の移転には民事保証人
　　（担保権設定者）との関係でも手形の交付を要するので，二重に保証人が請求を受けるこ
　　と（または担保権が実行されること）はないから，対抗要件を要求する理由がないからで
　　ある。
12）　手形の裏書譲渡は，「物」としての手形証券所有権の譲渡であり，被裏書人は手形所有
　　権を取得することにより，手形上の権利を原始取得するという見解（所有権説）があるが，
　　証券に価値が認められるのは手形債務者に対して所持人が有する権利が表章されているか
　　らであるから，このように解することは不自然であろう（木内197）。所有権説の詳細は
　　高窪136参照。
13）　二段階創造説を前提として権利移転行為有因論をとる見解もある（***1-2***（2））。

(2) 担保的効力 (77 I ①・15 I)

　　① 担保的効力の性質　　裏書人が裏書により，被裏書人およびその後の譲受人に対し，手形の引受（為替手形の場合のみ）(PartⅢ *4*)・支払を担保する義務（償還義務，遡求義務ともいう）を負う (77 I ①・15 I) ことを裏書の担保的効力という。

　このような担保的効力は，手形の流通性確保のために，法が認めた責任（法定の責任）であると考えるべきである（森本 200 号 122）。なぜなら，担保的効力が認められるためには，担保責任を負う意思表示があることを要せず，また，担保責任を負う旨が手形に記載されるわけでもないからである。さらに，為替手形の振出人は，支払担保責任をつねに負うからである (9Ⅱ)。

　これに対して，担保的効力が発生するための要件の一つとして，裏書（または為替手形の振出）が行為能力者の瑕疵なき意思表示によることが含まれる点では，それら以外の手形行為（約束手形の振出など）と異ならず，裏書（または為替手形の振出）による債務の負担だけを，意思表示の効果ではなく法定の効果と解さなければならない根拠はないとして，担保的効力を裏書による債務負担行為の効果であり，裏書人の意思表示に基づくものであると解する見解がある（前田 31，鈴木 256，庄子・シンポ 337）。しかし，有効な意思表示の存在は法律行為としての裏書（債権譲渡）が有効であるための要件の一つ（すべてではない。*5-2-1*）にほかならず，直接に担保的効力を発生させる要件ではないと反論できる。

　　② 担保的効力が認められない場合　　まず，裏書が法律行為として有効でない場合には，担保的効力は生じない。たとえば，指図禁止手形については，裏書をしても，法律上は裏書とは認められない (*5-1* (2))。

　また，期限後裏書 (*5-3* (4)) には，指名債権譲渡の効力しか認められないので，担保的効力は認められない。

　さらに，担保的効力は裏書の第一次的効力でないので，裏書人の意思に基づいて一定の記載をすることによって排除しうる（無担保裏書〔*5-3* (1)〕，裏書禁止裏書〔直接の被裏書人に対してのみ担保責任を負う。*5-3* (2)〕）。

　以上に加えて，被裏書人が固有の経済的利益を有しない場合（取立委任裏書〔*5-6-1*〕）には担保的効力は認められないし，戻裏書の場合には，取得者は，原則として，中間者に対して責任を追及できないから，その限りにおいて担保的効力はない（ただし，取得者が前になした裏書が無担保裏書の場合には，別に考えるべきではなかろうか。*5-3*（3）参照）。

5-2-3　裏書と手形行為独立の原則

〔ケース 13〕

　①　Ａは，Ｂを受取人とする約束手形を振り出したが，Ｃが当該手形を盗んで，Ｂ→Ｃの裏書を偽造したうえで，Ｄに裏書譲渡した。
　　ⓐ　ＤがＣの実質的無権利につき善意無重過失の場合
　　ⓑ　ＤにＣの実質的無権利につき悪意または重過失がある場合
　②　Ａは，意思無能力の状態の時にＣを受取人とする約束手形を作成し，Ｃは，その手形をＤに裏書譲渡した。
　　ⓐ　ＤがＡの意思無能力につき善意無重過失の場合
　　ⓑ　ＤにＡの意思無能力につき悪意または重過失がある場合

（表8）　裏書に手形行為独立の原則は適用できるか

手形行為独立の原則／裏書の担保的効力	当然説	政策説
法定の効果	不可（田中〔耕〕）	可（河本，木内）
意思表示の効果	可（前田〔庸〕）	可

　(1)　問題の所在　　手形行為独立の原則は，手形法7条の文言から明らかなように債務負担の効力に関する原則である。他の手形行為を前提とする手形行為のうち，引受，参加引受，保証（小切手の支払保証も同様）は，債務負担それ自体を内容とする行為であるから，これらの行為に手形行為独立の原則が適用されることには問題がない。これに対して，裏書は，債務負担それ自体を内容

とする行為ではなく権利移転を内容とする行為であるから，裏書については手形行為独立の原則の適用があるかどうか問題となる。当然のことながら，権利移転の面では適用されないが，担保責任の局面で適用があるかが問題となる[14]。

　無権利者が裏書した場合には担保責任を認めないとすると，手形の流通性が大きく損なわれ，法の趣旨が大きく没却される。さらに，手形行為独立の原則が裏書に適用されないとすると，手形法7条の存在意義は小さくなりすぎる。そこで裏書にも手形行為独立の原則の適用があると考えなければならない。

　他方，担保責任を債務負担の意思表示の効果とみると，手形行為独立の原則により，裏書をした実質的無権利者に悪意の手形取得者に対する債務を負担させてはならないとする理由はまったくなく，悪意者も保護されてしまいそうであるが（百選46事件［19］は，手形法7条による裏書人の手形上の責任は被裏書人の善意悪意によって消長をきたさないとする）[15][16]，そのような必要性はなく，善意

----

14)　かつて，裏書人が所持人に対して担保責任を負うのは，善意取得の効果であるとする考え方があったが，これは手形行為独立の原則が意思表示をなしたことを根拠とするものであり（当然説），担保的効力が意思表示と無関係であるなら（法定効果説），本原則の適用がないのは当然であるという根拠によるものであった。しかし，本来存在しない権利が善意取得の対象になるはずがないから，善意取得により担保責任を負わせることはできない。

15)　この点，裏書人の担保責任は債務負担の意思表示の効果であり，手形行為独立の原則の根拠は意思表示をなしたことに求められるとして，裏書に手形行為独立の原則が適用され，この債務負担行為は有効に成立することになるという見解がある。この見解によっても，前者に対する権利を取得していない無権利者が裏書をした場合に，その者は裏書人として担保責任を負うことになる。

16)　手形行為独立の原則が手形行為の性質に基づく当然の原則であると考えれば，悪意者にも適用があるのは自明である。そして，悪意の手形取得者も手形行為独立の原則の適用により，理論的には裏書人に対する償還請求権を取得するが，ただ手形の返還請求権を有する者によって手形を取り戻されたときは，実際上，手形取得者は裏書人に対し償還請求権を行使しえなくなるだけのことである。したがって，手形の返還請求を求める正当な利益を有する者が存在しないときは，適用を認める実益がある。
　なお，返還に応ずべき理由としては振出人に対する権利を有している者が優先すると考えればよい。すなわち，このような場合，振出人に対する権利を有する者は手形所持人の前者より前の者であり，その者に対する振出あるいは裏書行為が論理的には裏書人の手形所持人に対する裏書行為の前提をなしていることを考えれば，振出人に対する権利を有する者の手形に対する権利のほうが手形所持人の手形に対する権利よりも優越すると考えうるであろうし，利益衡量の点からも，振出人に対する手形債権を有する者が存在することを知って裏書人に対する手形債権を取得した所持人は，振出人に対する権利を有する者に対して手形の返還を拒むことができないとするのが妥当ではなかろうか。
　他方，前田説によれば，手形行為独立の原則は単独行為たる手形債務負担行為に関する

の取得者に対してのみその裏書人は責任を負うと考えれば十分である。

　しかし，前述したように，手形行為独立の原則は，法によって政策的に認められた特則にすぎないと構成すれば，善意の手形取得者のみを手形行為独立の原則によって保護することを説明しやすい[17]。

　(2)　裏書無効の場合　　手形行為独立の原則により，手形取得者が直接の裏書人に対する権利を取得することを認めるならば，その反面において，本来手形の返還を請求できるはずの者から手形の返還請求権を奪うことになる。したがって，このような者の利益を犠牲にして，手形取得者を保護するためには，それだけの理由がなければならないから，悪意の手形取得者には，手形行為独立の原則による保護を認めるべきではない。

　原則の適用があるとすると，裏書人に対する権利と振出人に対する権利が分属し，いずれの権利も同一の1枚の手形に表章されることになる。そして，もし，本来手形の返還を請求できるはずの者に手形取得者が手形を返還しなけれ

　制度であって，取得者の主観的事情による影響を受けるものではない。したがって，その善意悪意にかかわらず適用されることはいうまでもない。しかし，この原則の適用によって債務を負担した者に対して，悪意の取得者が手形金を請求できるかどうかはまったく別問題である。すなわち，所持人がこの手形を善意取得しておらず無権利者である以上は，所持人に対しては，何人も無権利の抗弁を主張して手形金の支払を拒むことができるからである。実質的に考えても，所持人は振出人に対し権利を有する者がいれば，その者に対してこの手形を返還しなければならない義務を負っており，それを履行すれば裏書人に対して権利を行使できない立場にあり，所持人の裏書人に対する手形金請求を認めると，振出人に対して権利を有する者の所持人に対する手形の返還請求権と所持人の裏書人に対する手形金請求権という相互に両立できない権利の併存を認めなければならず，不都合な結果になってしまうからである。また，同一の有価証券上に表章されている複数の権利は，それらが同一の証券上に表章されているからには，これを別々に移転することはできず，一括して移転されるかどうかが決せられると解すべきであり，手形上の権利の分属は許されないと前田教授は説明される。

　なお，この見解は，裏書人に対する権利は振出人に対する権利を有する者に帰属し，ただ後者に対しては権利を行使しえないという制約に服すると考えるが，なぜ，裏書人の後者でない「振出人に対して権利を有する者」が裏書人に対する権利を有するのか，振出人に対して権利を有する者の有無により，裏書人の裏書人自身に対する権利を被裏書人に移転する行為に瑕疵が存したり存しなかったりすることの説明がつかない。

17)　手形行為独立の原則は，各々の手形行為の安定と確実をねらうもので手形の信用を増進しようとするものであるから，悪意者にも政策的観点から適用があるとする見解もある。ただし，この見解によっても被裏書人は，善意取得あるいはそれに準ずる場合でなければ遡求権を取得できない（このように考える実益は，前者に対する裏書より前の裏書の瑕疵を知っていても保護されるという点にある）。

ばならないとすると，今度は返還に応ずべき理由が不明になるという指摘がある。

　しかも，理論的に考えると，本来，償還請求権というものは，手形の正当な所持人が，満期に適法な支払呈示をしたのに，支払を受けられなかったときに取得する権利であって，無権利者が取得しうるような性質のものではない。すなわち，裏書の担保的効力は，裏書の結果，被裏書人が取得すべき手形の第一次的義務者または支払人に対する権利を補強することを目的とするものである。したがって，裏書の担保的効力は，被裏書人が第一次的義務者に対する権利を取得する場合（裏書人が権利者であって，裏書に移転的効力がある場合のほかは裏書人が無権利者であるにかかわらず，被裏書人につき善意取得の要件が備わっている場合，すなわち，被裏書人が善意取得の効果として，他人からも手形の返還を請求されるおそれがなくなる場合であって，かつ，裏書人が裏書の意思を有していた場合）にのみ認めるのが妥当である（裏書の担保的効力を法が政策的に認めている趣旨からは，無権利者がなす裏書〔あるいは無効な手形になす裏書〕は法的には無効であっても，そのような行為に基づいて行為者は一定の範囲で担保責任を負うと解するのが適当であり，15条1項は無権利者がする裏書にも適用ないし類推適用されるべきであると考えられる。ただし，無権利者がする裏書〔あるいは無効な手形にする裏書〕は法的には無効である以上，そのような行為について担保的効力のみを認めるためには，裏書の権利移転的側面と債務負担的側面を分けて考える二段階説がより自然な前提となろう〔庄子・菅原古稀317〕）。

　本書の立場によれば（他の説によっても結論はほとんど変わらない），〔**ケース13**〕①ⓐではDは手形を善意取得し，CはDに対して担保義務を負うが，ⓑではDがAに対する手形上の権利を取得しない以上，CはDに対して担保義務を負わない（DはCに対して原因関係上の債権を行使すればよい。かりに支払に代えて裏書された場合であっても，代物弁済であるから，契約不適合〔民559・561〕の規定に基づき解除でき，既存債権を行使できる）。

　(3)　振出無効の場合　　この場合には，所持人が振出人に対する権利を善意取得するということはありえず，したがって，裏書人に対する償還請求権だけ

が独立に発生するかということが問題となるが，やはり，政策的に被裏書人が善意取得に相当する要件を備えて手形を取得した場合には，裏書人に対する権利だけを独立に取得することができると考えるべきである[18]）。したがって，②ⓐの場合にはDはCに対し償還請求できるが，ⓑの場合には請求できない。

　なお，裏書が無効とされるときは真の権利者とされる者（振出人に対する権利を有する者）が手形の返還を請求できるが，振出が無効となるときは振出人とされた者が手形の引渡請求権を有するか否かは問題である。

　振出人は，①人的抗弁を有するにすぎない場合には，人的抗弁の主張制限を阻止するために，②振出の無効が物的抗弁事由であっても振出人の表見責任が成立する余地がある場合には（たとえば，無権代理・偽造），善意の手形取得者から手形金の支払を請求されることを阻止するために，また，③振出人の責任がまったく生じない場合でも（たとえば，行為能力の制限），手形所持人から手形の支払を事実上請求され紛争を生ずることを阻止するために，手形を取り上げておく必要があり，悪意の所持人に対する振出人の手形引渡（返還）請求権を認めるべきである。たしかに，振出人が有する不利益は事実上のものではあるが，なお大きく，これと比較すれば悪意の所持人がこの手形に関して有する利害関係は無視すべきものであるし，そもそも悪意の所持人は手形関係によって支払を受ける合理的期待を有しないというべきであろう（Part I 第4章(1)③参照。原

18）　手形行為独立の原則につき当然説をとる場合には，注16）と同じく考える。すなわち，手形の返還を求める正当な利益を有する者がいないと考えると，所持人は償還請求権を行使できる。
　　前田説によれば，この手形には裏書人に対する権利だけが表章され，裏書人はその権利を瑕疵なくして所持人に移転しているから，所持人は裏書人に対して権利を行使することができる。この場合には，手形の返還を求める正当な利益を有する者がないからである。
　　いずれの説によっても，〔ケース13〕②ⓐおよびⓑの場合に，DはCに対して償還請求できる。これらの見解は，振出人の責任がまったく生じないときは，事実上の不利益にすぎないから，法律的には振出人（とされた者）はその手形の返還（交付）請求権を有しないといわざるをえないことを前提とする。根拠としては手形の返還請求を肯定するためには，その者が手形上の権利者でなければならないが，そのためには，その者の手形債務負担行為が有効に成立してその者自身がその債務に対応する手形上の権利を取得していなければならないこと，そもそも有価証券法理としては，権利が証券に結合していない段階で有価証券の成立を認めることはできないから，裏書人のもとで，はじめてそれが成立したことになり，振出人とされた者の不利益は事実上のものにすぎないことなどをあげる。

因関係上の債権を行使すればよい。支払に代えて裏書された場合には，契約不適合〔民559・562–564〕による保護を受ける）。

5-2-4　裏書の連続

（1）　裏書の（記載の）資格授与的効力　　裏書の記載という外形的事実には，その裏書が法律行為として有効であるか否かを問わず，資格授与的効力が認められる。資格授与的効力とは，有効な裏書が権利移転的効力を有することを背景として，被裏書人として手形上に記載された者は，その裏書により権利を取得したものと推定されることをいう。

　たしかに，裏書の記載があっても，法律行為としての裏書が有効であるとは限らず，手形上に被裏書人として記載された者が，その裏書により権利を取得しているとは限らない。しかし，手形上の権利が裏書により裏書人から被裏書人に移転するのが原則であり，裏書の記載がある場合には，法律行為としての裏書が有効に存在するのが通常であるから，被裏書人として記載されている者が手形を所持しているときには，その者は裏書により手形上の権利を取得した結果，手形を所持している可能性が高い。そこで，そのような蓋然性に注目して，資格授与的効力を裏書の記載に認めた。

（2）　裏書の連続の判断基準　　裏書の（記載の）連続とは，手形の記載上，受取人から最後の被裏書人に至るまで各裏書の記載が間断なく続いていることをいう[19]。

---

19)　相続人などの一般承継人の肩書表示がある場合（たとえば，第一被裏書人「A」，第二裏書人「A 相続人 B」という記載）に裏書の連続が認められるかが問題となりうる。裏書不連続の場合には権利行使が許されなかった旧法下では，このような場合に連続を認める判決があるが（大判大正 4・5・27 民録 21 輯 821），通説は，裏書の連続を認めない（所持人は相続・合併等の事実〔実質的権利移転〕を立証しなければ権利行使できない。**5-2-4** (6) も参照）。
　裏書の連続の資格授与的効力は，個々の裏書の外形がもつ資格授与的効力の集積によるものであって，この資格授与的効力は，手形債権が裏書により通常は移転するという蓋然性に基づくものである。包括的移転の場合には，権利移転に手形上の記載という方式を要しないし，裏書によるものではない以上，手形上の「相続」または「合併」という記載には法的効果はない。したがって，相続人等の記載からは何ら権利移転の蓋然性は認められないから，その外形に資格授与的効力を認めることはできないのである。

　なお，最後の裏書が白地式裏書の場合には，そのような手形の所持人は裏書の連続ある手形の所持人とみなされる（77 I ①・16 I 第2文）。

　白地式裏書に次いで他の裏書があるときには，裏書の連続との関係では，その裏書をした者は，白地式裏書によって手形を取得したものとみなされる（77 I ①・16 I 第4文）。

　裏書の連続に与えられる資格授与的効力は，裏書の記載の連続という外形的事実に注目したものであるから，通説は，裏書の連続の有無は，手形の記載から形式的・外形的に判断すべきであって，手形の記載以外の事実関係によって判断すべきではないとする[20]。したがって，実質的には無効な裏書（偽造・無権代理・制限行為能力者による裏書など）や実在しない会社の裏書も裏書の連続を妨げない（大判大正4・6・22新聞1043号29，最判昭和30・9・23民集9巻10号1403）。

　他方，実際には同一人でも，手形上の記載からは同一人とは判断できない場合には，裏書の連続を欠くことになる。しかし，裏書人の記載とその直前の受取人または被裏書人の記載は完全に一致する必要はなく，社会通念上同一人を指すと認められれば，裏書の連続は認められる（大判昭和10・1・22民集14巻31）。

　たしかに，二つの記載が形式的・外形的に完全に一致するときにのみ裏書の連続を認めることとすれば，判断基準は明確である。しかし，裏書をする者の合理的意思は裏書の連続が認められるような記載をなすことにあり，かりに，厳格な判断基準をとると裏書の連続が多くのケースで否定されかねず手形取得者の保護に欠け，また手形の利用が容易でなくなるおそれがあるからである。

　　　そして，このように解しても所持人は裏書の連続の欠缺部分の実質的権利移転を証明しさえすれば権利行使できるし（**5-2-4**（6），**7-1-3**注6）），包括的承継の場合には，立証も比較的容易であるし，手形訴訟の際の書証の入手も可能であるから，無理に連続を認める必要性は存在しない。

　20）　このように解する必要性は，手形上の記載から判明しない実質的な法律関係の調査まで要するとすれば，所持人の権利行使の容易化や裏書による譲受人の保護（手形流通の促進），あるいは善意で支払った債務者の保護（手形の迅速な決済の確保）が図れないことにある。またこのように解してもよいのは，裏書の連続によって権利者と推定された者であっても，その者が無権利であることが証明されれば，その者の権利行使は否定されるから，不当な結果は生じないことによる。

そして一方または両方の記載が多義的（個人の表示か代理〔代表〕の表示かが不明）な場合には，二つの記載を比較・対照して，多義的内容のうちのどちらかが一義的内容の記載に一致するかを判断すべきであるが，裏書の連続を欲しない裏書人は通常存在しないであろうから，判断の際には，社会通念に反しない限り連続が認められるように解釈すべきである（百選50事件［37］参照）。ただし，裏書人の記載が多義的である場合には，だれが債務者かという問題が生ずるので（*3-1-1*），検討を要する。結論としては，裏書人の記載を基準として，被裏書人の記載と連続すると評価できるか判断すべきである[21]。

したがって，「第一被裏書人 B」「第二裏書人 A 株式会社代表取締役 B」のように裏書人の記載は法人を示し，被裏書人の記載は個人を示すと社会通念上判断される場合には，裏書は不連続といわざるをえない（森本203号90）[22]。

(3)　裏書の抹消と裏書の連続　　裏書の連続との関係では，抹消した裏書は記載しなかったものとみなされる（77 I ①・16 I 第3文）（その他の効力との関係については，*4-2* (9)）。これは，抹消された場合には権限者により抹消された蓋然性が高いからである。

裏書の連続の有無は，もっぱら手形上の記載により形式的に判断されるべきものであるから，抹消が権限に基づいてなされたか否かは影響を与えない。

(4)　被裏書人欄の記載のみの抹消[23]と裏書の連続　　記名式裏書の被裏書人欄の記載のみの抹消は，裏書全体の抹消となるとみるか（全部抹消説），白地式裏書になるとみるか（白地式裏書説）について争いがあった。

全部抹消説は，白地式裏書説によると実質的権利を有しない者が容易に自己

---

21)　裏書人の署名は本人または代理人（代表者），代行権を有する者がなすから，前者たる裏書人（振出人）がなす被裏書人の記載より誤記の可能性は少ない。しかも，倉沢129が指摘するように，裏書署名が指すものが，他の記載との対照で変動すると考えると，手形行為者が変動することとなりおかしい。

22)　反対に，「第一被裏書人 A 株式会社代表取締役 B」「第二裏書人 B」の場合には，裏書の連続を認めてよいであろう（森本203号90）。なぜなら，被裏書人の記載は裏書人が行うのが原則であり，被裏書人の記載は手形行為者を示すものではない（代理関係の表示は必要ない）うえ，A 株式会社が被裏書人である場合には被裏書人は「A 株式会社」と記載されるのが一般的であると考えることができるからである。なお，鈴木・法学協会雑誌80巻2号181は，個人名が一致している場合に裏書の連続を認める。

23)　受取人欄の抹消も裏書の連続との関係で問題となる（*4-2* (5)）。

の形式的資格を作出できることになり，不当であるという価値判断を前提とする。しかし，判例（百選 54 事件 [38]）・多数説は，白地式裏書説による。

すなわち，裏書連続の有無は手形上の記載に基づいて判断すべきであるが，抹消部分のみ記載がないものとみるのが最も自然な判断であるし，抹消者の合理的意思にも合致する。また裏書の連続の関係では，偽造された裏書も連続を損なわないこととともバランスがとれる。論理的にも，被裏書人の抹消という形で手形上の意思表示が行われる場合も考えられ，一つの意思が一部の抹消を含む形式で表現されることは可能であるし，白地式裏書が認められている以上，裏書自体にとって権利者の指定，すなわち被裏書人の指定は重要ではない。

利益衡量からも白地式裏書説を支持できる。全部抹消説によっても，裏書の偽造や裏書全体の抹消などによる不当な形式的資格作出のおそれがある。そして，不正の防止は手形の変造に関する刑事責任や不法行為責任などによるべきであり，白地式裏書説に立つ場合の不正利用のおそれは，手形流通保護のための計算ずみのものとして許容できる。しかも手形流通確保の要請からは，白地式裏書説がすぐれている。とりわけ，抹消が巧妙に行われたために，はじめから白地式裏書であったという外観を有する手形を譲り受けた者の不測の不利益の防止を図ることができる（以上について，弥永・法学協会雑誌 105 巻 4 号 516 参照）。

(5)　**裏書の連続の資格授与的効力**　裏書の連続の資格授与的効力とは，裏書の連続した手形の所持人が，個々の裏書が有する資格授与的効力の集積の結果，権利行使の際に権利者と推定されることをいう（77 I ①・16 I）。そして善意取得（77 I ①・16 II）(5-2-5)，善意支払（77 I ③・40 III）(7-2-2) は裏書の連続と結びつけられている。

手形法 16 条 1 項は，裏書の連続する手形の占有者を「適法ノ所持人ト看做ス」と定めるが，これは手形上の権利者と推定されるという意味に解するのが判例（最判昭和 36・11・24 民集 15 巻 10 号 2519）・通説である。これは，同条 2 項が，裏書連続手形の所持人でも，実質的無権利者からの取得につき悪意・重過失がある者は実質的権利者とならないとしていることから，推定の意味である

ことは明らかであるし，前述したように裏書の連続は形式的・外形的に判断されるから，権利者とみなすとすると，実質的無権利者が自己への裏書を偽造して裏書の連続を作出したときでも，その者を権利者として扱うことになり不都合だからである。すなわち，16条1項の規定は，手形所持人の権利行使を容易にするために法律上の権利推定により，挙証責任の転換を図っている。

　本来，民法・民事訴訟法の一般原則によれば，権利行使者は自己が権利者であること（最初の権利者から自己に至るまで実質的に有効な権利移転が順次行われた事実）を主張・立証する必要性があるはずである。しかし，裏書の連続した手形の所持人は，裏書の連続した手形を所持する事実を主張・立証すればよい[24]したがって，手形債務者がその権利行使を拒絶するには，所持人が無権利者であること（単に所持人に至る間に無権利者が介在したという事実だけでなく，所持人に至るまで善意取得も生じていないという事実まで）を債務者が主張・立証しなければならない（最判昭和41・6・21民集20巻5号1084）[25]。

　なお，裏書の連続した手形の所持人が権利者と推定されるためには，手形の記載上裏書が連続するだけでなく，最終の被裏書人と手形の所持人とが同一人である必要があるが，この同一性の点は，所持人が手形外の事実関係により証明しなければならないとするのが通説である。

　これは，最終の被裏書人と手形の所持人との同一性を推定する根拠はない以上，その立証責任は一般原則により所持人にあるからである。しかも，最終の

24）　判例（百選52事件［36］）・多数説は，原告が連続した裏書の記載のある手形を所持し，その手形に基づいて手形金の請求をしている場合には，当然に，手形法16条1項の適用の主張があるものと解するのが相当であるとする。これは，およそ手形上の権利を行使しようとする者は，裏書が連続している限り，その連続する裏書に基づき権利者となっていることを主張するのが当然であって，明示的に16条1項の主張をしないからといって，立証が必ずしも容易でない実質的権利移転の事実をことさらに主張するものとは，通常考えられないからである。
　　そして，これにより被告がその防御方法として16条1項の推定を覆すに足りる事由を主張・立証しなければならない立場に置かれるとしても，原告の所持する手形に連続した裏書の記載があることは容易に知りうるところであるから，被告に格別の不意打ちを与え，その立場を不安定にするおそれがあるものとはいえないからである。
25）　権利の帰属は法律関係であるから，16条1項による推定は，法律上の権利推定である。そこで，この推定を覆すためには，手形の占有者が適法の所持人であるという法律関係が生ずる原因事実すべての不存在を主張・立証しなければならない。

被裏書人と所持人の同一性の立証は事実上さほど困難でないので，所持人がその立証責任を負うと解しても，権利実現の確実性が害されることはない。

(6) 裏書が不連続な場合の権利行使

〔ケース 14〕

　Aは，Bを受取人として約束手形を振り出した。満期にEが当該手形を呈示して，Aに手形金の支払を請求した。その手形の裏面にはB→C，D→Eの二つの裏書の記載があった。

　判例（百選53事件［39］）・通説は，裏書の連続を欠く場合といえども，手形所持人が自己の実質的権利を証明すれば，権利行使しうるとする（呈示の効力については *7-1-3*，善意取得の可否については *5-2-5-2*，善意支払の可否については *7-2-2* (5)参照）。なぜなら，手形法16条1項は単なる権利推定を定めるのみであって，裏書の連続を権利行使の要件とはしていないからである。実質的にも，手形上の権利は，相続や合併など裏書によらず移転される場合があり，また，裏書連続の有無は形式的に判断されるから，被裏書人（または受取人）と裏書人が実質的には同一人でも裏書連続を欠く場合もあるので，そのような場合に，権利行使がまったく認められないとするのは不当である。

　また，裏書が不連続な場合に，所持人はどのような立証をすれば，権利行使できるかについて，通説は，裏書不連続部分につき，（不連続部分の直前の裏書の被裏書人が実質的権利者であると仮定して）実質的権利移転の事実（または被裏書人〔または受取人〕と裏書人の同一性）を証明すれば，所持人が無権利者であることを主張する側（債務者等）にその事実の証明責任が転換される（架橋説）とする。これは，裏書の連続に資格授与的効力が認められるのは，個々の裏書の有する資格授与的効力の集積によるものであるところ，裏書の不連続によりその前後の裏書が有する資格授与的効力までもが破壊されることにはならないことを前提とする。そして，不連続部分について，単なる蓋然性ではなく，実質的権利移転（または被裏書人〔受取人〕と裏書人の同一性）を立証することができれば，全体としては，裏書の連続と同じかそれ以上の蓋然性が生ずると考えられるからである。

本書の立場に立つと，〔**ケース14**〕の場合，EがCとDの同一性またはC
→Dの実質的権利移転の事実を立証すれば，AはEの無権利を立証しない限
り，Eに手形金を支払わなければならない。

5-2-5　善意取得

　手形上の権利の取得には，原始取得と承継取得がある。承継取得には裏書に
よる譲受けに代表される特定承継と相続や合併などの一般承継があり，原始取
得には振出によるものと善意取得がある。ここで，善意取得とは，裏書によっ
て善意無重過失で手形を取得した者は，その裏書が（法律行為として）無効であ
っても，手形上の権利を取得するというものである。

5-2-5-1　善意取得によって治癒される瑕疵

┌─〔**ケース15**〕─────────────────────────
│　　Aは，Bを受取人として約束手形を振り出した。
│　①　Cは，Bから当該手形を盗取して，B・C間の裏書を偽造したうえで，
│　Dに裏書譲渡した。
│　②　Cは，Bから当該手形を盗取して，自分はBであると偽って，B・D間
│　の裏書を偽造し，Dに裏書譲渡した。
│　③　Bは，錯誤に陥って，Cに当該手形を裏書譲渡した。
│　④　Bは，錯誤に陥って，Cに当該手形を裏書譲渡したが，Cは，当該手形
│　をDに裏書譲渡した。
└───────────────────────────────────

　善意取得によって治癒される瑕疵の範囲（法律行為としての裏書が無効となった
原因）については，譲渡人の無権利に限定されるとする立場（無権利限定説）
（この説によっても〔**ケース15**〕①では善意取得によりDは保護される）と，さらに
行為能力の制限，意思表示の瑕疵・意思の欠缺，無権代理，人違い（同一性の
欠缺）などの譲渡行為の瑕疵にも及ぶとする立場（政策的拡張説）とが対立して
いる。

　無権利限定説（木内200，倉沢・分析141，森本205号95，関94など）は，善意
取得制度は民法の即時取得制度（民192）に由来し，即時取得制度は，無権利

者からの譲受けのみを適用範囲としていること，譲渡人の形式的資格は，譲渡人が権利者（または処分権者）であることの蓋然性を示すものにすぎず，裏書の連続からは代理権あるいは瑕疵がない意思表示の存在，行為者が制限行為能力者ではないことなどは推測できないこと，手形法16条2項は同条1項によって適法な所持人と推定される者から善意で取得した者の保護を定めていると考えないと16条の二つの項の間の関連は切断されてしまうこと，行為能力の制限などの瑕疵が善意取得によって治癒されるとすると，民法の規定が骨抜きになってしまうこと，直接の取得行為における瑕疵の有無は，本来，取得者自身の負担で確かめなければならないものであり，直接の譲渡行為以前の事情に基づく譲渡人の無権利（または処分権の欠缺）と比べ，調査が容易であること，などを根拠としてあげている。

これに対して，政策的拡張説（前田198-199，田辺133）[26]は，流通保護の流れを考えると，沿革に固執すべきではないこと，16条2項の「前項ノ規定ニ依リ其ノ権利ヲ証明スルトキ」という文言からは，裏書の連続は信頼の対象ではなく，善意取得の単なる効果主張要件にすぎないとも解しうるし，「事由ノ何タルヲ問ハズ」という文言からは，無権利者からの譲受けに限定されないと解するのが自然であること，譲渡人の行為能力の制限，意思の欠缺・意思表示の瑕疵，無権代理，人違いなどの瑕疵も，無権利の瑕疵と同じく，手形記載の外形からはわかりにくく，手形取引の安全のためには善意取得によって治癒する必要があること，取得行為の瑕疵が善意取得によって治癒されても，瑕疵ある手形行為の署名者は，自己の債務負担については，物的抗弁，または少なくとも，人的抗弁として直接の相手方に対しては，抗弁を主張できるから，民法の規定がまったく没却されるものではないこと，などを根拠とする。

条文からは，無権利限定説が自然であるが（「事由ノ何タルヲ問ハズ」とは，民

26）　百選23事件［41］は「A会社名古屋出張所取締役所長B」と自称するBにY会社が約束手形を振り出したが，当該手形はXに裏書譲渡されたという事案について，X会社に善意取得を認めているが，これは実在のA会社が受取人であると解することを前提とする。しかし，そもそも，この事案においては，手形の記載にかかわらず，B個人が受取人であって，X会社は承継取得したと解すれば十分であったともいえよう。

法192条との比較からは，盗品，遺失品の例外〔民193〕がないという意味に解することができる），決め手は利益衡量によらざるをえない。

　そもそも政策的拡張説をとる必要があるのかという点であるが，まず，意思表示の瑕疵・意思の欠缺については，政策的拡張説をとるべきではない。〔**ケース15**〕③では，民法の規定を適用するとＣの保護に欠ける場合があるが，善意取得によって保護する必要はなく，手形行為に民法の意思表示の瑕疵等に関する規定の適用があるか否かの問題として処理するのが自然である（**2-4-2**参照)[27]。そして，かりに民法の規定の適用を認めると考えても，〔**ケース15**〕④ではＤは善意取得によって保護されるから，手形取引の安全は害されない。かりにＢが制限行為能力者であった場合にも同様にＤは保護される。また，無権代理（無権代行）の場合には，表見代理（**3-2-1**（3））または表見偽造（**3-4-1**（2））によって相手方を保護できるし，さらに無権代理は善意取得によって治癒されないとしても，手形の第三取得者は善意取得によって保護されるから，問題はない。

　また，〔**ケース15**〕②のように，人違いの場合には，最終の被裏書人と所持人の同一性を確認することは，さほど困難とは思われないし，また同一性の判断を誤った場合にも，譲渡人に対して（〔**ケース15**〕②ではＣ），偽造者の責任（**3-4-2**），不法行為責任（民709）を追及できる。しかも，手形を見ず知らずの者から取得することについては，手形取得者にリスクを負わせても手形取引の円滑を害するとまではいえないであろう。したがって，無権利限定説によるのが一般的には妥当であろう（ただし，たとえば，身分証明書が偽造または変造されて，取得者に無過失が認められる場合が皆無とはいえない以上，そのような取得者保護

27）　手形によって決済されるという直接の相手方の期待も保護しなければならないという見解があるが，二段階創説説かつ権利移転行為有因論を採用して，原因行為が無効あるいは取り消された場合には，裏書人は直接の相手方に対しては，手形の返還を求めることができ，かつ，振出人は無権利の抗弁を対抗できると考えるか（ただ，権利移転行為有因論による権利移転行為の無効がなぜ直接当事者間では善意取得により治癒されないのかという疑問は残りうる。ただし，**1-2**（2）），その他の見解による場合には，原因関係に基づく抗弁を対抗できるし，振出人は権利濫用の抗弁を対抗できるとしなければ，直接の相手方の利益が裏書人の利益に対し保護されすぎることになろう。

の必要性が認められないのかどうかは検討を要するが，真の権利者を害してでも見ず知らずの者から譲り受けることを容易にすべきなのかは疑わしい)[28]。

5-2-5-2 善意取得の要件

善意取得の要件としては，①裏書が連続している手形の所持人からの取得であること，②手形法的流通方法によって取得したこと，③譲受人が悪意または重過失ではないこと，をあげることができる。①の要件については，裏書が不連続の手形は善意取得の対象とならないかが争われているが，善意取得の対象となると考えるべきである（石井＝鴻52，森本203号92）。たしかに，手形取得後に裏書不連続部分につき実質的権利移転があったことが立証されても，手形取得時に手形上の権利者らしい外観への信頼があったとはいえないから，権利行使を認めるべきだからといって（**5-2-4** (6)），善意取得を認めるべきことにはならないという見解がある。しかし，裏書不連続部分の直前の被裏書人には権利者らしい外観があり，かつ裏書の不連続部分について，かりに譲渡人に実質的権利があるとすれば，有効な権利の移転があったであろう場合には，その譲受人は実質的権利者である蓋然性が高いのであるから，善意取得を認めてよいと考える。手形の所持も実質的権利者である蓋然性を示しているし，善意取得を認めないと，裏書不連続の手形を事実上譲渡できなくなるが，それでは指名債権譲渡の方式による譲渡がされた手形も裏書によって譲渡できる（**5-1** (3)②）ということの意味がなくなるし，そのような場合には事実上指図禁止手形としたようになってしまう。②の要件は，記名式裏書および白地式裏書であって，権利移転的効力または質入の効力を有する裏書（期限後裏書を除く[29]）によって取得したことをいう[30]。権利移転的効力または質入の効力を有しない場合には，善意取得を認める実益がないし，期限後裏書には指名債権譲渡の効力しかないと明文で規定されているからである（隠れた取立委任裏書については，**5-6-**

---

28) ただし，真の権利者に帰責性が認められる場合には，交付欠缺とのバランスからも，権利外観理論を用いて，手形取得者を保護できる可能性がある。
29) 善意取得を認める見解がある（倉沢190）（**5-3**注35）参照）。
30) 二段階創造説によれば，振出においても1回目の権利移転行為があるから，善意取得が生じることになる。

1（2）以下）。本書の立場によれば，③の悪意とは，譲渡人が無権利者であること（または最終の被裏書人とは別人であること）を知っていることをいい，重過失とは，取引において必要とされる注意を著しく欠いたため，それを知らなかったことをいう（具体的には，土橋・百選 50–51 参照）。裏書の連続した手形の所持人は権利者と推定されるから，取得者は原則として，調査義務を負わないが，譲渡人と面識がない場合，譲渡人の入手経路に疑惑が認められる場合，譲渡人がその手形以外には無資力である場合，譲渡人の職業等に照らして，手形金額が多額である場合，手形上の記載が改ざんされているなど通常でない場合などには調査義務が発生する場合があり，調査義務がある場合にそれを怠ると重過失があるとされる（百選 25 事件 [41] 参照）。民法上の即時取得と異なり，善意軽過失の手形取得者が保護されるのは，手形取引を円滑にできるようにし，手形制度が広く利用されるようにするため，手形取引の安全を強化するものである。なお，悪意・重過失の判断時期は手形の取得時である。

5-3
特殊の譲渡裏書

手形上の権利移転を目的とするが，通常の譲渡裏書が有する効力を有しない譲渡裏書がある（*5-1* の**表 8** 参照）。

（1）**無担保裏書**（77 I ① ・ 15 I）　　裏書人が「無担保」「支払・引受無担保」などの文言（無担保文句）を記載した裏書をいう。無担保裏書の場合，裏書人は担保責任を負わない[31]。

（2）**裏書禁止裏書**（77 I ① ・ 15 II）　　裏書人が新たな裏書を禁ずる旨の記載をしてなした裏書をいう。

指図禁止手形と異なり，裏書禁止裏書によっては，指図証券性は失われず，

31）　為替手形の振出人と異なり，為替手形の裏書人は，支払を担保しないこともできる（Part III *2*）。なお，為替手形の場合，「支払無担保」は当然に「引受無担保」をも含み，単なる「無担保」の記載は，引受・支払ともに無担保の趣旨と解される。

被裏書人はさらに譲渡裏書することができる。

裏書禁止裏書の裏書人は直接の被裏書人に対しては担保責任を負うが，手形法15条2項の文言に従って，直接の被裏書人以後の被裏書人に対しては一切担保責任を負わない，とするのが通説である[32]。

(3) 戻裏書（77 I ①・11 III）　戻裏書とは，手形上の債務者（振出人・引受人・裏書人・保証人・参加引受人）を被裏書人とした裏書をいう[33]。

たしかに，戻裏書を受けた者はその手形につき債務者でもあり債権者でもあることになるから，一般原則である民法の混同法理（民520）が適用されそうにも思われる。しかし，手形法11条3項は，手形関係には混同法理が適用されないという手形債権の性質上当然のことを注意的に規定したにすぎない。なぜなら，手形上の法律関係においては，当事者の概念は形式的かつ非個人的性質を有し，当事者資格の兼併が認められ，手形債権は客観的財産として流通性を有する有価証券の形をとっているからである。

しかし，為替手形の引受人や約束手形の振出人などの主たる手形債務者が，戻裏書を受けたため所持人として満期日または流通期間経過を迎えた場合や，右の期間後に戻裏書を受けた場合には，手形債権は満期に消滅すると考えられる。なぜなら，これらの者は，本来満期に支払をすべき義務者である以上，当然その時に支払がされたとみるのが自然であるし，満期日に手形金支払をする旨を表示した者だから，満期後支払をせずに他に譲渡するのは自己の意思表示と矛盾した行動になるからである。

なお，戻裏書の被裏書人は，自己だけでなくその中間の手形義務者に対して

---

32) これに対して，裏書人が裏書禁止を望むのは，裏書が続行されることによって自己の被裏書人に対する抗弁の主張が制限されることを避けるためであるから，裏書禁止裏書の裏書人が被裏書人の後者に対し担保責任をまったく負わないこととしなくても，被裏書人に対する人的抗弁を被裏書人の後者に対抗できるとすれば，裏書を禁止する目的を達しうるから，直接の被裏書人の後者に対しても担保責任を負うが，直接の被裏書人に対する抗弁をもって対抗しうるという見解がある（鈴木280注（二），前田220，大隅＝河本159）。
33) 手形法11条3項は，引受なき支払人に対する裏書をも掲げるが，この者は債務者ではないから，戻裏書とはいえない。11条3項がこれを掲げているのは，小切手と違って為替手形の場合には，譲渡を受けた支払人がさらに他に譲渡しうる旨を注意的に規定したにすぎないと解されている。

も手形上の権利を行使しえない。なぜなら，そのような権利行使を認めても無意味だからである。すなわち，戻裏書の被裏書人は手形権利者であるが，同時にそれ以前において，その中間者に対して手形金支払・遡求義務を負っているため，中間者に対する権利行使を認めると請求の循環が生じるからである。

(4) 期限後裏書（77 I ①・20 I）

① 期限後裏書の意義　期限後裏書とは，支払拒絶証書作成後またはその作成期間経過後になされた裏書をいう。

手形は満期到来とともに支払段階に入り，支払拒絶があった場合または本来の支払時期が経過する場合には，流通証券としての手形の機能は失われ，流通保護のための特殊の制度はその存在意義を失う。そこで法は，期限後裏書の被裏書人には裏書人以上の権利を与える必要がないとして，指名債権譲渡の効力にとどめている。ただし，指図禁止手形に関する手形法 11 条と異なり，指名債権譲渡の方式までは要求していないから，指名債権譲渡に要求される対抗要件は不要であるとするのが通説である。なお，立法趣旨からみて，期限後か否かは手形に記載された裏書日付によるのではなく，実際に裏書のなされた時を基準とする（大判大正 8・2・15 民録 25 輯 82）。日付の記載がない裏書は支払拒絶証書作成期間経過前になされたものと推定される（77 I ①・20 II）。

ところで，満期に手形金支払拒絶があったことが交換印と不渡附箋により手形面上明らかになったのち，支払拒絶証書作成前，またはその作成期間経過前になされた裏書が期限後裏書となるかをめぐって争いがあるが，判例（百選 60 事件［55］）は期限後裏書ではなく，通常の裏書であるとする[34]。

この見解は，支払拒絶証書は支払拒絶の事実を証明する唯一の法定の手段で

---

[34]　多数説は，期限後裏書に準ずるものとして指名債権譲渡の効力のみを認めるべきだとする。

これは，交換印と不渡附箋は支払拒絶証書と同視しうるし（石井＝鴻 240），遡求権保全手続完了後の遡求段階の譲渡ということもできることを根拠とする。すなわち，わが国の実務では銀行を支払場所とする手形のほとんどが手形交換で決済されるが，そこでの取扱いの結果，手形の支払拒絶の事実は交換印と不渡附箋により直ちに手形面上明確になる。他方，統一手形用紙には拒絶証書作成免除文句が印刷してあるので，それにより同時に遡求権が保全され，手形が遡求段階に入ったことが示されるというのである。

あり，手形法 20 条 1 項但書が期限後裏書の範囲を限定するに際し，単に支払拒絶後の裏書としないで，支払拒絶証書作成後またはその作成期間経過後になされた裏書としたのは，それにより形式的に明確な基準となりうる時点を規定しようとした趣旨にほかならないとする。

　　② 期限後裏書の効力　　期限後裏書にも権利移転的効力があるから，それに対応した資格授与的効力が認められ（したがって民法 467 条の対抗要件は不要），権利推定および支払免責が認められる。

　他方，手形法が流通保護のため定めた制度は適用されない。指名債権譲渡と同一の効力のみを有し民法には指名債権譲渡につき担保的効力を認めた規定がなく，支払われないことが証券上明らかになった後の裏書であるから，担保的効力はない。また，指名債権譲渡については，債務者が異議なき承諾をした場合にのみ抗弁制限が認められるにすぎないから（民 468），手形法上の人的抗弁の主張制限の制度も適用されない（もっとも，期限後裏書より前の時点で主張制限〔切断〕された抗弁を手形債務者が期限後裏書の被裏書人に主張できるようになるわけではないのが原則である。最判昭和 37・9・7 民集 16 巻 9 号 1870）。さらに，判例（百選 61 事件 [56]）・通説は善意取得の適用もないとする[35]。

　まず，期限後裏書には，指名債権譲渡の効力しかなく，民法上，指名債権譲渡につき善意取得を認めた規定がないからである。また，善意取得は原始取得であるから，善意取得者は前者の人的抗弁を引き継ぐことがないので，もし認めると，期限前の手形権利者に対して手形債務者が人的抗弁を主張できた場合でも，期限後裏書による善意取得者に対してはその人的抗弁を対抗できないことになる。しかし，それは，期限後裏書による取得者は期限満了時の手形権利者の有した権利よりも大きな権利を取得できないという手形法 20 条 1 項但書の立法趣旨に反することになる。さらに，善意取得を認めなくとも，証券面の記載によって，取得者は呈示期間経過後か否かを知ることができるので，著し

---

[35]　期限後裏書も資格授与的効力をもち，連続した裏書による被裏書人は権利者と推定され，支払免責も認められる反面，善意取得を認めても手形債務者に予想外の不利益はないから，善意取得も認められてよいとする見解がある（大隅 118，倉沢 190）。

く手形取引の安全を害することはない。

5-4
最終の裏書が白地式裏書である場合の手形の単なる交付による譲渡

　裏書が白地式裏書の場合には，手形の単なる交付により譲渡することができ（77 I ①・14 II ③），最終の裏書が白地式裏書である場合にはその手形の所持人は適法な所持人と推定される（77 I ①・16 I）。また，このような譲渡は手形法的な譲渡であり，善意取得（77 I ①・16 II）および人的抗弁の主張制限（77 I ①・17）（17条の文言も裏書による取得に限定していない）が認められる。しかし，裏書ではないので，譲渡人は手形法上の担保責任は負わない（77 I ①・15 I 対照）。

5-5
裏書の抹消による譲渡

　(1)　抹消後の譲渡　　手形の裏書人は，戻裏書によることなく，自己のした裏書以降の裏書を抹消した手形の返還を受けることによって手形上の権利を取得できる（大判昭和8・11・20民集12巻2718）。これは，抹消による譲渡を認めても，中間裏書人その他の者が不利益を蒙ることはないし，指名債権譲渡の方式による譲渡をすべての手形について認める見解に立つなら，抹消による譲渡を禁じる規定はないからである。

　(2)　抹消前の譲渡　　また，裏書が抹消されずに権利移転の趣旨で裏書人に手形が返還された場合にも，裏書人は手形上の権利を取得できる（百選53事件[39]）。そして，裏書を抹消して権利行使できる。

　(3)　譲渡の効力　　このような譲渡には，手形法的な譲渡とみて，白地式裏書がなされた手形の交付（77 I ①・14 II ③）と同じ効力（人的抗弁の主張制限，善意取得など）が認められるのか，指名債権譲渡の効力のみが認められるのかが問題となる。手形法の明文で認められた譲渡方法ではないため，若干疑問は残

るが，白地式裏書がなされた手形の交付と同じ効力を認めてもよいと考える（大隅＝河本151）。なぜなら，同じ効力を認めても，だれの不利益にもならないし，他の手形関係者の期待にも反しないからである。たしかに，「指名債権譲渡の方式による譲渡（*5-1*（3））＋形式的資格を整えるための裏書の抹消」との区別が問題となるが，裏書の抹消による譲渡を受けることができるのは裏書人に限られる。また，いずれであるかは本来，当事者の意思によって決しなければならないが，法律関係の安定性を確保するため，裏書が抹消された時点で，裏書と同様の効力を生ずると考えればよい（*5-6-1*（4）参照）。

（4）**被裏書人欄の抹消による譲渡**　（2）の場合には，裏書人は以前に自己がなした裏書の被裏書人欄のみを抹消してさらに手形を譲渡でき，それは白地式裏書とみるべきである（また，譲受人に被裏書人欄の抹消権限を与えて抹消しないまま交付した場合にも同様に考えるべきであろうが，百選48事件［32］はこのような場合を指名債権譲渡の方式による譲渡であるとする）。

5-6
取立委任裏書と質入裏書

5-6-1　取立委任裏書

手形上の権利を移転するのではなく，手形上の権利を行使する代理権を付与する目的でする裏書を取立委任裏書という[36]。

（1）**公然の取立委任裏書（77Ⅰ①・18）**

①　意義　手形上の権利を行使する代理権を付与する目的をもって，委任を示す文言を記載してする裏書をいう。

---

[36]　指図禁止手形にも取立委任裏書を認めるのが通説である。これは指図禁止手形について，受取人が銀行を通じて手形金を取り立てるために，取立委任裏書を認めることが実際上便利であるうえ（必要性），取立委任裏書には権利移転的効力も担保的効力もないから，裏書による抗弁の主張制限および償還金額増大や善意取得も生じないので，認めても指図禁止手形の振出人の利益は害されないからである（許容性）。形式的にも，譲渡でない以上，手形法11条2項の文言に反しない。なお，鈴木289は反対。

つねに所持人本人が手形の呈示をして，権利行使しなければならないとすると不便であるし，手形外で代理権を付与しようとすると委任状の作成など手間がかかることから，取立委任裏書が用いられる（とりわけ，PartⅠ第3章）。

　　②　効果　　取立委任裏書により，被裏書人に，手形上の一切の権利を行使する権限が与えられる。ここで，「権限」とは，自己の名で権利行使する権限ではなく，代理権を意味する。

　このように，取立委任裏書には，権利移転的効力はないから，被裏書人は手形上の権利を処分することはできず，また善意取得を適用する余地もない。また，被裏書人独自の経済的利益はないから，人的抗弁の主張制限は生じない（77Ⅰ①・18Ⅱ）。代理権を与えたにすぎないので，担保責任を負担すべき理由がないし，手形法15条1項の「反対ノ文言」に取立委任文句が該当するから，担保的効力も認められない。もっとも，代理権者としての資格授与的効力はあるから，善意支払は認められる。

　　③　取立委任裏書人のなした譲渡裏書　　取立委任裏書を受けた者がさらに譲渡裏書をした場合，譲渡裏書としては無効であるが（譲受人が善意取得〔5-2-5〕で保護される場合はある），再取立委任裏書[37]の効力をもつと解されている。このように解することが当事者の通常の意思に合致するからである。

　(2)　隠れた取立委任裏書

　　①　意義　　手形上の権利を行使する代理権を付与する目的をもって，通常の譲渡裏書の方式でする（委任を示す文言を付加しないで）裏書をいう。

　かつては虚偽表示にあたり無効であるとする判例（大判明治39・6・16民録12輯975）もあったが，今日では，当事者に裏書をする意思がある以上，虚偽表

---

[37]　取立委任裏書を受けた者は，さらに取立委任裏書をなしうる（77Ⅰ①・18Ⅰ但書）。取立委任を受けた者が再取立委任裏書をすると，受任者としての権限や義務を失ってしまうとするのは不適当であるから，再取立委任裏書は復代理人の選任という法的性質を有すると考えるのが通説である。すなわち，再取立委任裏書をしても最初の裏書人は代理権を失わないから，複数の取立委任裏書があるときには全部の被裏書人が代理権をもつ。したがって，前の被裏書人は次の取立委任裏書により手形の外形上も代理人の地位を失っておらず，単に手形の占有がないので権利行使できないだけである。それゆえ，手形の占有を回復するだけで，権利行使できる。取立委任裏書の被裏書人が，裏書人の同意なしに当然に再取立委任裏書ができる点でのみ，民法104条と異なる。

示にはならず有効であると解されている。

　②　効果　隠れた取立委任裏書は，行為の実質と形式が一致しないので，その本質と効果をめぐって説が対立する。

　現在の判例（百選59事件［54］）[38]・多数説は形式を重視して，当然に権利は被裏書人に移転し，取立委任の合意は当事者間の人的関係にすぎないとする（信託的譲渡説）。この見解は，手形関係においては，外観から判断できない事情から権利関係を決定すべきではないので，裏書の形式どおりに考えるべきであることを根拠とする（木内161）[39]。

　そして，法が公然の取立委任裏書の方法を認めているのに，裏書人がその方

（表9）

	資格授与説	竹内説*	信託的譲渡説	相対説**
裏書人に対する抗弁	対　　抗　　可			
被裏書人に対する抗弁	対　抗　不　可		対　抗　可	
被裏書人からの譲受人	善意取得で保護		権　利　取　得 ただし17但書	
被裏書人の善意取得	不　　　　可			
被裏書人の破産	裏書人に取戻権あり			
			***	

*二段階創造説・権利移転行為有因論を前提として，隠れた取立委任裏書では原因関係は取立委任にすぎないから，手形上の権利は被裏書人には移転しないとする（竹内210-211）。
**信託的譲渡説を修正して，手形上の権利が移転するのは対外関係のみであり，当事者間では権利が移転しないと構成して，裏書当事者側からは第三者に対し権利が移転していないと主張できないが，第三者側からは取立委任関係をあばいて，権利移転を否定することもできるとする（鈴木293，小松・争点373）。
　　この見解に対しては，相対的に考える理論構成が不明であるほか，信託的譲渡説の有する利益衡量上の不都合を引きついでいるという批判が可能であろう。
***被裏書人に権利が移転しているから，裏書人は取戻権をもたないという説がある。

38）　しかし，判例が，債務者に被裏書人に対する抗弁の対抗を許すものであるか否かは明らかでない。
39）　前田説は，さらに，隠れた取立委任裏書は，手形上の権利移転により取立委任の目的を達成するものであって，当時の信託法1条（現在の信託法2条1項に相当）の文言にあてはまるから，信託の性格は否定しえず，裏書人は自己の信託の委託者・受益者として，受託者たる被裏書人との間で自益信託を設定したと解しうると説明していた。

法によらず，あえて通常の譲渡裏書の方法をとった以上，被裏書人に対する債務者の抗弁を対抗されてもやむをえないとする（鴻・自習商法 30 問 163）。

さらに，被裏書人は，実質的には裏書人のために手形金の取立てをする者にすぎず，このような抗弁の主張制限を受けるべき固有の経済的利益を欠くことを理由に（最判昭和 43・2・16 金判 99 号 10 の原審の東京高判昭和 42・7・13 金判 74 号 11），裏書人に対する人的抗弁をもって手形債務者は被裏書人に対抗しうるとする（百選 55 事件は結論同旨）。しかし，被裏書人に対する抗弁までも主張することを許すのは，手形債務者に不当な利益を与えるといわざるをえない（河本・続学説展望 109）。

したがって，権利は依然裏書人にあり，被裏書人は単に権利行使の資格と権限を授与されるにすぎないと考えるべきである（資格授与説）。なぜなら，およそ表示や形式を尊重するのは，それ自体に特別の意味があるのではなく，流通証券たる手形の取引安全保護のために必要だからであり，それゆえ，その範囲で尊重すれば足りるからである。この説でも，裏書の目的が取立委任であることを知らない善意の第三者に対しては，譲渡裏書の形式に従った法的処理がなされるから，表示や形式の尊重はそれで満たされる。すなわち，善意の第三者は善意取得（77 I ①・16 II）で保護される（信託的譲渡説では人的抗弁の主張制限〔77 I ①・17〕の問題となるが，実際の事案では大きな差が生ずるとは思われない）。

他方，手形債務者は裏書人に対する抗弁は対抗できるが，被裏書人に対する抗弁は対抗できない。

(3) 取立委任の解除　　信託的譲渡説によれば，取立委任の解除があっても，当事者間に手形の返還義務が発生するにすぎず，裏書人への権利移転行為があるまでは依然権利者は被裏書人であるから，債務者は被裏書人の請求を拒めないことになるが，これは不当であろう（この点からも信託的譲渡説は妥当でない）。

この点，資格授与説によれば，取立委任を裏書人が解除した場合には，被裏書人は代理権につき無権限者となるから，債務者は被裏書人からの請求を，その無権限を主張して，拒否することができる。

(4) 取立委任文句の抹消

取立委任裏書をした裏書人が，その後取立委任文句を抹消した時に，譲渡裏書が成立するというのが判例（百選57事件［53］）である。この点につき，譲渡の合意があった時点で譲渡裏書となるという見解もありうるが，取立委任裏書をした者が被裏書人に当該手形を指名債権譲渡の方式による譲渡（または単なる交付による譲渡）をなす可能性もありうることを考えると，法律関係の安定を図るために要式性を重んじて判例のように解するのが妥当であろう（裏書の抹消による譲渡〔**5-5**〕も同様に考えてよい）。

5-6-2 質 入 裏 書

質入裏書とは，手形上の権利に質権を設定する目的でなされる裏書をいう[40]。

(1) 公然の質入裏書

① 意義 手形上の権利に質権を設定する目的をもって，質権の設定を示す文言を記載してなされる裏書をいう。

民法上の質権設定の方式によると，煩雑で，効果も不安定であるため，質権設定の手続を簡略化し，質権者の簡便かつ確実な権利実行を可能にするために質入裏書が認められている。

② 効果 被裏書人は手形上に質権を取得し，手形から生ずる一切の権利を自己の名で行使でき[41]，それにより得た金銭を自己の債権の優先弁済に充

---

40) 多数説は，指図禁止手形に質入裏書することはできないと解している。指名債権譲渡の方式や効力でのみその流通性が認められる指図禁止手形に，簡便な方式で人的抗弁の主張制限が認められた質入裏書を認めるのは，その譲渡性との関係でバランスを失するからである。

41) なお，通説は，質入裏書には民法366条の適用はないと考える。なぜなら，手形の特質上，手形取引には簡易・迅速な決済方法が認められており，手形法に規定された質入裏書が行われた以上，被裏書人に無条件な取立権限が付与されたものと認めることが手形債務者，質権者の利益になるからである。しかも被裏書人（質権者）に差額支払義務や取立金供託義務を認めれば，当事者間の利益の不均衡を避けることができ，民法366条の立法趣旨を手形法的に生かすことができる。

　したがって，手形金額が被担保債権額を超過する場合でも手形金額全額を取り立てうるし（ただし，差額を裏書人に返還しなければならない。また，その部分については隠れた取立委任裏書と同様，人的抗弁となる），手形の満期が到来すれば，被担保債権の弁済期到来前でも取り立てることができる（ただし，取立金を供託すべきである）。ただし，〈補

当しうる（さらに取立委任裏書はできる）。しかし，手形の処分権は有しないので，さらに譲渡裏書や質入裏書をすることはできず，その裏書は，取立委任裏書の効力をもつにすぎない（77 I ①・19 I）。

質入裏書の被裏書人は，独自の経済的利益を有するから，原則として債務者は裏書人に対する人的抗弁を被裏書人に対抗できないが（77 I ①・19 II），被裏書人に対する人的抗弁は対抗できる。

なお，債務者は被担保債権の不存在や消滅を抗弁として被裏書人の権利行使を拒むことができる。

この場合には，被裏書人は実質的には手形上の権利を行使すべき独自の経済的利益をもたないからである。すなわち，拒むことができないとすると，実質的に無権利者同様の者が保護され不都合だからである。

質権者としての資格授与的効力が認められ，また，質権者としての独自の経済的利益をもつので質権の善意取得も認められる。

さらに質入裏書も，満期日における手形の確実な支払と被担保債権への優先的充当のためにされるものであるから，担保的効力も認められる。

(2) 隠れた質入裏書

① 意義　手形上の権利に質権を設定する目的をもって，通常の譲渡裏書の方法でする（質権設定を示す文言を付加しないで）裏書をいう。

② 効果　被裏書人は，実質関係でも質権者としての独自の経済的利益を有するので，形式どおり通常の譲渡裏書としての効力が認められる。すなわち，人的抗弁の主張制限の制度の適用があり，債務者は，裏書人に対する人的抗弁をもって被裏書人に対して主張できないが，被裏書人自身に対する抗弁を主張できる。

論 4）（181 頁）参照。

第6章

手形抗弁

Part II 約束手形

手形抗弁とは，手形債務者が手形上の権利行使に対して，その権利行使を拒むために主張できる一切の事由である[1]。

　民法 468 条，520 条の 6，520 条の 20 にいう抗弁や手形法 17 条にいう抗弁よりは広い意味で「抗弁」という語を用いるのがふつうである（訴訟法上の「抗弁」より広い）。

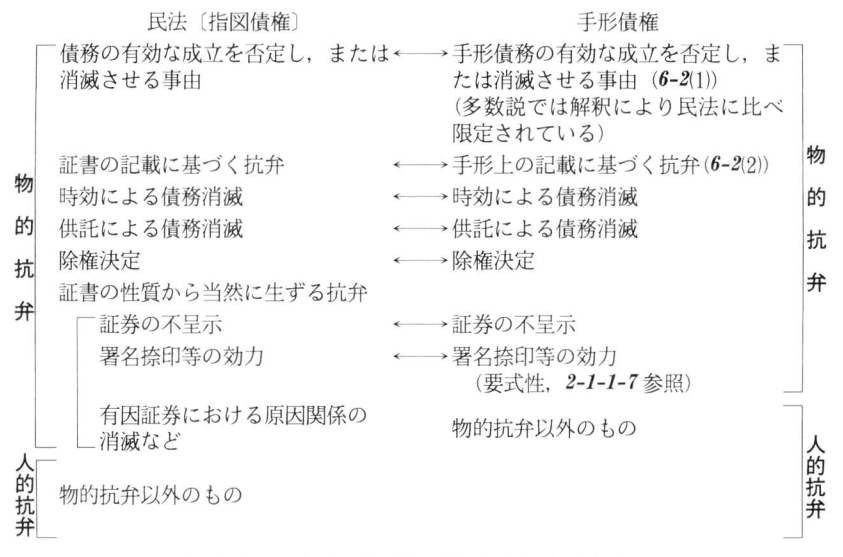

（図 15）　民法（指図債権）と手形債権との比較

---

1)　倉沢・重点 39 は，手形法 17 条にいう「人的関係ニ基ク抗弁」は手形行為が有効であることを前提としており，これには手形債務の有効な成立を否定する抗弁は含まないとされる。

152　　第 6 章　手形抗弁

6-1
物的抗弁と人的抗弁

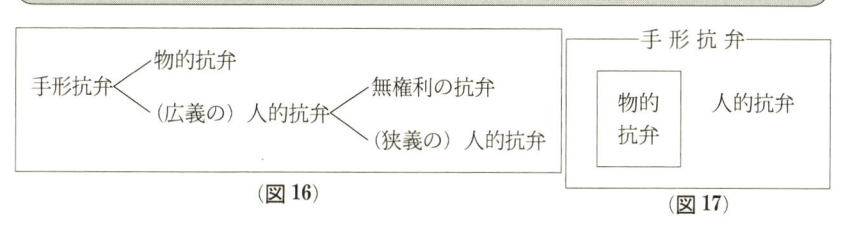

（図16）　　　　　　　　　　　　　　（図17）

　手形抗弁は，（広義の）人的抗弁と物的抗弁に分けられる。

　物的抗弁は，手形上の権利行使を受けた者が，すべての手形所持人に対して主張しうる抗弁であり，（広義の）人的抗弁は，特定の手形所持人に対してのみ対抗しうる抗弁である。さらに，（広義の）人的抗弁は，特定の者のみが対抗しうる狭義の人的抗弁と，すべての者が特定の者に対してつねに対抗しうる無権利の抗弁とに分けられる。

　（広義の）人的抗弁に，どのような抗弁が含まれるかをすべてあげることは現実的ではなく，まず，手形債務者の利益と手形取引の安全の調和の観点から物的抗弁にどのようなものが含まれるかを決定し，物的抗弁でない手形抗弁はすべて（広義の）人的抗弁であると考えるのがふつうである。

6-2
物 的 抗 弁

物的抗弁はすべての手形所持人の権利行使を妨げるものであり，手形の流通

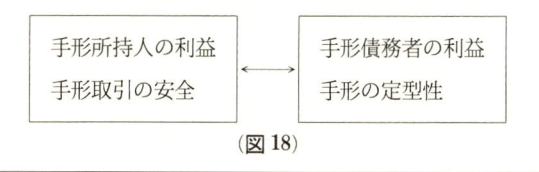

（図18）

(表10)

	手形上の記載に基づく抗弁	消滅時効、権利供託・除権決定	権利保全手続の欠缺	意思無能力、制限行為能力	無権代理、偽造、変造	意思表示の瑕疵等	同時履行の抗弁	相殺・支払猶予の合意など	原因関係（解除権・取消権の存在／無効・消滅／不存在・解除・取消し・）	無権利者からの譲受け（善意取得がないとき）
本書の見解	物的抗弁*	物的抗弁*	物的抗弁*	物的抗弁*	物的抗弁*	物的抗弁*	（狭義の）人的抗弁＝17条の抗弁	（狭義の）人的抗弁＝17条の抗弁	（狭義の）人的抗弁＝17条の抗弁	無権利の抗弁
新抗弁理論	物的抗弁	物的抗弁	物的抗弁	物的抗弁	物的抗弁	物的抗弁	（狭義の）人的抗弁〔手形債務の有効性に関する抗弁〕	（狭義の）人的抗弁〔17条の抗弁〕	（狭義の）人的抗弁〔17条の抗弁〕	無権利の抗弁
判例	物的抗弁	物的抗弁	物的抗弁	物的抗弁	物的抗弁	物的抗弁	（狭義の）人的抗弁＝17条の抗弁	（狭義の）人的抗弁＝17条の抗弁	（狭義の）人的抗弁＝17条の抗弁	無権利の抗弁
前田説	物的抗弁	物的抗弁	物的抗弁	物的抗弁	物的抗弁	無権利の抗弁（権利移転行為についてのみ）	（狭義の）人的抗弁＝17条の抗弁	（狭義の）人的抗弁＝17条の抗弁	（狭義の）人的抗弁＝17条の抗弁	無権利の抗弁

（注）本書の見解・新抗弁理論・判例・前田説のいずれにおいても、（狭義の）人的抗弁および無権利の抗弁は併せて（広義の）人的抗弁**を構成する。

* ただし，意思表示の瑕疵等には（広義の）人的抗弁に属するものがある

** なお，権利濫用の抗弁や信義則違反の抗弁は広義の人的抗弁の一種であるが，狭義の人的抗弁ではない

性を損なうから，限定的に認められるべきである。

(1) 手形債務の有効な成立を否定する抗弁[2]

① 手形要件の欠缺（***2-1-1***）　手形要件が欠けている場合には，手形は無効であり，手形債務は成立しない（ただし，手形ではないが，商慣習法上の証券と考えられる白地手形。***10-1***）。他方，手形要件の欠缺は，手形面上明らかであり，手形所持人の利益が不当に害されることはない。

② 無権代理（***3-2***），偽造（***3-4***）　自らの意思に基づいて債務を負担するという私的自治の原則より，手形債務は成立しない。しかし，手形面上からは，その事実が判明しない場合もあり，表見代理（***3-2-1***(3)），表見偽造（***3-4-1***(2)）・使用者責任（***3-4-1***注14)）等により手形所持人の利益が保護されることがある。

③ 意思無能力による無効（***2-4-1-2***）　私的自治の原則により，手形債務は有効に成立しない。たしかに，この事実は手形面上からは判明しないが，わが国の法体系は意思無能力者の保護を取引安全の保護に優先させる。

④ 行為能力の制限を理由とする取消し（***2-4-1-3*** 参照）

⑤ 交付欠缺（***2-3***）　交付契約説によると，交付がなければ手形債務は成立しない。しかし，手形面上からは交付欠缺の事実は判明しないのが通常であり，権利外観理論によって手形取引の安全を保護する。

⑥ 意思の欠缺による無効，意思表示の瑕疵による取消し（***2-4-2***）　手形債務が有効に成立しないからである[3]。ただし，第三者保護規定の（類推）適用がある場合（民94Ⅱ・96Ⅲ）には人的抗弁ということになる。

⑦ 権利保全手続の欠缺（***7-1-2*** など）（77Ⅰ④〜⑥・53・60Ⅰ・68Ⅱ）

⑧ 変造（***4-2*** 参照）

(2) 手形上の記載に基づく抗弁

手形上に記載されている事実は，取得者は容易に知ることができるので，物的抗弁としても，手形取引の安全を不当に害することはない。

----

2) ***6-3*** 注6)。

3) ***2-4-2*** 以下。

手形上に記載がある満期未到来の抗弁，支払場所の定めが守られていない旨の抗弁，無担保文句の記載に基づく抗弁，手形上に記載された免除・相殺・支払（ただし全部支払については，**7-2-1**，**7-2-4-3**）などに基づく抗弁がある。

(3)　手形債務の消滅または除権決定

①　支払（**7-2**）

②　消滅時効（**7-4**）　　通常は手形面から判明するが，一覧払のように判明しない場合でも，「権利の上に眠る者は保護しない」あるいは法律関係の早期安定の要請から，物的抗弁であると考える。

③　供託　　手形法42条，民法520条の12（**9-1**注2）参照），民法494条以下による供託によって債務は消滅する。

④　除権決定（**9-2**）　　ただし，所持人は除権決定の正本によって権利行使できる。

6-3
（狭義の）人的抗弁

　原因関係の無効・取消し・解除・不存在または消滅に基づく抗弁や原因関係不法の抗弁[4]は，（狭義の）人的抗弁の典型として考えられてきた[5]。（狭義の）人的抗弁には，このほかに，当事者間の特約に基づく抗弁（たとえば，支払猶予），同時履行の抗弁，相殺の抗弁などがある。これらはいずれも手形法17条の「人的関係ニ基ク抗弁」であると考えられており[6]，後述する人的抗弁の主

---

4)　手形の無因性を強調する見解（大隅＝河本187–188）は，原因関係が強行法規違反もしくは公序良俗違反に基づいて無効であることは，17条の人的抗弁にすぎないとするが，手形の無因性は人的抗弁の主張制限を説明するための概念にすぎないと考えれば（**1-2**(1)），このような場合には手形行為は無効であるということもできよう。実質的にも，不法を理由とする無効は，それを無効とする趣旨からすると当事者の意思いかんにかかわりなく認めるべきである（森本206号56。また，百選25事件［44］，百選88事件）。また被請求者に主張・立証責任を負わすならば，結局，自ら不法な行為をした者に，それを理由とする利益を与えることに裁判所が助力することとなって，民法708条の趣旨に反する。したがって，被請求者に主張・立証責任を負わすべきではない（木内211）。

5)　権利移転行為有因論（**1-2**(2)）によれば，原因関係の消滅・無効（取り消した場合を含む）・不存在は無権利の抗弁となる。

張の制限（人的抗弁の個別性）が妥当するとされてきた。

6-3-1 直接の当事者間での人的抗弁の対抗

当事者間の特約に基づく抗弁，同時履行の抗弁，相殺の抗弁などを当事者間で対抗できるのは当然であるとしても，無因論の立場からは原因関係の無効等を人的抗弁としたうえで，それを主張して手形債務の履行を当然拒めるとすることはできないようにも思われる。

しかし，手形債権という無因債権の取得は受益であり，対応する手形債務の負担は損失であり，その間には因果関係がある。そして原因関係が存在しないので，「法律上の原因がない」といえる。したがって，不当利得が生じていることになり，その旨抗弁しうる（百選 25 事件 [44] は，原因関係の当事者間では債務者は手形金の支払を拒みうるとする）。

視点を変えれば，所持人は当該手形を所持する実質的権利はない（手形の返還義務を負っている）のであり，手形の所持という形式的資格を利用して手形金支払を求めるのは一種の権利濫用といえる。すなわち，所持人には正当な経済的利益が認められない。

6-3-2 人的抗弁の個別性

各手形債務者は，自己の有する抗弁のみを主張することができ，他の手形債務者の有する抗弁を利用することはできないのが原則である（大判昭和 16・1・27 民集 20 巻 25）。これは各手形行為は各々が独立の行為と解され（*2-2*），とり

---

6) 手形行為の意思の欠缺・意思表示の瑕疵，偽造，無権代理，変造，双方代理などの抗弁は物的抗弁ではないことを前提として，そのような種類の抗弁を手形債務の有効性に関する抗弁として統一的にとらえる立場（新抗弁理論）がある（木内 204 以下，田辺 157 以下）。すなわち，権利外観理論（*2-3*）を理論的基礎として，そのような抗弁は手形取引の大量化に伴い，その安全の要請が高まったことから，政策上人的抗弁事由とされるべきであるとしたうえで，手形法 10 条，16 条 2 項の趣旨から，抗弁の存在について善意・無重過失で取得した者は，その対抗を受けないと考えるべきであるとする。このような主観的要件による根拠としては，手形行為に瑕疵のある場合は，原因関係のみに瑕疵がある場合よりも重大な瑕疵であり，利益状況は手形上の無権利者からの取得と近いので，16 条 2 項との均衡から利益衡量上，善意・無重過失とすべきであるといわれている（木内・講義 109 以下）。

わけ手形法 17 条の抗弁の場合には，「人的関係ニ基ク」以上，人的関係を有しない者に主張させる必要はないからである（大隅＝河本 208）。

6-3-3　手形法 17 条の趣旨

　手形の裏書は手形債権の譲渡であり，債権譲渡の一般原則によれば，債務者は譲渡人に対して対抗できる抗弁を譲受人にも対抗できるのが原則である（ただし，民法 472 条は指図債権について，その証書に記載した事項およびその証書の性質より当然生ずる結果を除き，善意の譲受人に対抗しえないとする。これも指図債権の流通促進のための政策的特則であろう）[7]。しかし，これを手形債権の譲渡にも適用すると，手形の取得者は自己の関知しない前者の事情に基づく抗弁をもって対抗されることになり，手形の流通を害することになる。そこで，手形法 17 条は，手形の流通促進を図るため，政策的に債権譲渡の一般原則を修正し，前者間における人的抗弁は善意の第三者に対する関係では対抗できないとする特則を設けたのである（民法 520 条の 6 では善意の挙証責任は所持人にあるが，手形法 17

----

7)　裏書譲渡によって人的抗弁も移転しうることを前提とする見解に対しては，文言性・無因性を有する手形債権の特殊性を無視しているという批判があり（庄子・分析 178），また，手形債権は文言性・無因性を有すること（鈴木 47・258），あるいは手形債権の無因性から手形の裏書により移転するのは手形債権であることを根拠として（田辺 144，倉沢・シンポ 257），手形外の人的抗弁は被裏書人に承継されないとする見解（属人性説）がある。しかし，無因債権といえども裏書を債権譲渡とみる以上，無因債権と人的抗弁がともに移転すると考えるのが自然である。文言性は人的抗弁が存在しないことを示すものではない。無因性・文言性というものが，手形行為自体に無因性・文言性があり，手形授受の当事者間でも無因的・文言的権利が発生するという意味であるとしても，その当事者間では，原因関係上の事由および手形文言外の事由で抗弁することが許される以上，その抗弁を手形の第三取得者に対しても対抗できるはずであり，第三取得者に抗弁を対抗しえない理由を説明できない。
　他方，本来手形上の権利と人的抗弁事由とが分離されているというのなら，通常の債権譲渡の方法でも，譲渡人と譲受人間の合意により人的抗弁事由を切り離して手形上の権利のみを譲渡できることになるはずである。それが不可能なのは，両者が本来切り離されているのではなく，通常の指名債権譲渡とは異なり，裏書譲渡が行われるときに，それを切り離して移転する効力が別に与えられているにすぎないからである（民法 520 条の 6 も同様に解される）。また，分離されていると考えると，期限後裏書によって手形を取得した者にはつねに人的抗弁を対抗できる（77 I ①・20 I）ことを説明できなくなってしまう。さらに，この考え方によれば，害意をもって取得した者に対して，手形債務者が対抗できる抗弁は権利濫用など一般悪意の抗弁に類似した抗弁になり，17 条が「所持人ノ前者ニ対スル人的関係ニ基ク抗弁ヲ以テ」と定めていることと整合性をもたない。

条では害意の挙証責任は債務者にある）。これについて，手形債務者には，証券の記載どおりの手形債権が存在するという外観を作出したことに帰責性があるとするのが多数説であるが（木内196），手形債務者としては，人的抗弁事由を手形上に記載することができないのが通常であるから（たとえば，原因関係の記載は有害的記載，少なくとも無益的記載にとどまる），債務者の帰責性（ただし，記載することができないことを知りつつ，手形を振り出した点に帰責性を認める余地はあろう）や「人的抗弁が存在しないという外観の存在」は認められないと考えられる。したがって，外観法理一般を根拠として17条を説明することは適切でないと考えられる。むしろ，手形債務者の保護は直接の相手方との間で実現させ，前者と手形債務者との間でいかなる抗弁事由が存在するかを，手形取得者が調査する煩雑さを省き，また手形取得者が不意打ち的に抗弁を対抗されることがないようにして，手形流通を図るというもっぱら政策的な規定であると解すべきである。

6-3-4 人的抗弁を直接の相手方以外に対抗できる場合

手形法17条は，手形流通の促進のために，政策的に「人的関係ニ基ク抗弁」は原則として手形の第三取得者に対抗できないと定めた。したがって，手形取得者の保護を図る必要がない場合，とりわけ手形流通の促進の必要性がない場合には，「人的関係ニ基ク抗弁」を手形の第三取得者にも対抗できるとしてよい。

手形所持人の保護を図る必要がなく，むしろ手形債務者の利益を優先すべき場合としては，「債務者ヲ害スルコトヲ知リテ」取得した場合（*6-3-6*）と自ら固有の経済的利益を有しない所持人の場合とがある。固有の経済的利益を有しない所持人の具体例としては，取立委任裏書の被裏書人（とりわけ隠れた取立委任裏書の被裏書人については，*5-6-1* (2)）といわゆる二重無権の抗弁（*6-3-10*）が成立する場合の所持人などが考えられる。

他方，手形流通の促進の必要性が認められない場合としては，手形法的譲渡方法によらない場合（人的抗弁の主張制限は手形法的な流通の保護のためにとくに認

められたものだから。ただし，*5-5*（*5-1*（3）および *5-1* の表 8 参照）と期限後裏書の場合（*5-3*（4））とがある。

6-3-5 善意取得の主観的要件と人的抗弁主張制限の主観的要件

善意取得（16Ⅱ）や白地手形の不当補充（10）の場合には取得者の善意無重過失が要件とされるのに対して，人的抗弁の主張制限は取得者が「害スルコトヲ知リテ」取得した場合を除き認められる。これは，善意取得や白地手形の不当補充の場合には，真の権利者あるいは手形債務者の犠牲の下に取得者を保護するものであるのに対し，人的抗弁の主張制限は手形上の関係のみに限定すれば手形債務者の不利益は一般的にはないからである（原因関係まで含めれば不利益がありうるが，それは不当利得返還請求あるいは原因関係上の権利を通じて解決することが抽象的には可能である）。

また，人的抗弁の主張制限は手形取得者に手形外の法律関係について調査義務を課さないことを前提とするものと解すれば，重過失を問題とする必要はない。さらに，視点を変えれば，善意取得や白地手形の不当補充の場合には，本来取得できない権利を取得するのだから，それは例外であるのに対し，「人的関係に基づく抗弁」は人的関係のある者に対してのみ主張できるのが原則であり（人的抗弁の個別性），人的関係のない者に対して主張できるのは，どちらかといえば，例外だからであると説明することもできよう。

6-3-6 「債務者ヲ害スルコトヲ知リテ」の意義

─〔ケース 16〕─────────────────────
(1) A は，売買代金支払のために B を受取人として約束手形を振り出した。
  ① B が目的物を履行期になっても引き渡さないでいるうちに，B が C に当該手形を裏書した場合
  ② A・B 間の売買契約が B の債務不履行により解除された後に，B が C に当該手形を裏書した場合
  ③ A が B に対して反対債権を取得したが A が相殺の意思表示をしない

うちに，BがCに当該手形を裏書した場合

　判例（百選 29 事件 [45]）は，抗弁の存在を知って取得すれば，所持人が「特別の事情」を立証しない限り，「債務者ヲ害スルコトヲ知リテ」取得したとするが（了知説），「債務者ヲ害スルコトヲ知リテ」手形を取得したとは，①満期または権利行使のときにおいて，②債務者が所持人の前者[8]に対して手形金の支払を拒みうることが確実であり，かつ拒むことが確実であると予測されるような事情があることを取得時に認識して，手形を取得したことをいうと考えられる（河本・民商法雑誌 36 巻 4 号 28，前田 206 など参照）。認識しなかったことに重大な過失があっても「知リテ」にはあたらない（百選 32 事件 [46]）。

　①の要件は，取得時には抗弁事由が存在しなくとも，満期または権利行使時までに抗弁事由が発生し（百選 31 事件），抗弁を対抗することが確実であるときは，悪意の抗弁の成立を認めるべきであるし，取得時に抗弁事由が存在していても満期または権利行使時までにそれが消滅すれば，悪意の抗弁を認める必要がないからである。②の要件は，たとえば債務者が所持人の前者に対し反対債権を有していたような場合（〔ケース 16〕(1)③）には，相殺によって手形金の支払を拒みうることが確実であるが，相殺を主張して手形金の支払を拒むかは必ずしも確実ではなく，単に手形金の支払を拒みうることが確実であることを認識していただけでは，悪意の抗弁の成立に不十分だからである。また，「確実であると予測されるような事情があることを認識」することは，単なる可能性の認識にとどまらないから（百選 32 事件参照），手形の取得者に不測の損害を与えることにはならないし，条文の「知リテ」にも合致する。なお判断時点を取得時とするのは，手形法 17 条が手形取引の安全を図るための規定だからである。

　本書の立場からは，〔ケース 16〕の(1)①の場合には，Cが手形取得時にBの債務不履行を知っていれば，Cは「害スルコトヲ知リテ」手形を取得したということができ，AはCに対し同時履行の抗弁ないし原因関係を解除した場合

---

8)　**6-3-8** に示すように，人的抗弁の主張制限を認めない立場（不対抗説）に立つと「所持人の前者」は直接の前者に限らないことになる。

にはそれを抗弁として手形金の支払を拒みうる。なお，手形の満期がＢの目的物引渡しの履行期より前である場合でも，Ｂが将来時点で目的物を引き渡す債務につき債務不履行が確実視されていることをＣが知って手形を取得した場合には，ＡはＢに対して主張できる抗弁をもってＣに対抗できる。②の場合には，Ａが原因関係を解除した事実を知ってＣが手形を取得すれば，ＡはＣに対し原因関係の解除を対抗できる[9]。なお，かりに，さらにＣからＤに手形が裏書譲渡された場合において，切断説（**6-3-8**）をとると，ＤはＡが原因関係を解除したことのみならずＣが悪意であったことを知らない限り，Ａから原因関係の解除を対抗されない。Ｃが善意であれば，裏書を受けることによって債務者Ａを害することはないことになるからである（属人性説や不対抗説をとれば，Ｃが悪意であったことまで知らなくとも，抗弁を対抗されよう）。③の場合には，相殺適状であっても相殺がなされることは確実とはいえないので，さらにＡが相殺の意思表示をなすことが確実であると考えられる事情（Ｂの無資力等，相殺によらないと反対債権の満足を受けられない事情）をもあわせて認識しつつ，Ｃが手形を取得した場合にはＡはＣに対して相殺を主張して手形金の支払を拒みうる[10]。なお，譲渡禁止特約の存在を知りつつ手形を譲り受けた場合や手形割引の依頼を受けて手形を預かっている者から割引依頼の趣旨に反することを知りつつ，手形を譲り受けた場合には（大阪高判昭和 52・8・9 判時 876 号 118，東京高判昭和 58・1・18 金判 681 号 11 などは，割引金不交付の抗弁〔一種の原因関係不存在の抗弁〕が引き継がれると考えているようであるが，手形を目的外で譲渡したことによって融通契約違反が生じていると考えるのが自然であるという見方も可能で

---

9)　前田説（権利移転行為有因論）によれば，ＡはＣが当該手形を善意取得していない限り，Ｃに対し無権利の抗弁を対抗できる（前田 188）（なお，**1-2**（2）参照）。

10)　手形債権を受動債権として相殺するためには手形の交付は必要ないが，手形債務者が手形を回収しなかった（一部相殺の場合には手形上に記載しなかった）場合には，受戻しなき支払（**7-2-5**）と同じ問題が生ずる。なお手形債権を自働債権として相殺する場合（訴訟上の相殺を除く）には，相殺は手形債権者の一方的意思表示によるものである以上，債務者の二重払の危険を防ぎ，前者に対する権利の行使を可能にするために，手形の交付が効力発生要件として必要である（大判大正 7・10・2 民録 24 輯 1947）。ただし，手形金額の一部相殺の場合には一部消滅の記載をなさせるために手形の呈示は必要であるが，残額請求に手形が必要であり，手形の交付を要しない。

162　　第 6 章　手形抗弁

あろう。なお，譲渡禁止特約が付されている手形を譲り受けた場合については，手形債務者は譲渡人に対しては手形金を支払わなければならなかったのであるから抗弁を引き継ぐという構成はとれないであろう），所持人の前者に対する抗弁が引き継がれるのではないから，本来，17条の射程外の問題であるが，広義の人的抗弁を手形債務者は対抗できると考えるべきであろう（藤田・百選〔第5版〕57参照）。

6-3-7　融通手形，書合手形の抗弁

〔ケース16〕

(2)　A は，B に信用を供与する目的で，B を受取人として約束手形を振り出した。

　① 満期に B が A に手形金の支払を求めてきた場合

　② 当該手形を B は C に割り引いてもらい，満期に C が A に手形金の支払を求めてきた場合

(3)　A と B は，互いに信用を供与する目的で，相手方を受取人とする約束手形を振り出しあった。受け取った手形を A は C に，B は D にそれぞれ裏書した。

　① A が C から，B が D からそれぞれ満期前に戻裏書を受けていた場合に B が A に対して手形金の支払を求めた場合

　② A が D に手形金を支払った後に，C が B に手形金の支払を求めた場合

　③ A が D に手形金を支払った後に，C から戻裏書を受け，B に手形金の支払を求めた場合

　④ A が D に手形金を支払う前に，C から戻裏書を受け，B に手形金の支払を求めた場合

　⑤ A が D に対し支払拒絶をした後に，C が B に手形金の支払を求めた場合

　⑥ A が D に対し支払拒絶をし，他方，C から戻裏書を受け，B に手形金の支払を求めた場合

---

(1)　**融通手形の抗弁**　　融通手形とは，他人（被融通者）に信用を供与する

目的で振り出し（約束手形）または引き受けた（為替手形）手形をいう。

　一般には，被融通者はこれを割り引いてもらい，資金を得る（融通者自らは
お金を貸さない）。そして，被融通者は，満期までに手形を再取得し，融通者に
返還するか，満期までに融通者に資金提供することが融通者と被融通者との間
で約束されている。したがって，約束手形の場合，

　　　㋐　融通手形の振出人は，受取人から支払を求められても，それが融通手
　　　　　形であることを理由として支払を拒絶できる（最判昭和 46・2・23 金判
　　　　　256 号 2)。
　　　㋑　振出人は，第三者に譲渡され，その所持人から支払を求められた場合
　　　　　には，それが融通手形であることを理由として支払を拒絶できない（こ
　　　　　のように考えないと融通手形の目的を達しえない）（百選 26 事件［47］)。
　　　㋒　たとえば，満期前の一定時期までに資金供給があることを条件として
　　　　　支払う旨の合意と，その資金不提供の事実，もしくは不提供が確実視さ
　　　　　れるような事実の存在など，当事者間の合意に受取人が違反している事
　　　　　実の存在[11]を知って取得した所持人に対しては，支払を拒絶できる。

　㋐〜㋒の帰結については，異論はないが，その帰結を導く理論構成について
は争いがある。

　従来の通説は，㋐と㋑を整合的に説明するため，融通者の抗弁は第三者に承
継されない生来的な人的抗弁であると解してきた。そして，㋒については，被
融通者が融通契約に違反して手形を譲渡している事実を知って手形を取得した
者は違法行為に協力しているのであって，そのような者の権利の行使について
は信義誠実の原則に照らし，「一般悪意の抗弁」として手形の支払を拒むこと
ができると説明していた。

　ところが「融通手形であること」が抗弁事由であるとすると，*6-3-6* に述べ

---

11)　手形振出人に何ら手形上の責任を負わせないとされているか，その約束が果たされな
　　いことが確実視されること，手形利用期間が制限されており，その期間が経過している
　　こと，融通目的で授受された手形について割引を受けることができず，被融通者が手形を融
　　通者に返還すべき義務のあること，受取人が融通手形によって金融の目的を達した後，こ
　　れを受け戻したものであること，などがある。また第三者が融通手形であることを知りな
　　がら無償で同手形を取得した場合に抗弁の対抗が認められている。

た枠組による以上，融通手形であることを知って取得する取得者には害意があることになってしまう。すなわち，当事者間では満期時に確実に抗弁対抗を受けることを知っていることになるから，手形法17条にいう害意があることになる（木内223）。

したがって，「融通契約に違反していること」が抗弁事由であると解すべきである（木内224，岩原・百選〔第3版〕78）。すなわち，融通手形であることを知っていても第三者に悪意の抗弁の成立が認められないのは，融通手形ということが生来的な人的抗弁事由であるからではなくて，その譲渡の時点においては，融通契約違反の事実はないので，原則として承継されるべき被融通者に対する抗弁事由がそもそも存在しないからである。これに対し，被融通者が融通契約に違反して手形を利用した場合は，悪意で手形を取得した者には，融通者と被融通者間の契約違反を対抗できる（77Ⅰ①・17但書）。

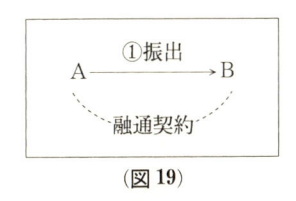

（図19）

〔ケース16〕(2)①の場合には，融通契約の内容としてAはBに直接金銭を支給しないことが含まれているから，Aは融通契約違反を抗弁として，手形金の支払を拒める（ただし，Bから支払資金が供給されていたという例外的な場合には支払を拒めない）。

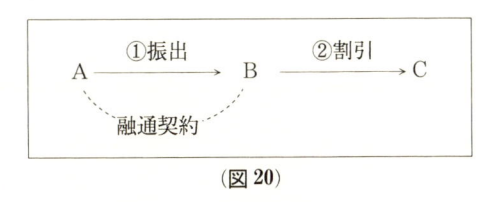

（図20）

②の場合には，Cの手形取得時にBの融通契約違反の事実またはそれが確実視される事情がないか，あってもそれらをCが知らなければ，AはCに対

しBの融通契約違反を対抗できない。

(2) 書合手形（交換手形）の抗弁　書合手形とは当事者がお互いに信用を供与する目的で，交換的に振り出し（約束手形）または引き受けた（為替手形）手形をいう。

　書合手形も融通手形の一種であるので，原則として(1)の議論が妥当する。しかし，対価的な手形の振出があり，通常の融通手形と異なるので，その点を考慮に入れなければならない。

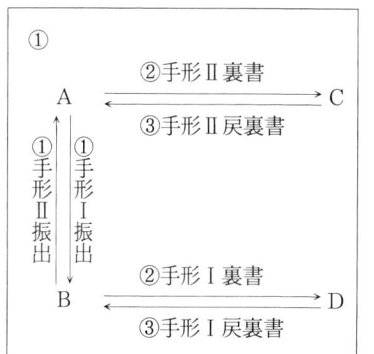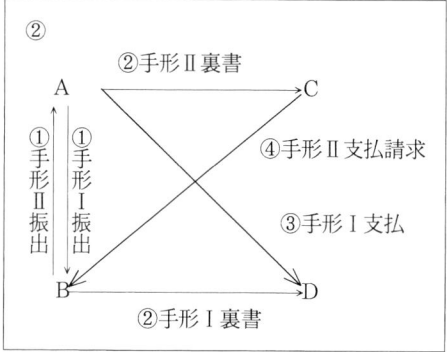

(図21)

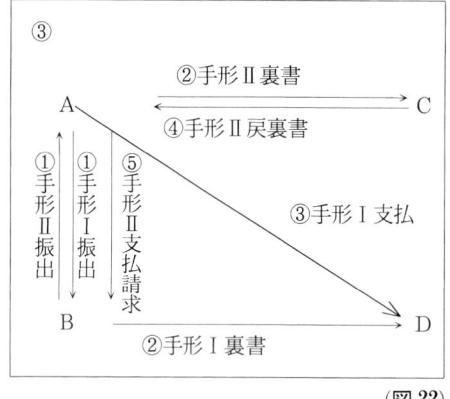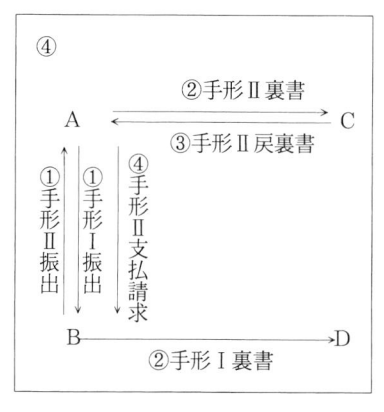

(図22)

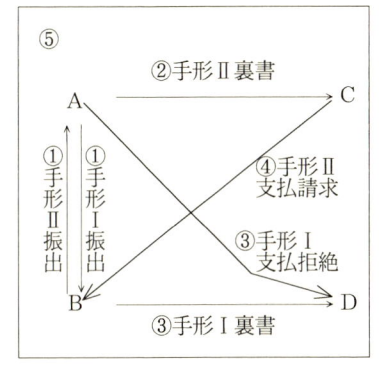

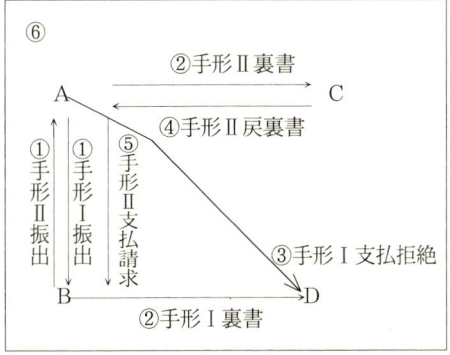

(図 23)

〔**ケース 16**〕(3)の①の場合は，書合手形契約違反を抗弁として手形金の支払を拒める。

②の場合は，書合手形契約違反はなく，BはCに対し，手形金を支払わなければならない。

③の場合は，書合手形契約違反のようにもみえるが，Aは現実に出捐しており，Bは資金供与を受けているので，AのBに対する手形金支払請求を否定すると当事者の公平に反するから，原則として，Bは書合手形（融通手形）契約違反を抗弁としてAに対抗できない（最判昭和 29・4・2 民集 8 巻 4 号 782）。

④の場合，Aが支払っていない以上，BはDから遡求を受ける可能性があるので，BはAに対して書合手形契約違反を抗弁として手形金の支払を拒める。

⑤の場合，Aの振り出した手形Ⅰが不渡りになったこと，あるいは不渡りになることが確実視されることを知って（たとえばAの無資力），Cが手形Ⅱを取得した場合には，BはCの害意を抗弁として手形金の支払を拒めるが（77 Ⅰ①・17 但書）（百選 33 事件），それ以外の場合には拒めない。

⑥の場合，書合手形契約違反を抗弁として手形金請求を拒める。

6-3-8 「善意者介在後の悪意者」と戻裏書

〔ケース 16〕

(1)　Aは，売買代金支払のためにBを受取人として約束手形を振り出した。

②′　A・B間の売買契約がBの債務不履行のため解除された後に，Bが当該手形を解除の事実を知らないCに売買代金支払のため裏書した。

④　②′のケースにおいてCが解除の事実を知っているDに当該手形を裏書した。

⑤　②′のケースにおいてBがCから当該手形の戻裏書を受けた。

⑥　A・B間の売買契約がBの債務不履行のため解除された後に，Bが当該手形を解除の事実を知っているCに裏書し，Cは当該手形を解除の事実を知らないDに裏書した。その後，CはDから当該手形の戻裏書を受けた。

⑦　②′のケースにおいて，Cが解除の事実を知らないDに当該手形を裏書したが，その後，解除の事実を知りつつ，CはDから当該手形の戻裏書を受けた。

⑧　Bが当該手形をCに裏書した。A・C間で支払猶予の合意がなされた後，その合意を知りつつBがCから当該手形の戻裏書を受けた。

⑨　Bが当該手形をCに売買代金支払のため裏書譲渡したが，B・C間の売買契約がCの債務不履行により解除された。

⑩　②′のケースにおいて，B・C間の売買契約がCの債務不履行によって解除された。

　手形法17条本文と但書をめぐっては，裏書は債権譲渡であることを前提として，手形抗弁は原則として手形債権とともに移転するが，①善意者の下で「切断」されるとする説（切断説）（通説）[12]，②善意者には対抗できないとする説（不対抗説）[13]，③手形抗弁は手形債権と異なり裏書によっては移転しないと

---

12)　ただし，手形上の権利は本来的に債権的性格を有し，手形債務者と手形所持人の間には債権債務関係があり，善意の取得者は「前者が抗弁の対抗がまったくなければ有しているはずの非実在的なあるべき権利」を取得すると理論構成する立場がある（現代商法Ⅲ 189-191〔川村〕）。

13)　条文には最も忠実な見解である（土橋・現代商事法の重要問題512以下）。実質的妥当性の検討については，注14）参照。

（表11）　悪意の抗弁をＡは対抗できるか

	④ 対D	⑤ 対B	⑥ 対C	⑦ 対C	⑧ 対B
切 断 説	不可	可	可 不可（木内）	不可	可
不対抗説	可	可	可	可	可
属人性説 （田辺）	可	可	可	可	可
属人性説 （倉沢）	不可 （ただしC・D間 の裏書が期限後 裏書，無担保裏 書のときは可）	可	不可？	不可	可

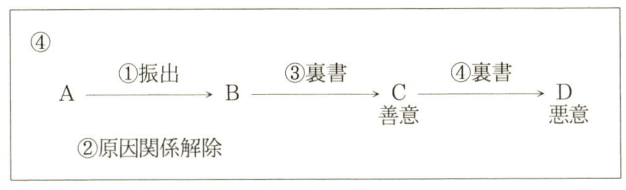

④
```
        ①振出        ③裏書        ④裏書
  A ─────────→ B ─────────→ C ─────────→ D
                                善意          悪意
  ②原因関係解除
```

（図24）

する説（属人性説）（**6-3-3**注7））の大きく三つの見解がある。

　属人性説（田辺），不対抗説と切断説，属人性説（倉沢）との間には，利益衡量上の対立（悪意者を保護すべき根拠はない←→善意者の手形処分の可能性の確保）があり，切断説，属人性説，不対抗説の間には法的構成として最も整合的で自然なものはどれかという対立がある。

(1)　善意者介在後の悪意者

　判例（百選28事件［48］）や通説は，人的抗弁の存在につき，手形所持人の前者が善意であるため，手形債務者がこれに対し人的抗弁を対抗しえない場合には，手形所持人はその人的抗弁の存在を知って手形を取得しても，人的抗弁の対抗を受けないとする。この見解は，人的抗弁は善意者のもとで「切断」されるという理論構成を前提とする。「切断」されるとする見解の実質的根拠は，絶対的構成（いったん善意で，ある者が手形を取得した場合には，その後，人的抗弁

の存在について悪意で手形を取得した者に対しても人的抗弁を主張できないとする構成）をとることが，①法的安定性につながると考える点にあるのであろう。また，②手形債務者が悪意の所持人に対して手形金の支払を拒むと，中間に介入した善意者が担保責任を果たすことになり，善意者から支払を求められた場合には手形債務者は結局支払をしなければならないから，手形債務者にとって実益はなく，他方，善意者に手間をかけさせたり，堂々巡りさせるべきではないという価値判断をあげることができよう（大隅＝河本 227）。さらに，③抗弁について悪意の者が手形取得を差し控えることになり，善意者の手形処分の機会が制限されるという指摘もある。理論的には，④前者の地位を承継することがあげられている。しかも，いったん善意者が取得すれば，その後，悪意者が取得しても手形債務者は新たに不利益を受けるわけではない。このような判例・通説の見解は，17 条の「対抗スルコトヲ得ズ」という文言には反するが，悪意者が善意者に遡求できることを前提とすれば（**7-3-7**），その実質的利益衡量（善意者の利益を徹底的に重視）は尊重すべきであろう[14]。ただし，②の理由から

14）　不対抗説からは次のように反論できよう。すなわち，③については，悪意の者は相対的にみれば少数であり，また悪意者の中には人的抗弁が対抗されるとしても，立場上取得せざるをえない者がいるから，絶対的構成をとらなくとも善意者の手形処分の機会を奪うことにはならないし，そもそも，通常，善意者は人的抗弁の存在を知らないのであるから，悪意でない者を探して手形を譲渡するということもないと反論できる。②についても，善意者が無担保裏書（または期限後裏書）をした場合には妥当しないし，また悪意の取得者が善意者に遡求するとは限らない（そもそも遡求できないと考える余地があろう。**7-3-7**注 31））。そして，もし，悪意の取得者が善意者に遡求することが予想されるような場合には，合理的な手形債務者は，支払わなければならない額の増大を防ぐため，悪意の取得者に支払をなし，善意者に対しては遡求はなされないであろうから，通常，問題はない。①については，法的安定性によってどのような利益を守るかを考えると，善意の取得者の利益を保護するのであろうが，②③で検討したところから，絶対的構成をとらなくとも，善意の取得者の利益はそれほど害されない。むしろ，絶対的構成をとると，手形債務者の犠牲において，悪意者に利益を与えることになってしまい，妥当ではない。④は「人的抗弁を対抗されない地位」を承継することを前提とするが，17 条但書は，振出人その他所持人の前者に対する人的関係に基づく抗弁の存在を前提として，所持人が取得した時点で悪意であるかを判断することを前提とする規定であるとみるのが文言上自然である。すなわち，個別的に判断することを想定しており，「人的抗弁を対抗されない地位」は承継しないことを前提としているように読める。
　　したがって，実質的にも，いったん善意で，ある者が手形を取得した場合にも，その後，人的抗弁の存在について悪意で手形を取得した者に対しても人的抗弁を主張できると考えることもできる（相対的構成）。手形債権の無因性を認め，かつ手形債権について物的抗

は，介在した善意者が悪意者に対して遡求義務を負わない（無担保裏書，期限後裏書，戻裏書，前者の白地式裏書がある場合の単なる交付による譲渡）場合には，抗弁の対抗を認めてよいはずである（百選 34 事件［49］〔無担保裏書〕，東京地判昭和 46・9・29 判時 648 号 103。ただし，最判昭和 37・9・7 民集 16 巻 9 号 1870〔期限後裏書の事案〕）（倉沢・52 年重判 107）[15]）。

　したがって，〔**ケース 16**〕(1)④では，C が D に対して遡求義務を負わない場合や C と D を実質的に同視できる場合（たとえば C がかいらいにすぎない場合）を除き，A は A・B 間の人的抗弁（原因関係の解除）を D に対抗できないと利益衡量上は考えるべきであろう。

(2) 戻裏書

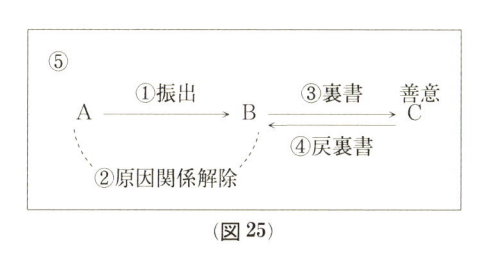

（図 25）

　判例は手形上の権利行使について，自己の裏書譲渡前の法律的地位よりも有利な地位を取得すると解しなければならない理由はないとして，悪意の抗弁の対抗を受けるべき者が，手形を善意の第三者に裏書譲渡した後，戻裏書により

　　弁を最小化する以上，人的抗弁は，所持人と手形債務者との利益の調整を図る機能を有するものであることにもそぐう。
15）　属人性説によれば，善意者から害意（これが具体的にどのような内容をもつかが問題である。田辺説は，いったん善意者が取得した後でも，自己の前者のいずれかが手形債務者から対抗される人的抗弁の存在を知っていることを害意とされるようである）をもって手形を取得する者に対しても悪意の抗弁が成立することを認めるべきことになる。なぜなら，人的抗弁が手形債務者と所持人との直接の人的関係に基づく手形外の関係において発生するものであり，手形権利の移転に伴い承継されるものでないとすれば，悪意の抗弁は，所持人の非難されるべき手形取得の事情ゆえにその者について成立すると解することになるからである（田辺 156 以下）。
　　ただし，属人性説をとっても，C が D に対して遡求義務を負う場合には，支払を拒絶しても，D は C に遡求し，善意者 C から請求を A は受ける以上，債務者 A は D の取得によって不利益を蒙ることはなく，害意はないとして，悪意の抗弁を主張できないと考えることができる（倉沢・重点 51）。

再びそれを取得した場合に，第三者に裏書譲渡する前に存した悪意の抗弁の対抗を受けるとしており，通説も同じ結論を導く。

このような結論は，戻裏書によって被裏書人は裏書前の地位を回復すると考えることによっても導けるが，戻裏書の法的性質をこのように解することは中間者に対する債務者の人的抗弁が生じうることなどを考えると，不適当である。

したがって，人的抗弁の「切断」と裏書による債権の承継取得を認める通説の立場を前提とすると，人的関係に基づく抗弁は手形そのものに付着するものではなく，人そのものに付着するものである（人的関係は手形を裏書譲渡しても存続する）と説明するのが最も容易である。そこで，その者自身が手形を再取得して権利行使してきた場合には，中間の善意者が介在したか否かにかかわりなく，当然に再対抗できるというのである[16]。

すなわち，権利の移転によって抗弁という形で付着していったり，制限されたりするのは，その抗弁を形成する法律関係そのものではなく，その法律関係に基づいて抗弁できるという関係にすぎないとされる（木内221）。

この見解に対しては，善意者介在後の悪意者の場合と戻裏書の場合との理論的整合性を欠くのではないかという批判が予想される。しかし，善意者介在後の悪意取得者については，その前者たる善意者の立場を考慮して，善意者が手形を処分する機会を制限することになる抗弁制限を認めるべきではないであろう。これに対して，戻裏書の場合には，再取得者に人的抗弁の対抗を認めても他の手形関係者に不利益を与えることはないから，当該人的抗弁に関する原因関係などの当事者である以上，善意者を介して戻裏書を受けた場合にも人的抗弁の対抗を受けることになると解してもよいといえよう。そもそも，戻裏書の場合には，もともと人的抗弁の対抗を受けた手形権利者が再取得する場合であるのに対し，善意者介在後の悪意取得者は当該人的抗弁に関する原因関係の当事者ではない。したがって，両場合についての理論的整合性を厳密に要求する

---

16) 属人性説によれば，注15）と同じく，悪意の抗弁は，所持人の非難されるべき手形取得の事情のゆえにその者について成立すると解されるから，債務者は所持人に悪意の抗弁を対抗しうる。すなわち，善意者介在後の悪意者と戻裏書の場合を統一的に説明できる。

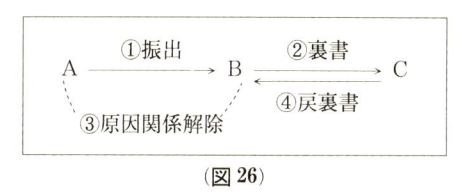

（図 26）

ことは無理であると説明することができる。

結論としては，〔**ケース 16**〕(1)⑤の場合，A は B に原因関係上の抗弁を対抗できることになる。

なお，B が C に手形を裏書譲渡した後に原因関係の解除原因が発生し，その後 C から B が戻裏書を受けた場合にも，A は B に A・B 間の人的関係（原因関係の解除）に基づく抗弁を対抗できる（後述(4)と対照）。

なお，善意取得あるいは権利外観理論などによって善意者が手形上の権利を取得している場合であって，悪意者（以前の譲渡の段階では無権利者であった者）が戻裏書を受けた場合に手形上の権利を取得できるかという問題があるが，人的抗弁の主張制限とのバランスからは，以前に対抗された物的抗弁を対抗され，手形上の権利を取得できないと考えるべきであろう（東京地判昭和 50・2・26 判時 777 号 87，前田・法学協会雑誌 83 巻 1 号 88，川村・一橋大学法学研究 11 号 90，大澤・百選〔第 5 版〕53）。もっとも，権利外観理論の適用にあたって，相対的構成（善意の手形所持人のみを保護）を採用すれば，このような結論を自然に導くことができるが，善意取得については絶対的構成が定説であるし，権利外観理論に関しても絶対的構成を想定するのが多数説であろう。

(3) 悪意者が善意者から戻裏書を受けた場合

理論的には，切断説によれば，C に対しては A・B 間の人的抗弁を対抗できないことになりそうである（木内・受験新報昭和 61 年 10 月号 18-19）。なぜなら〔**ケース 16**〕(1)⑤の場合の A・B 間とは異なり A・C 間には人的抗弁を形成する法律関係（原因関係の解除）が存在しないからである[17]。一見，A の保護に

---

17) しかし，利益衡量としては，いったん裏書し，戻裏書を受けることによって C が A・B 間の人的抗弁の対抗を受けなくなることは妥当ではないとみる余地もあるし，C にとっ

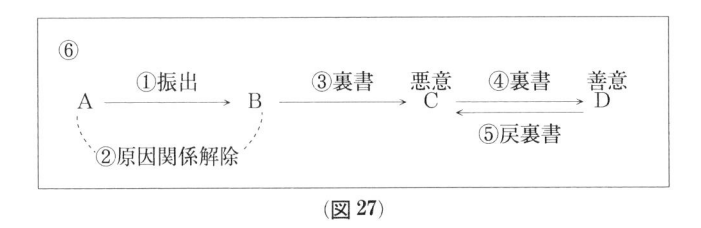

（図 27）

欠けるようであるが，A・C間には原因関係はなく，Cに手形金請求を認めて
もCは不当に利得するわけではないし，Dが「かいらい」の場合には，裏書
および戻裏書がなかったものとして処理すればよい。また，Dに裏書された
時点でAは抗弁を主張できなくなったのであり，Cが戻裏書を受けることに
より新たな不利益を受けるわけではないともいえよう。

(4)　善意者が戻裏書を受けた時点で悪意であった場合

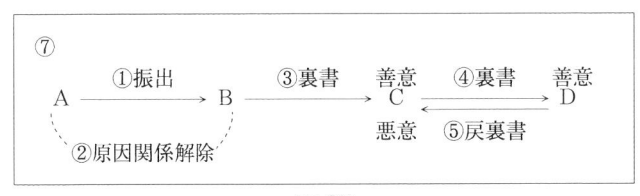

（図 28）

(1)で示した判例・通説のロジックによれば，〔**ケース 16**〕(1)⑦においては，
最初のB→Cの裏書の時点でCが善意である以上，人的抗弁は切断され，「き
れいな債権」となり，Dは善意・悪意を問わず「きれいな」債権を承継取得す
ることになる。Cはそれを戻裏書によって承継取得するのだから，A・B間の
人的抗弁を対抗されない（A・B間と異なり，A・C間には原因関係の解除という人

て実質的な前者はBであるとみれば（戻裏書を受けた場合には中間者〔本ケースではD〕
に対する権利行使はできない），なおさらである。そうであるとすれば，不対抗説または
属人性説によることが結論の妥当性（AはCに対してA・B間の人的抗弁を対抗できる）
を確保するために必要であると考えることになる。判例（百選27事件［50］）は，AがCに
対してA・B間の人的抗弁を対抗できるとしたが，裏書譲渡前に振出人から抗弁の対抗
を受ける地位にあった以上，戻裏書により受け戻したからといって自己の裏書譲渡前の法
律的地位よりも有利な地位を取得すると解さなければならない理由はないことを根拠とす
る。強いて切断説に立って説明すると，悪意の取得者と手形債務者との間に最初の取得時
に直接の人的抗弁を形成する法律関係が発生していたとでもいうほかはないだろう。

的関係もない)[18]。また，この場合のＣの悪意は，たとえば戻裏書の中間者Ｃ
とＡの間の支払猶予の合意のような新たな事項に関する悪意が問題（〔ケース
16〕(1)⑧）になっているのではなく，ＣがＢから裏書を受けた時点での事情で
はなく，ＣがＢから裏書を受けた時点での事情があとで変化し，そのことを
知ったにすぎないから，手形取得時に善意であった者が，後に悪意になったと
同視しうるという指摘もある（上村・法セミ381号69）。

これに対して，この場合には，ＣはＤに遡求できない以上，請求の循環は
生じないし，Ｄの手形処分の機会が制限されるといってもＣに譲渡できない
にすぎないし，Ｃはわざわざ戻裏書を受ける必要はないという批判が考えられ
る（現実には，Ｃに買戻義務が手形外の契約に基づき存在し，Ｄにはまったく不利益が
ない場合が少なくない）。しかし，ＡはＣが戻裏書を受けたことにより新たに不
利益を受けることはないし，またＣがＤに対して遡求義務等を負っている場
合には戻裏書を受けることにも合理性があろう。したがって，ＡはＡ・Ｂ間
の人的関係に基づく抗弁（原因関係の解除）をＣに対抗できないと考えるのが
多数説であろう[19]。

(5) 後者に対する人的抗弁について悪意で戻裏書を受けた場合

戻裏書といえども，手形の任意の流通であるから，戻裏書の被裏書人は裏書
人に対して手形債務者が有する人的抗弁について悪意であれば，その対抗を受

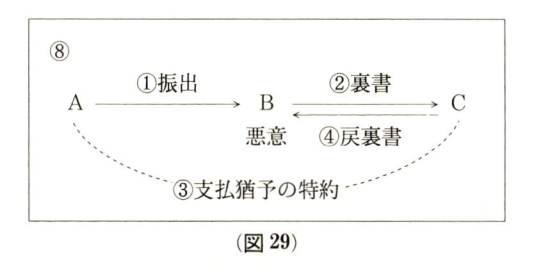

（図29）

---

18) 属人性説によれば，注15) の理由づけに基づき，債務者は所持人に悪意の抗弁を対抗
できる。しかし，倉沢説によれば悪意の抗弁を対抗できないことになるのであろう。

19) ただし，Ｃが遡求義務等を負っていない場合には，ＡがＣに対して抗弁を対抗できる
と考えることが，利益衡量上，妥当であるともいえる。そして不対抗説または属人性説
（田辺）からは，このような結論が導ける。

ける（**7-3-7** と対比）。すなわち，〔**ケース 16**〕(1)⑧の場合，A は B に支払猶予
の特約の存在を対抗できる。

6-3-9　後者の抗弁

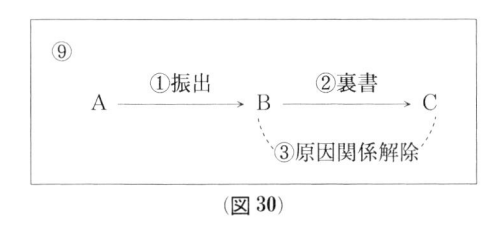

⑨

A $\xrightarrow{\text{①振出}}$ B $\xrightarrow{\text{②裏書}}$ C

③原因関係解除

（図 30）

　手形行為は裏書をも含めて無因行為であり，裏書の原因関係が消滅しても裏
書の効力は当然には失われない。したがって，〔**ケース 16**〕(1)⑨においては，
B・C 間の裏書の原因関係が消滅しても，当然には手形関係は影響を受けず，
C は依然として手形上の権利者ということになる。そして，原因関係の消滅は
人的抗弁事由であるから，原因関係の当事者においてのみ主張しうるのであり
（人的抗弁の個別性），B が C に対して主張できる抗弁を A は援用できないはず
である（大判昭和 16・1・27 民集 20 巻 25）。

　しかし，手形所持人とその前者との間の原因関係が不存在・無効・消滅の場
合には，通常，所持人が手形債務者から手形金の支払を受けることは，所持人
とその前者との関係では不当利得となり，所持人は支払を受けてもその前者に
不当利得として返還しなければならないのであるが，それは迂遠である。

　そこで判例（百選 36 事件［51］）は「……裏書の原因関係が消滅したときは，
……爾後右手形を保持すべき何らの正当の権原を有しないことになり，手形上
の権利を行使すべき実質的理由を失ったものである。……自己の形式的権利を
利用して振出人から手形金の支払を求めようとするが如きは，権利の濫用に該
当し，振出人は，手形法 77 条，17 条但書の趣旨に徴し，所持人に対し手形金
の支払を拒むことができるものと解するのが相当である」，すなわち，「被裏書
人は手形上の権利者たる地位を有するとはいっても，すでにその手形授受の経

済的目的は完全に達せられているのであるから，……被裏書人は，その裏書人はもとより他のいずれの手形債務者からも，その手形の支払を受くべき正当な経済的利益を有しない」としており，多数説も同様の見解をとっている。

このような解決に対しては，厳格性・形式性を重視すべき手形法には一般条項はなじまない，あるいは一般条項の使用は最小限におさえるべきであるという批判が向けられている。しかし，このように形式性を貫くことが明らかに結果の不当性を招き，事案が定型的な場合にまで一般条項の適用を否定するのは適当ではない。

なお，振出人が裏書の原因関係の消滅を知らず，またはその十分な証拠を有しないために支払った場合，少なくとも 40 条 3 項（善意支払）は（類推）適用されるから，手形債務者の保護にも欠けない（森本 210 号 33 は適法な支払として保護されるとする）。

これに対して，権利移転行為有因論（*1-2* (2)）に立って手形所持人とその前者との間の原因関係が消滅すれば，その前者に手形上の権利は復帰し，手形所持人に対して手形債務者は無権利の抗弁を対抗できるとする見解がある（前田214-215，竹内 195-197）。しかし，権利濫用の抗弁によったほうが事案のきめの細かい利益衡量が可能になるとも考えられる[20]。すなわち，〔**ケース 16**〕(1)⑨の場合には，A は C に対して原則として権利濫用の抗弁を対抗できるが，所持人（C）の手形返還義務と裏書人（B）の売買の目的物返還義務が同時履行を求めうる関係に立つ場合に，B が目的物を返還しようとしないときには C の権利行使は権利濫用とはいえず，A は手形金支払を拒むことができないと考えるべきであろう。

なお，〔**ケース 16**〕(1)⑨に即していえば，後者の抗弁を認めないと，B は C の無資力のリスクを負うが，認めると B は C の無資力のリスクを負わないこ

---

20) ただし，前田説は，所持人は裏書人が目的物の返還をした場合にはじめて権利を失い，それまでは振出人に対して権利を行使できると解すべきであるとされるが（前田 190-191），これは前田説の有因論の定義（*1-2* (2)）から導かれうる。しかし，このことはまた，前田説の有因論が柔軟な構造を有し，形式的な処理をなす枠組を提供しないことを意味し，権利濫用の抗弁によった場合と大差ないという面を有する。

とに留意すべきであろう。

6-3-10　二重無権の抗弁

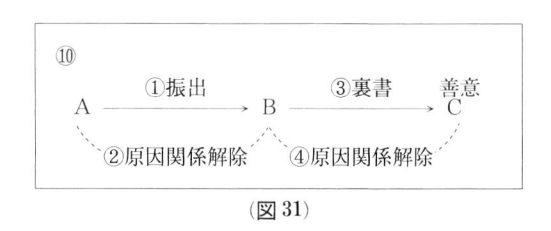

（図31）

　所持人の前者は所持人に対し人的抗弁を有し，手形債務者は所持人の前者に対して人的抗弁を有する場合である。人的抗弁の個別性が妥当するとすれば，手形債務者は，所持人の前者が所持人に対して有する人的抗弁を援用できないし，自らが所持人の前者に対して有する人的抗弁はその抗弁につき所持人が当該手形取得時に害意を有していない限り，所持人に対抗できない。

　しかし，判例（百選 35 事件［52］）は，「人的抗弁の切断を定めた法の趣旨は，手形取引の安全のために，手形取得者の利益を保護するにあると解すべきことにかんがみると，前記のように，自己に対する裏書の原因関係が消滅し，手形を裏書人に返還しなければならなくなっている」者のように，「手形の支払を求める何らの経済的利益も有しないものと認められる手形所持人は，かかる抗弁切断の利益を享受しうべき地位にはないものというべきだからである」として，手形債務者は所持人の前者に対して有している人的抗弁を所持人に対抗できるとしている（固有の経済的利益を欠く者。*5-5-1*）[21]。この結論は請求の循環を

21）　権利移転行為有因論によれば，B・C間の原因関係が消滅すると，Cの手形上の権利はBに復帰し，Cは無権利者となり，AはCに無権利の抗弁を対抗しうると構成する。
　　すなわち，二重無権の抗弁は，Cに対する無権利の抗弁の一形態として理解されることになり，独立の抗弁として認める必要はなくなる。
　　なお，有因論の立場から，B・C間で手形を所持する理由を失っているCが，A・B間で手形金を支払うことを要しないAから手形金の支払を得ることは，Aの損失によってCが利得する結果となるので（民 703），AはCに対して直接，不当利得の抗弁を対抗しうると構成する見解もあるが（大塚・百選〔第 3 版〕93），人的抗弁の個別性との整合性が問題となろう。

防ぐものであり，妥当といえよう[22]。

〔**ケース16**〕(1)⑩において，CがBに対して原状回復請求権（目的物返還請求権）を有しているような例外的な場合を除き，AはBに対する人的抗弁（原因関係の解除）をCに対抗して手形金の支払を拒める。A・B間の原因関係消滅がB・C間の原因関係消滅後であっても，結論に差異はない。

〈補論4〉固有の経済的利益を有しない者

二重無権の抗弁のケースや隠れた取立委任裏書（**5-5-1**）のケースのほか，第三者が何らの実質関係もなく手形を取得した場合には，固有の経済的利益を有しないと考えられている（**6-3-4**）。そして，東京地判昭和41・1・25下民集17巻1＝2号20は，手形を担保のために手形法的譲渡方法により取得したケースにおいて，被担保債権を超える部分については固有の経済的利益を有しないものとしている。

なお，人的抗弁の主張制限を認めないこととのバランスからも，固有の経済的利益を有しない者は善意取得，10条あるいは権利外観理論による保護の対象とならず（吉川・判タ299号16参照），無権利の抗弁あるいは物的抗弁を対抗されると考えるべきであろう。

---

22) このような「人的抗弁の個別性」の例外が認められることによって，AはBの無資力のリスクを負わないですむことになる。

第7章

満期以後の法律関係

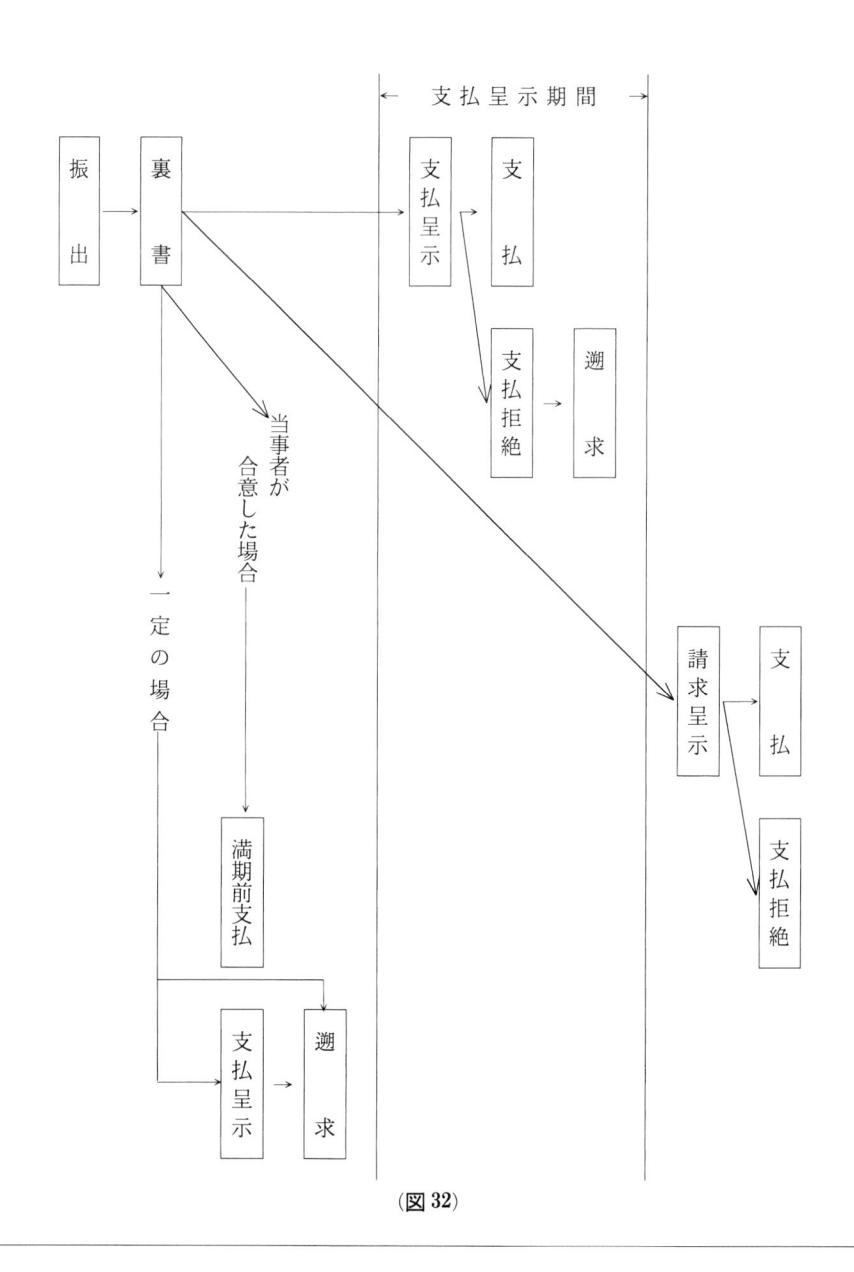

(図32)

7-1
支払のための呈示（支払呈示）

7-1-1 支払呈示の意義

支払呈示とは，支払呈示期間内[1]に（ただし満期前遡求〔**7-3-3**〕は例外）主たる債務者またはその支払担当者に対して[2]，手形の所持人またはその代理人が，支払呈示をなすべき場所[3]において，支払を求めて手形を呈示することをいう。

----

1) 確定日払，日付後定期払，一覧後定期払の場合は「支払ヲ為スベキ日」およびそれに続く2取引日である（77 I ③・38 I）。「支払ヲ為スベキ日」は満期が取引日のときは満期，満期が取引日でないときは直後の取引日である。

　一覧払手形の場合は，原則として振出日から1年間であるが，振出人はその期間を伸縮でき，裏書人も伸縮できる。さらに，振出人は一定の期日まで呈示を禁じることができ，その場合には呈示期間はその期日から計算する（77 I ②・34）。

2) 共同振出（または共同引受）の場合，共同振出人（共同引受人）を遅滞に付すためには，各人に対する呈示が必要である。なぜなら手形債務は民法の連帯債務ではなく合同債務であり，共同振出人（共同引受人）は手形文言による責任を各自独立して負担するのであるから，1人に対する履行請求は他の者に効力を及ぼさないからである。また債務者は弁済にあたり，手形の呈示がなくては債権者を確知できないし，また手形を受け戻さないと二重払の危険が残る。

　他方，遡求の要件としての呈示は，共同振出人（引受人）中の1人に対してすれば足りる。なぜなら，遡求義務者は，それらの者のうち請求された者はだれでも支払うということを担保したものと解され，その中のただ1人でも支払を拒絶すれば担保責任が生ずると考えるべきだからである。

3) 支払呈示をすべき場所は，原則として支払地における振出人の営業所または住所である（民520の8）。なお，手形上に営業所・住所の記載があっても，それと現実の営業所・住所が異なっていた場合は，実際の営業所・住所に呈示すべきである。なぜなら，手形上の営業所・住所の記載は，被請求者の同一性を示すためや，一応の手がかりを与えるためのものにすぎず，支払の場所として絶対的な効力を認めたものとは考えられないからである。

　他方，支払場所（**2-1-4**，Part I 第3章もみよ）の記載がある場合には，支払場所で支払呈示しなければならない。

　なお，手形交換所における呈示は支払呈示としての効力を有する（77 I ③・38 II，小31）。実務においては，手形のほとんどと小切手は銀行を支払担当者とするものである。また，銀行が手形割引により手形を取得する場合や顧客から取立委任裏書を銀行が受ける場合がある。さらに多数の銀行間の関係を簡易・迅速かつ集団的に決済するために手形交換所が設けられている。手形交換所における支払呈示がなされた場合には，支払銀行が持ち帰った手形が不渡であると，その不渡手形は持出銀行に返還されることになるので，そのような不渡りによる返還を解除条件として交換尻決済完了の時に個々の手形の支払があったものと解するのが通説である。

まず，有価証券である手形は，権利と証券とが結合しているので，手形金の支払を受けるためには，有効な手形[4]を呈示しなければならない（呈示証券性。77 I ③・38）。これは，手形は流通性をもつので，支払をする者はだれが権利者か知りえないが，呈示を要求しておけば，権利者がだれなのかを容易に知りうるからである[5]。

　また，裏書の資格授与的効力（77 I ①・16 I）や免責力（77 I ③・40 III）と相まって，裏書の連続する手形の呈示により，債権者の権利行使と債務者の義務履行を容易にし，もって権利の流通性を高めることに資する。

7-1-2　支払呈示の効力

　(1)　付遅滞効　　支払呈示は主たる債務者を遅滞に付するための要件として必要である。支払呈示期間内に呈示がなされたにもかかわらず，支払が受けられないときは，所持人は，振出地および支払地が国内の場合には法定利率（民404），それ以外の場合には年6分の割合による満期以後の利息を請求できる（78 I・28 II・48・49）。

　この手形利息の法的性質は，通常の遅延損害金ではなく，手形法がとくに定めた法定利息であるが（大判大正 15・3・12 民集 5 巻 181），それはあくまで「支払ナキ場合」についてのものであるから，呈示期間の制度に対応して，遅延利息を手形法的に定型化して加工したものとみるべきである（竹内 239）。

　(2)　遡求権保全効　　支払呈示は裏書人などに対する遡求権の保全および行使のための要件である。すなわち，支払呈示をしたにもかかわらず支払を受けられなければ遡求権を行使できるが（77 I ④・43），支払呈示しないと所持人は

----

4)　有効な完成手形を呈示しなければならない。したがって，未補充の白地手形による呈示は適法な呈示とはいえない（最判昭和 33・3・7 民集 12 巻 3 号 511）。

5)　ただし，呈示証券性は，債務者が債権者を確知するために要求され，債権者はこれによって権利推定を受け，支払をする債務者は免責を受けるものであって，また，受戻証券性は債務者の二重払の危険防止のため要求され，どちらもそのような限られた意義しかもたない。したがって，その必要の全然ない場合にまで支払呈示や手形の交付を要求する理由を欠くから，手形がすでに債務者の手中にある場合には，手形上の権利者は権利行使に支払呈示や証券の交付を要しないし，除権決定も不要である（債務者が手中にある手形を破棄した場合につき，百選 72 事件 [59]）。また，支払呈示免除特約がある場合も支払呈示を要しない。

遡求権を失う（77Ⅰ④・53Ⅰ）。

(3)　時効完成猶予効　　支払呈示は請求として時効の完成猶予事由である。もっとも，時効の完成猶予のための請求には手形の呈示自体は不要であると解するのが判例（百選76事件［60]）・通説である（**7-4-3**）。

7-1-3　裏書が不連続な手形の呈示の効力

(1)　権利行使と付遅滞効　　裏書の連続は，権利行使の要件ではないから，主たる債務者に対する手形金請求との関係では，裏書不連続手形の所持人も，有効に呈示できる（**5-2-4**(6)）（百選53事件［39]）。したがって，その呈示には，本来，付遅滞効が認められそうである。しかし，権利は推定されないから，所持人は，呈示にあたって，自己の実質的権利を証明しなければならない。また，裏書不連続手形の支払には善意支払による免責の保護が条文上はないので，その呈示に対し直ちに支払をしなければ債務者が遅滞の責任を負うと考えるのは不当である。権利者か否かを疑って支払を拒絶したことによる遅滞責任の危険は，単に遅延利息だけでなく，敗訴による訴訟費用の負担にまで及ぶからである（民訴61）。そこで，債権者が債務の履行を求める際，必要な協力や自己の債務の履行の提供をなすべきことを考えると，証明を付遅滞効発生の要件とすべきである（木内・講義173以下）[6]。

(2)　遡求権保全効　　判例（大阪高判昭和55・2・29判時973号122）は，「主

---

6)　ただし，裁判官の心証形成を媒介としない「証明」というものを考えられるかは問題である。したがって呈示期間内の呈示にあたっては，どのような証明をしても，呈示の付遅滞効は生ぜず，所持人は裁判を通じて証明しない限り手形債務者を遅滞に付することはできないと考えるのも一つの方向であろう（このように考えれば，40条3項は裏書不連続手形の支払には適用がないとしても不当ではないであろう）。そもそも裏書不連続の手形を取得する以上はそのような不利益を甘受すべきであるともいえる。他方，本来，債権は実質的権利を立証すれば行使できるのが原則であり，あとは対抗要件の問題である。前述したように（**5-1**(3)），裏書が不連続な場合には相続・合併等の包括承継による場合を除き，少なくとも，指名債権譲渡の対抗要件を備えなければ権利行使できないから，対抗要件を具備しない場合には，支払呈示に付遅滞効はないとみることも考えられる。
　　しかし，多数説は裁判外の「証明」がなされれば，呈示に付遅滞効を認めるようであり，対抗要件の問題をどのようにクリアしているのか，また「証明」というものをどのように考えているのか不明である。

たる手形債務者において正当に履行を拒むことができるような不完全な支払呈示がなされ，かつ，債務者がそれを理由に支払を拒絶したような場合には，かかる支払呈示をもって遡求権を保全するに足る適法な呈示とみることはできない」としており，裏書不連続手形の所持人が，その実質的権利を客観的に裏書の不連続を補完して，裏書の連続のもつ形式的資格と同等の地位を所持人に肯定しうるような証明をして呈示した場合，あるいは裏書の不連続以外を理由に支払を拒絶された場合には，遡求権保全効が認められるとするようである。

しかし，遡求義務者からみて第三者たる被呈示者が所持人の無権利を争わず別の理由で支払拒絶した場合には，実質的権利を立証しないでも適法な呈示があったことになるが，被呈示者の態度いかんで遡求義務が生じたり生じなかったりするのは適当ではない。

さらに，遡求権保全効は，第三者の義務の存否に関係した問題であり，しかもそのため，呈示期間が法律上規定されている以上，所持人・主債務者間での権利の存否に関する争いに決着がつくまで効力が不明確な事実を遡求権保全の要件とすべきではない。また，主債務者に対して実質的権利を証明できたかどうかという事実は，証明という事柄の性質上，第三者たる遡求義務者には客観的なものではありえない以上，これを遡求権保全効の要件とするのもまた妥当でない。とりわけ，主たる債務者が所持人の実質的権利の存在について疑いをもっていることにより支払拒絶をしている場合に，遡求義務者に責任を負わせることが担保責任の趣旨に合致するか疑問である。したがって，裏書不連続手形の呈示には遡求権保全効は認められないと解すべきである[7]。

----

7) 倉沢教授は，遡求権保全効の要件は，その呈示に対し支払をなす主債務者の免責要件と一致すべきものであるから，手形法40条3項が裏書連続手形の呈示を免責要件とする以上，遡求権保全効の要件もまたこれと同一であるべきである（倉沢・分析と展開136）と指摘される。しかし，鈴木・商法研究Ⅰ364や森本203号92は遡求権保全効が認められるとする。また，木内・講義182は，一般的に遡求権が裏書連続手形についてだけ認められると解する見解に対して，そのような見解は，裏書連続に権利の存否まで結合させる効果を与えるものであり，手形法16条1項がそこまで予定しているとはいえないとする。そのうえで，主たる手形債務者が，所持人が権利者か否かを疑い，支払を拒んでいる場合まで，本来二次的・担保的な権利者救済制度である遡求権を確保してやる必要があるか疑問があること，遡求金額に満期以後の利息を含める手形法43条は支払呈示に付遅滞効が結びついていることを前提とした規定であることを考えると，遡求権保全効のための呈示

(3) **時効完成猶予効**　手形の所持を伴わない請求にも時効完成猶予が認められること（**7-4-3**（1）①（ウ））から，裏書不連続手形の呈示にも時効完成猶予効が認められるとするのが通説である。

> ## 7-2
> ## 支　払[8]

7-2-1　全部支払と一部支払

(1) **手形の受戻証券性**　手形の全部支払をする者は，支払の際，所持人に対し証券に受取りを証する記載（受取文句）をして手形を交付すべきことを請求できる（77 I③・39 I）。このように支払と証券の受戻しとが同時履行の関係にあるという性質を，受戻証券性という。

受戻証券性は，理論的には権利が証券に結合していることによるが，その制度趣旨は，二重払の危険の発生を防止し，また，債務者が支払証明を容易に行えるようにして，債務者を保護することにある（前田249）。

(2) **受戻しなき支払（7-2-5）**　手形金を正当な手形所持人に支払うことは弁済にあたり，手形の受戻しがなくとも手形債務が当然に消滅する。また手形法39条1項は，単に受取りを証する記載をして手形を交付することを「請求スルコトヲ得」と定めるだけであるから，この規定を根拠として，受戻しを支払の効力要件とみるのは不適切である。

したがって，手形債務は支払により消滅するが，手形の受戻しがないことにより所持人に権利者としての外観が残るから，それを信頼した善意の第三取得者は，権利外観理論により保護されると考えるのが多数説である[9]。

も，客観的に裏書の不連続を補完して，裏書の連続のもつ形式的資格と同等の地位が所持人にあると認められる証明を伴うべきであり，付遅滞のための呈示すなわちその実質的権利を証明しての呈示と同じものでなければならないと解すべきであるとする。
8)　債務の消滅原因としては，このほかに，消滅時効（**7-4**），供託などがある。
　42条は支払呈示期間内に支払呈示がない場合は，手形債務者は，所持人の費用と危険において手形金額を所轄官署に供託することができると定める。

（3）　一部支払　　手形所持人は一部支払を拒むことができず（77Ⅰ③・39Ⅱ），一部支払があった範囲で遡求義務者は義務を免れる。すなわち，遡求義務者の利益を考慮して一部支払が認められている。

一部支払の場合，手形所持人が残部の支払を手形を用いて求めることができるようにする必要があるので，手形の受戻しを請求できない。他方，所持人に対し，手形上に支払を受けた旨の記載および受取証書の交付を請求できる（77Ⅰ③・39Ⅲ）。一部支払分についての二重払の危険の発生防止のためである。

7-2-2　善意支払（77Ⅰ③・40Ⅲ）

（1）　立法趣旨　　真の権利者（またはその者が弁済受領権限を与えた者）に支払わなければ債務は消滅せず，債務者は免責されないのが原則である（ただし，民法478条は債権の準占有者に対する弁済の効力を定める）。しかし，輾転流通する手形においては，だれが権利者かを知るのは困難であるから，無権利者に支払った場合には手形債務者の免責をつねに認めないとするのは手形債務者に酷であり，かつ手形の円滑な決済を阻害する。

そこで，手形法40条3項は裏書の連続ある手形の所持人に対する支払につき，それが実質的無権利者に対する弁済であっても手形債務者が免責されるための要件を定めている。

（2）　「満期ニ於テ」の意義　　手形法40条3項は，「満期ニ於テ支払ヲ為ス」と規定しているが，満期における支払だけでなく，呈示期間内の支払はもとより，呈示期間経過後の支払にも適用がある（大阪高判昭和57・12・17判時1077号134［61］）。なぜなら本条項は，同条2項の満期前の支払と対比されるものであり，支払義務に基づいた支払（支払わないと履行遅滞に陥る場合）をいうものと解されるからである。

また，満期前遡求（7-3-3）の場合にも類推適用される（大隅＝河本351）。す

9）　手形を受け戻さない限り権利の外観が所持人に残るから，手形上の権利自体は消滅しないとして，手形債務自体は消滅せず，支払済みの抗弁は，無因論によれば狭義の人的抗弁，権利移転行為有因論によれば無権利の抗弁となるにすぎないとする見解がある（鈴木309，前田188）。

なわち，満期前遡求の要件を具備する場合，主たる債務者である為替手形引受人や約束手形振出人も合同債務者として支払義務を負うに至るので，その場合の支払には40条2項は適用されない。また，満期前遡求の場合には，満期前支払ではあるが，遡求義務者には遡求義務が生じているので，免責に関しては満期における支払と同様に扱われるべきであって，それゆえ40条2項ではなく同条3項の類推適用があると考えるべきである。

(3) 「支払ヲ為ス者」の意義　　手形法40条3項の「支払ヲ為ス者」に，主たる債務者の為替手形の引受人や約束手形の振出人が含まれることは当然であり，また，遡求義務者も自ら債務を負っているから，40条3項の類推適用が認められる。

これに対し，支払担当者(4)，為替手形の引受をしていない支払人，小切手の支払人は，いずれも手形・小切手債務を負っていないので，それらの者のなす支払に本項の（類推）適用を認めるべきか否かが問題となるが，通説はいずれも認めるべきであるとする。

なぜなら，これらの者は，支払義務を負担している振出人からその支払を委託され，その代理人的地位にあるとみられるからである。すなわち，これらの者に40条3項の（類推）適用を認めないと，支払の結果を振出人の計算に帰せしめることができないし，遡求義務者はその義務を免れることができないから不都合だからである。

(4) 手形法40条3項の適用範囲　　40条3項が，支払をする者は，裏書人の署名が実質的に有効か否か（無効なら承継取得は生じない）を調査する義務はないが，裏書連続の形式的整否を調査する義務を負うと規定することから，40条3項が，裏書連続手形の所持人に支払ったところ，所持人が実質的無権利者であった場合に適用されることには異論がない。

さらに，通説は，最後の被裏書人と所持人との同一性の欠缺，所持人の支払受領能力（とくに破産者でないかどうか）の欠缺，所持人の受領権限（たとえば代理権）の欠缺がある場合にも，40条3項の適用があるとする。これは手形を取得するか否かが自由な善意取得の場合と異なり，支払の場合は手形債務を履行

（表12）

	通　説	少　数　説
実質的無権利	40Ⅲの適用	40Ⅲの適用
最終の被裏書人と所持人の同一性		民520条の10 民478
所持人の受領権限		民110
所持人の支払受領能力		破50Ⅰ など

	善　意　取　得	善　意　支　払
倉 沢 説	裏書人の無権利のみ治癒	所持人の無権利の場合のみ適用
通 　 説		同一性，受領権限，受領能力の欠缺にも適用
前 田 説 等	裏書人の瑕疵一般を治癒	

する義務を負い，ことに支払人が債務者であれば支払拒絶による訴訟における訴訟費用・遅延利息の負担や信用低下などの損害の危険を，また支払人が債務者でないときも手形の信用が損なわれるので，支払人の善意により治癒される瑕疵の範囲は善意取得の場合のそれより広くなければならないと説明されている。また，善意取得につき権利移転行為の瑕疵一般に適用を肯定する説（**5-2-5-1**）に立てば，裏書の連続があることは少なくとも善意取得の成立を推認させるといえるし，手形決済の迅速・安全のためには，なおさら，善意支払を認めるべきことになろう。

　しかし，40条3項は，形式的な裏書連続の有する権利者らしい外観を信頼したことの効果を定めるものである。裏書連続があるからといって，所持人と最終の被裏書人の同一性，所持人の支払受領能力や支払受領権限が推定されるものではない。

　そもそも，これらの事実の立証あるいは調査は決して困難ではなく，また十分な注意を払えば，民法520条の10，478条，110条，破産法50条1項などの適用によって支払った者は保護されるから不当ではない。

　さらに，同一性，所持人の支払受領権限・支払受領能力の欠缺にも適用を肯

定すると，「善意」の意味を通常の場合（たとえば善意取得）と同一に解釈しないと不当であるが（注11)），そのように解すると，一つの「善意」ということばに二つの意味を含めること（実質的無権利の場合については，(5)）になり首尾一貫性を欠き，妥当ではない（倉沢・重点54)。

(5)　善意支払の要件　　第1に，法の明文で裏書の連続が要件とされている。したがって，裏書が不連続な手形に対して支払をなす場合には，手形法40条3項の適用がないと考えるのがすじである（倉沢・重点45)。

　しかし，多数説は，実質的権利を立証して（裁判外・裁判上を問わないのであろう）呈示すれば，債務者は履行遅滞に陥るという見解を前提として，40条3項の類推適用を認める（倉沢・重点45は同じ前提をとりつつ，債務者は自己のリスクにおいて支払うとして認めない）。たしかに債務者の保護を図る必要性はあるが，裏書の連続がない以上，類推の基礎はなく，むしろ，手形の所持や実質的権利の証明，対抗要件の具備を信頼して支払うのだから，民法520条の10や478条の問題として処理すべきであろう。

　また，そもそも，裁判外で実質的権利を立証できるものとして付遅滞効を認めるという前提にも問題がありうる（**7-1-3**注6)）。

　さらに，手形の方式の適否および自己の署名の真偽に関しても，支払免責を受けるための当然の要件として，支払う者に調査義務があり，これらの点を欠く手形の所持人に支払った者は免責されない。なぜなら，手形の方式の適否については形式面の調査であるし，自己の署名の真偽は実質的調査事項であるが，この調査は困難ではなく，形式面の調査と大差がないからである[10]。

----

10)　したがって，裏書の連続が認められる限り，所持人の実質的権利の有無については調査義務はない。また最終被裏書人と所持人の同一性，所持人の受領能力・代理権の有無についても調査義務はないとするのが通説である。他方，支払人に調査権がある（あるとすると，調査するために必要な期間内は弁済を拒絶しても履行遅滞にはならない）か否かが問題となる。民法520条の10は指図債権の債務者はその証書の所持人およびその署名，捺印の真偽を調査する権利を有すると定めるが，手形法にはそのような規定がないからである。

　この点については，①調査義務がある事項については，調査を怠ると債務者は二重払の危険にさらされるから，調査権を有すると考えなければならない。②調査義務がないとされる実質的権利の有無については，支払人が調査権に名をかりて支払を遅らせるおそれがあり，それは手形決済の迅速の要請に反するし，また，支払人は40条3項の保護を受け

第2に，支払に際して「悪意又ハ重大ナル過失」がないことを要する。ここで，「悪意」とは，善意取得の場合とは異なり，単に所持人が無権利者であることを知っているだけではなく，容易に証明をして支払を拒みうるのにあえて支払ったことを意味し，「重過失」も，容易に証明をして支払を拒みうるのに拒まず支払ったことにつき重過失があること（そのような証拠の存在を重過失により知らなかった場合のほか，証拠をもっていたのに重過失により支払ってしまった場合が含まれる。百選70事件）を意味する[11]。

　なぜなら，手形を取得するか否かが自由な善意取得の場合と異なり，手形債務者は挙証責任の負担のもとに支払を強制される立場にあるから，十分な立証手段をもたずに単に無権利を知っているだけで支払拒絶しなければならないとすると，債務者は勝訴の見込みがない訴訟に引き込まれる危険を真の権利者のために負わなければならず，さらに敗訴した場合には，訴訟費用と遅延利息を負担することになる。このことは支払をする者にとって酷であるのみならず，ひいては手形取引の円滑を害するからである[12]。

　　るから，調査権は認められない。③最終被裏書人と所持人の同一性または支払を求めてきた者の受領能力・代理権の有無については所持人に立証責任があり，証明も容易であるから，支払を遅らせるという弊害は少なく，また本書の立場からは，40条3項による保護を受けないから，調査権を認めるべきである。
[11]　ただし，40条3項が所持人を最終の被裏書人の同一性，支払受領能力・権限の欠缺の場合にも適用されると解する学説によったうえで，所持人の同一性等の事項については，通常の意義の（善意取得と同じ）悪意・重過失と解釈すべきであるとする見解が近時有力である（鈴木306，前田268）。この見解は，本項の悪意を，単なる認識だけでなく容易・確実な立証方法をもつ場合が必要と解した理由は，立証方法を入手しえないために敗訴となることを考えたことによるが，同一性の欠缺等の事項は，被裏書人の実質的権利を否定するのと違って，訴訟における立証方法の入手はふつう簡単であるから，「悪意」を特別な意味に解しなくてもよいとする。そして理論的にみても，これらの事項には形式的資格の効力（77Ⅰ①・16Ⅰ）が及ばず，本来，所持人が証明しなければ支払を強制されているものではないと指摘する。しかし，これに対しては，同一性等の欠缺の場合にも適用を認める以上，すべて拡大された資格効果として理解すべきであるから，無権利以外の事項に関してのみ通常の悪意・重過失と解したりするのは，首尾一貫性を欠くという批判がある。
[12]　悪意の意味を特別に解釈する根拠は，手形債務者は訴訟で相手方の無権利を立証できないと敗訴するという点にあるが，支払担当者・為替手形の引受をしていない支払人・小切手の支払人は手形債務者ではなく，敗訴の危険もないので，そのような根拠はあてはまらない。
　　しかし，手形債務者自身が支払う場合には，所持人の無権利を知っていても確実な証拠方法をもたない限り免責される以上，これらの者による支払も，結局は手形債務者を免責

7-2-3 満期前の支払

〔ケース 17〕

① Aは，Bを受取人として約束手形を振り出したが，満期前に，裏書の連続する当該手形を所持するDに手形金を支払った。ところが，実際には，当該手形はBからCに適法に裏書された後，DがCから盗んで，C・D間の裏書を偽造していたものであった。

② Aは，Bを受取人として約束手形を振り出したが，満期前に，裏書の連続する当該手形を所持するDから戻裏書を受けた。ところが，実際には，当該手形はBからCに適法に裏書された後，DがCから盗んで，C・D間の裏書を偽造していたものであった。

満期前には，主たる手形債務者は手形金支払の義務を負わないので，手形所持人は，満期前には支払を請求できない。また利息文句が記載されている手形（一覧払手形，一覧後定期払手形）を満期まで所持し，または流通させることを希望する所持人の利益を保護しなければならないから，所持人は弁済の受領を強制されない（77Ⅰ③・40Ⅰ）。しかし，手形債務者と手形所持人の合意によって，満期前の支払をなすことは，当然可能である。そして，満期前においては，支払をなす者を保護することによって，迅速な支払を促進する必要がないから，自己の危険において支払をなすものとされている（77Ⅰ③・40Ⅱ）。したがって，〔**ケース 17**〕①において，Aは真の権利者であるCに手形金の支払をしなければならないことになるはずである。

他方，〔**ケース 17**〕②においては，戻裏書も裏書には変わりがないから（*5-3*(3)），AはDの実質的無権利につき善意かつ無重過失であれば，当該手形を善意取得し，真の権利者であったCに手形金の支払をする必要はないはずである。ところで，〔**ケース 17**〕の①と②とでは，Dが戻裏書をしたか否かの違いがあるにすぎず，Aに手形が受け戻され，Dは手形の対価を受けている点

させるものであるから，その免責要件を手形債務者のそれと同様としても何ら差し支えなく，むしろそのほうが妥当と解されるというのが通説である。

ではまったく異ならない。それにもかかわらず，異なる結論が導かれるのは，利益衡量上，妥当ではない。この点につき，支払人が戻裏書をするのは実質的には満期前の支払をして手形を回収する点にあること，40条2項の規定を空文化させないという観点から，支払人による戻裏書には16条2項の適用を認めないという見解がある（木内255）。しかし，40条3項にいう（手形所持人の無権利の立証について）善意無重過失と16条2項にいう（裏書人の無権利について）善意無重過失は内容が異なるから（**7-2-2**(5)），16条2項の適用または類推適用を認めても，40条2項は空文化されない。また，16条2項は支払人による戻裏書には適用されないとすると，そのような戻裏書はなされなくなり，11条3項が支払人による戻裏書を予定していることにそぐわない。そこで，むしろ，満期前の支払にも16条2項を類推適用して，16条2項の意味における善意無重過失で支払をなした者は真の権利者に対しても責任を負わず，二重払を免れると考えて，バランスを図るべきである（前田271）。

7-2-4 支払呈示期間経過後の支払

7-2-4-1 請 求 呈 示

支払呈示期間が経過しても，手形上の権利が時効（**7-4**）によって消滅しない限り，手形所持人は主たる手形債務者およびその手形保証人に対して手形金の支払を請求できる。このような支払呈示期間経過後に手形を呈示して手形金の支払を請求することを請求呈示とよんで，支払呈示期間内になされる支払呈示と区別している。請求呈示にも付遅滞効があるが，支払呈示の場合とは異なり，請求呈示の翌日から年6分の割合による遅延損害金を請求できるにとどまるし（商514・517）（最判昭和55・3・27判時970号169），遡求権保全効はない（77 I ④・53 I）。なお，時効完成猶予効はある。

7-2-4-2 請求呈示の場所

支払呈示期間の経過により，支払場所および支払地の記載は無効になるか否かが争われている。判例（百選67事件）は支払場所の記載は無効になるが[13]，支払地の記載は有効であるから，支払地内の債務者の営業所・事務所において

呈示すべきであるとする。支払場所の記載が無効になると解するのは，支払場所の記載は，支払呈示期間内に呈示がなされる正常な経過における手形を前提としたものと解するのが，支払場所を記載する当事者の通常の意思に合致するからである。すなわち，供託しない限り，時効完成までいつ現れるかわからない所持人の呈示に備えて，つねに支払資金を支払場所に用意しておかなければ，知らないうちに履行遅滞に陥ることになるが，支払場所に支払資金を用意しておくことまたは供託することを要求することは，債務者の資金活用を不当に阻害するからである。他方，支払地の記載が有効であると解するのは，支払地は為替相場決定の基準（77Ⅰ④・52）や裁判籍決定の基準（民訴5②）となり，手形上の権利義務の内容を構成しており，技術的要請に基づく支払場所の記載とは異なっていると考えるからである（手形要件の一つでもある）。

しかし，支払場所探知のために支払地は記載されるのであるから[14]，呈示場所を限定する支払地の記載の効力は失われると考えるのが論理的であるし，請求権保全のための迅速かつ確実な所持人の権利行使と遡求義務者の義務発生の条件の明確化という支払地の記載に対する要請は支払呈示期間経過後は存在しない。したがって，支払地の記載も呈示場所を限定する面においては効力が認められなくなると考えるべきである（竹内224，木内250，森本193号141）[15]。

7-2-4-3　一部支払受領の要否

支払呈示期間経過後の支払については，手形債権者は一部支払の受領を拒むことができる。なぜなら，支払呈示と異なり，請求呈示には遡求権保全効はなく，かつ一部支払によってすでに作成された拒絶証書は変更されることはない

---

13) 倉沢教授は，当事者の合理的意思の解釈から，支払場所の記載は有効であるとされる（したがって，支払地の記載も有効）（倉沢・シンポ26）。

14) 支払場所が記載されていなかった場合には，支払呈示期間経過後も，依然として支払地は債務者の営業所または住所を探す手がかりとしての意味をもちうるから，支払地の記載は有効であり，所持人が支払地内の債務者の営業所・住所を探して見つからない場合には債務者は遅滞に陥る。ただし，支払場所が記載されていた場合とのバランスから支払地外の債務者の営業所・住所においてなす呈示も有効であると解しても，債務者にとって不利益はないから，そのように考えるべきである。

15) 支払地の記載の効力はまったく失われるというのが多数説であるが，支払地の記載がもつ効力のうち一部のみが失われると考えることは不自然であることを根拠としないと，説得力が弱いであろう。

し，遡求義務者の義務には影響がないので，遡求義務者の利益のために，一部支払を受領させるという必要性はないからである。

7-2-5　受戻しなき支払

─〔ケース18〕──────────

　Ａは，Ｂを受取人として約束手形を振り出した。当該手形はＢからＣに裏書譲渡され，さらにＣからＤに裏書譲渡された。

　①　Ｄが満期に適法な支払呈示をしたところ，Ａが支払をなしたが，手形を受け戻さなかったので，それを奇貨としてＤはＣに対して遡求した。

　②　Ｄが満期に適法な支払呈示をしたところ，Ａが支払をなしたが，手形を受け戻さなかったので，それを奇貨としてＤはＥに対して当該手形を裏書譲渡した。

　支払は債務の弁済であり，民法上，債務の消滅原因と考えられるし，手形法39条1項は「請求スルコトヲ得」と定めており，手形の受戻しは手形債務者の権利にすぎないと解されることから（この立場からは，債務者が実質的に不利益を受けること（〔ケース18〕）や不要な訴訟に巻き込まれることを防ぐために，受戻しの権利が認められていることになる），手形債務は支払によって消滅するとするのが多数説である（木内260）[16]。そして，善意の第三取得者などの保護は権利外観理論などによることになる（大判大正15・10・13新聞2653号7は，債務の消滅を前提としつつ，善意の第三取得者には主張できないとし，理論的根拠は不明であるが，人的抗弁と考えているようである。森本206号56は，手形債務者は支払の事実を手形上に記載させることができたにもかかわらず，それを怠ったので，手形法17条による

----

16)　これに対して，手形を受け戻さない限り，手形債務は消滅しないという見解がある（前田188，鈴木309）。この見解によれば，支払済みの抗弁は，手形の受戻しがない場合には人的抗弁にすぎないことになる（権利移転行為有因論によれば無権利の抗弁）。この見解は，手形を受け戻さない限り権利の外観が所持人に残ることを根拠とするが（鈴木309），理論的根拠とはいえない。むしろ，二段階創造説の思考からすれば，債務の発生が証券の作成による以上，債務の消滅は証券の破棄，少なくとも債務者による手形の所持がなければ生じないと説明すべきであろう。なお，交付契約説などが債務の発生には証券の交付が必要であるとしておきながら，その消滅には証券の移動を要しないとするのは整合的ではないともいえそうである。しかし，債務の発生には意思表示を必要とするのに対し，消滅は法律行為によらなくとも生ずる（たとえば弁済）のが民法の立場であろう。

べきであるとする）。〔**ケース18**〕の②の場合でも，期限後裏書にあたる場合には，指名債権譲渡の効力しか認められず（77 I ①・20 I），権利外観理論による保護は与えられないから，E は A に対して手形金を請求できないし，B，C に対しても遡求できない（鈴木309注（一六）は受戻しなき支払は被裏書人に対抗できないとするが，これは，手形債務は消滅せず〔本章注16）参照〕，支払済みの抗弁は人的抗弁にすぎないという前提をとって，人的抗弁の個別性から論理的には理由づけられるのであろうか。期限後裏書の手形法上の位置づけからは疑問である。共同振出の事案についての百選69事件［61］参照）。なお，E が権利外観理論で保護される場合には，A が支払を拒絶した場合の B または C の遡求義務が問題となる。B，C には帰責性がない以上，B，C は責任を負わないとする見解もあるが（田辺192–193），A が D に支払ったのはたまたまであったとして，B，C の責任を認める方向もありうる。

　①の場合には，手形債務が消滅していることを理由に C は遡求義務（**7-3-1**（2））の履行を拒むことができるというべきであろう[17]。そして，C が D の実質的無権利の証明について善意無重過失で遡求義務を履行した場合には，C は40条3項の類推適用によって保護され，B に対して再遡求し，または A に対して請求できると考えられる。

　なお，手形上に一部支払の記載をした一部支払の抗弁は物的抗弁（**6-2**）であるというのが定説である。他方，全部支払の記載については見解が分かれており，人的抗弁にすぎないとする見解もあるが（鈴木309注（一六）），全部支払の記載にまったく意味を認めない点および証券の受戻しを支払の効力要件（手形債務の消滅要件）とする点で問題があり，支払済みの抗弁は物的抗弁であると考える（森本206号54）。たしかに，全部支払の場合には受け戻されるのが通常であり，全部支払の記載がもつ推定力は小さいといわれるが，手形債権者にとって不利益な記載は手形債権者の同意なしに，通常なされないことを考慮する

17）　手形を受け戻さない限り，手形債務は消滅しないとし，かつ権利移転行為有因論をとらないとすれば，D に対して，権利濫用の抗弁（**6-3-9**）を C は対抗できると考えない限り妥当な結論を導けない。

と，全部支払の記載をまったく無視することはできず，受戻しなき支払に対する権利外観理論などの適用にあたっては，取得者側の主観的要件（善意無重過失）の判断の一要素として考慮されるべきであろう。

7-3

遡　求

遡求とは，満期に支払が拒絶された場合または満期前に満期における支払の可能性が著しく減退した場合に，原則として拒絶証書を作成し，所持人が裏書人など一定の者（遡求義務者）に対して，手形金額（利息文句の記載があるときは，さらにそれに基づく利息），法定利率による満期からの利息，および拒絶証書作成費用，通知費用などの費用の弁済を請求することである（満期前遡求の場合については，*7-3-5*）。遡求によって，所持人は，満期に手形金の支払があったのと同じ経済的効果を得ることができ，手形流通の保護が図られている[18]。

▌*7-3-1*　遡求の当事者

（1）遡求権者（再遡求権者）　最終の手形所持人が遡求権者であり（77 I ④・47 II），遡求義務を履行して手形を受け戻した者が再遡求権者[19]となるのが原則であるが（77 I ④・47 III），保証債務を履行した手形保証人（77 III・32 III），支払をなした参加支払人[20]（77 I ④・47 III）や遡求義務を履行した無権代理人

18）　法律上の概念ではないが，適法な支払呈示をしたにもかかわらず，支払が拒絶された場合を不渡りともいう。手形交換所を通じた決済において不渡届が提出され（適法な呈示でないことを理由とする不渡りについては提出されない），不渡りが不渡報告に掲載された（不渡届に対して異議申立てが行われたものは掲載されない）後，この不渡手形の交換日から 6 ヵ月以内に 2 回目の不渡届が提出されると銀行取引停止処分を受け，手形交換所加盟銀行はその顧客との間で一切の与信取引（当座勘定取引および貸出取引）を処分日から 2 年間行うことができなくなる（手形交換所の規則による）。

19）　*7-3-7* 参照。

20）　参加支払とは，遡求原因が発生した場合に，第三者（参加支払人）が遡求義務者の中のある者（被参加人）のために（被参加人の記載がないときは，振出人のためになされたものとみなされる。77 I ⑤・62 I），支払をなして，被参加人に対する遡求権の行使を阻止することをいう。参加支払人は，拒絶証書作成期間の末日の翌日までに，被参加人が支払

（77Ⅱ・8）（偽造者に8条を類推適用するのであれば，解釈上，偽造者も同様に考えられるであろう）も再遡求権者となる。

　(2)　**遡求義務者**　　担保責任を負わないことを手形面上に記載した場合および期限後裏書の裏書人，取立委任裏書の裏書人を除き（*5-2-2* (2) ②），所持人の前者（約束手形の振出人を除く），すなわち，裏書人，為替手形の振出人およびそれらの者の手形保証人が遡求義務者である。無権代理人（解釈により，さらに偽造者），参加引受人（58）（PartⅢ *5*）も特殊な遡求義務者である。遡求義務者は手形保証人，（約束手形の）振出人，（為替手形の）引受人とともに合同責任（*2-1-1-7-2* (2) 参照）を負う。

7-3-2　満期における遡求の実質的要件

　満期における遡求の実質的要件は，支払拒絶である。すなわち，所持人が，支払呈示期間内に[21]，手形の主たる債務者，またはその者の支払担当者に対して適法な呈示をした[22]にもかかわらず，支払が拒絶された[23]ことである（77Ⅰ④・43）。

7-3-3　満期前遡求の実質的要件

　為替手形については，法律の明文上，満期前遡求が認められており，①引受

　　うべき金額全額を支払わなければならない（77Ⅰ⑤・59ⅡⅢ）。参加支払を拒んだ手形所持人は，被参加人に対して遡求権を行使できない（77Ⅰ⑤・61）。参加支払をした者は，手形（および，作成した場合には，拒絶証書）の交付を受けることができ，被参加人およびその前者に対する（為替手形については，引受人が存在すれば，その者に対しても）手形上の権利を取得する（77Ⅰ⑤・62Ⅱ・63Ⅰ本文Ⅱ）。ただし，参加支払人はその手形を裏書譲渡することはできない（77Ⅰ⑤・63Ⅰ但書）。

21)　不可抗力により支払呈示期間内に呈示できなかった場合については，規定がある（77Ⅰ④・54）。

22)　付遅滞効との関係（最判昭和30・2・1民集9巻2号139）とは異なり，現実の呈示を要する（百選68事件）。なお，支払呈示免除特約は手形外の特約としては有効であるとするのが判例の立場であるが（最判昭和34・5・29民集13巻5号621），裏書人と所持人の間でなされた特約の効果については争いがある。この特約により，裏書人は所持人に対して，満期の到来により当然に遡求義務を負う（つまり，支払呈示期間の遵守の免除のみならず，呈示が免除される）とするのが，多数説である（鈴木300）。

23)　呈示すべき相手方に面会できない場合や請求をすべき場所が不明である場合には，支払拒絶があったものとみなされる（拒絶証書令2Ⅰ②・7）。

の全部または一部の拒絶，②引受人または支払人の破産手続の開始決定（解釈上は，さらに民事再生・会社更生手続の開始決定・特別清算の開始も），③引受人または支払人の支払停止，それらの者に対する強制執行の不奏効のいずれかがあった場合に，支払呈示をし，支払拒絶されたこと，④引受呈示を禁じられた手形の振出人の破産手続の開始決定（解釈上は，さらに民事再生・会社更生手続の開始決定・特別清算の開始も）が，満期前遡求の実質的要件である（43）。

これに対して，約束手形については77条1項4号が「支払拒絶ニ因ル遡求」として準用しており，満期前遡求ができないようにも読める。たしかに，約束手形には引受の制度がないから，引受拒絶に基づく遡求は考えられないが，振出人の破産・民事再生・会社更生手続の開始決定，特別清算の開始または支払停止，振出人に対する強制執行の不奏効の場合には，満期前遡求が認められると解すべきである（鈴木319，前田281-282）。なぜなら，満期における支払の可能性がきわめて低くなった場合には，所持人の権利行使を満期まで待たせる必要がない点においては，為替手形の場合と変わりがないし，また，遡求義務者にとっても，満期前遡求に応じたほうが負担が少なくてすむし（77 I ④・48 II），自己の再遡求の実効性を高めるための方策をとりうるからである。

▌ 7-3-4　遡求の形式的要件——拒絶証書の作成

(1)　原則　遡求の形式的要件として，拒絶証書の作成が，原則として必要とされている（77 I ④・44 I）。これは，遡求義務者が関知しないところで生ずる支払拒絶または引受拒絶の事実を遡求義務者が確実に知ることができるようにするためであるが，遡求権者にとっても，拒絶証書は支払拒絶等の事実を簡易・確実に証明できる手段となる。

拒絶証書は公正証書であり，支払呈示期間内に（77 I ④・44 III）[24]，公証人または執行官（拒絶証書令1）によって，手形の裏面または附箋に法定の事項を記

----

[24]　為替手形の引受拒絶に関しては，24条1項により第一の呈示と第二の呈示が必要とされた場合には，引受呈示期間の末日に第一の呈示があったときには，その翌日に作成してもよい（44 II）。

載することによって作成される（拒絶証書令3）。

(2) 拒絶証書を作成しなくともよい場合

① 拒絶証書作成が免除されている場合　遡求義務者[25]は，拒絶証書作成免除文句（無費用償還，拒絶証書不要など）を記載し，かつ署名して，所持人に対して拒絶証書の作成を免除することができる（77Ⅰ④・46Ⅰ）[26]。これは，主として遡求義務者の利益のために，拒絶証書の作成は要求されているから，遡求義務者がその利益を放棄することは許されるし，他方，作成が免除されれば，遡求義務者は拒絶証書作成の費用を償還する必要がなくなるなど，遡求義務者にとっても有利な面があるからである。

為替手形（解釈上，約束手形についても同じ）の振出人が拒絶証書作成を免除した場合には，すべての者にその効果が及ぶのに対して（拒絶証書の作成費用は所持人が負担），その他の者が免除した場合には，免除した者との間でのみ免除の効力が生ずる（ただし，拒絶証書の作成費用は作成を免除した者に対しても償還請求できる）（77Ⅰ④・46Ⅲ）。

② 支払人等の破産等における満期前遡求の場合[27]　引受人・支払人・引受呈示を禁じた為替手形の振出人または約束手形の振出人につき破産（77Ⅰ④・44Ⅵ）・民事再生・会社更生手続の開始決定，特別清算の開始があった場合の満期前遡求においては，支払呈示も拒絶証書の作成も不要である。これは裁判所が作成する各手続の開始命令書・決定書があるため，遡求義務者にとって

---

25) 約束手形の振出人が拒絶証書の作成を免除できるか否かについて，遡求義務者ではないことを根拠として，免除できないとするのが大審院の判例（大正13・3・7民集3巻91［62］）であるが，現在の多数説（鈴木323，前田285）は，約束手形の振出人は，基本手形の作成者として，手形の債務内容の決定権を有していること，拒絶証書が作成されることなしに裏書人等が遡求義務を負うことになるが，拒絶証書作成が免除されている手形であることを知りつつ取得し，また裏書等を行っている以上，不測の不利益が生ずるとはいえないこと，また，約束手形の振出人は免除できないとすると，為替手形の場合と異なり，すべての者との関係で有効な免除をなすことができる者がなくなるが，それはバランスを欠くことなどを根拠として，免除できるとする。

26) 拒絶証書作成の免除は，呈示期間内の呈示や遡求の通知を免除するものではないが，期間の不遵守はそれを主張する者が立証しなければならない（77Ⅰ④・46Ⅱ）。

27) 強制執行の不奏効または支払停止の場合には，支払呈示も支払拒絶証書の作成も必要である。他方，引受拒絶証書が作成されている場合には，支払呈示および支払拒絶証書作成は不要である。

支払拒絶の事実の十分な証明が得られるからである。

　③　不可抗力が満期から 30 日を超えて継続するとき（77 I ④・54Ⅳ）支払呈示も不要である。

7-3-5　遡求の効果

　所持人は，遡求義務者に対して遡求金額を請求できる（77 I ④・48）。満期後の遡求の場合には，遡求金額は，①引受または支払がなかった手形金額および利息の記載がある場合はその利息，②振出地および支払地が国内の場合には法定利率（民 404），それ以外の場合には年 6 分の利率による満期以後の利息，③拒絶証書作成費用，通知の費用およびその他の費用，の合計額となる。他方，満期前遡求の場合には，所持人の住所地における遡求の日の公定割引率によって計算した，支払った日から満期日までの中間利息を手形金額から差し引いた額が手形金額であるものとして遡求金額は算定される。

7-3-6　遡求の通知と方法

　(1)　遡求の通知　　遡求に際して，所持人は拒絶証書作成の日（拒絶証書作成免除文句が記載されている場合は呈示の日）に次ぐ 4 取引日内に，直接の遡求義務者（自己の裏書人および振出人）に対して支払拒絶または引受拒絶があったことを通知しなければならない（遡求の通知）。通知を受けた者は，順次，通知を受けた日に次ぐ 2 取引日内に，自己の裏書人（為替手形の受取人は振出人）に対して，前の通知者全員の名称および宛所を示して，自己の受けた通知を通知しなければならない（77 I ④・45 I）。

　これは，遡求義務者に遡求に応じるための資金を用意する余裕を与えると同時に，遡求金額の増大を防止するために，自ら償還する機会を直接の遡求義務者でない者に与え，かつ義務を履行した場合に遡求義務者が自己の前者に対して有することになる再遡求権を保全するための措置（たとえば原因関係上の債権の保全）をとる機会を与えるために定められている。

　遡求の通知は遡求の要件ではないが，過失によって通知を怠った場合には，

手形金額の範囲内で損害賠償責任を負う（77 I ④・45 VI）。

　(2)　遡求の方法　　所持人は，自己の直接の前者に対してのみならず，自己との関係で遡求義務を負うすべての者に対して，各別または同時に数人に対して遡求できる（77 I ④・47 II）。またある者に対して請求した後であっても，支払を受けていない部分については他の者に対して請求することもできる（77 I ④・47 IV）。

　なお，戻手形の振出を禁止する文句が記載されていない限り（*2-1-4* (8)），手形の支払地と遡求義務者の住所地が異なる場合の遡求権者の便宜のために，戻手形の振出によって，遡求権者は遡求を行うことができる（77 I ④・52）。戻手形は，所持人がその前者の1人に宛てその者の住所地を支払地として振り出す一覧払の為替手形である。

　(3)　遡求義務者の償還権　　遡求金額の増大を防止し，義務を履行した場合に遡求義務者が自己の前者に対して有することになる再遡求権を迅速に行使し，または保全するための措置（たとえば原因関係上の債権の保全）をとるために，遡求義務者は自ら償還することができる（77 I ④・50 I）。

7-3-7　再　遡　求

　再遡求とは，遡求義務を履行した者が，自己の前者（直接の前者に限らない）に対し，支払った金額およびその支払の日からの利息，支出した費用の弁済を請求することをいう。遡求義務の履行にあたって，遡求義務者は手形，拒絶証書，受取りを証する計算書の交付を請求でき（77 I ④・50 I）[28]，手形を受け戻した遡求義務者は，自己および後者の裏書を抹消して，形式的資格を整えて，再遡求することができる（77 I ④・50 II）。

　(1)　遡求義務履行による権利取得の法的性質　　かつては，遡求義務の履行による権利の取得は，従来有していた権利の復活であるとするのが通説であっ

---

28)　一部引受があった場合に，引受のなかった金額について遡求義務を履行する者は，その支払の旨を手形に記載すること，および受取証書を交付することを二重払を防止するために請求できるのみならず，再遡求を行うために手形の証明謄本および拒絶証書の交付を請求できる（51）。

たが，現在では，遡求義務を履行した者が自己の裏書後になされた引受による権利を取得すること，戻裏書と異なるのは法律上強制されているか否かの点にすぎないことなどから，裏書により手形上の権利は確定的に移転し，遡求義務の履行によって手形上の権利を再取得すると考える（権利再取得説）のが通説である（鈴木 324，前田 224，木内 276）。

(2) 遡求義務履行による権利取得と人的抗弁

┌─〔ケース 19〕─────────────────────────────

A は，B を受取人として約束手形を振り出した。当該手形は B から C に裏書譲渡され，さらに C から D に裏書譲渡された。ところが，D が満期に適法な支払呈示をしたところ，A が支払を拒絶したので，D は B に対して遡求した。

① 　約束手形振出の原因関係である A・B 間の売買契約が満期前に解除されていた場合

② 　A の約束手形の振出が B の詐欺に基づくものであった場合（D は B の詐欺について手形取得時に善意であった）

③ 　A が D に対して相殺の抗弁を有していた場合

└──────────────────────────────────────

まず，戻裏書を受けた場合と同様（**6-3-8** (2)），遡求義務の履行によって手形を受け戻した場合にも，以前，自己が対抗されていた人的抗弁を再び対抗されるとするのが通説である（根拠は戻裏書の場合と同じ）。したがって〔**ケース 19**〕①および②の場合には，B が遡求義務を履行した場合であっても，A は B に対して，①の場合[29]は原因関係上の抗弁（人的抗弁），②の場合は詐欺の抗弁を対抗できる[30]。

---

29) 　前田説によれば，たとえば，売買契約の解除が B・C 間の裏書よりも早く，かつその解除について C が善意無重過失であれば，C は A に対する権利を善意取得することになる。しかし，前田教授は，無権利の抗弁はその人個人に付着するという構成が可能であるとされる（前田 225）。次注も参照。

30) 　有効性の抗弁（**6-3** 注6））の概念を認める立場からは，有効性の抗弁の切断の問題となる。この点につき，有効性の抗弁も人に付着するものと解されないではないとか，取得者保護の要件が善意無重過失であるにもかかわらず，17 条の人的抗弁については認められる抗弁の再対抗が認められないのは利益衡量上適当ではないと指摘され，再対抗を認めるものが多い（大沢・百選〔第 2 版〕85）。二段階創造説（前田など）によると，注29)

　これに対して，手形債務者が所持人に対して人的抗弁を有していることを知りつつ遡求義務を履行した場合でも，手形債務者は遡求義務を履行した者に対して，所持人に対する人的抗弁を対抗できないとするのが通説である（鈴木324，前田224，木内276）。これは，遡求義務の履行による取得は法律上強制されたものであるから，期限後の取得であっても人的抗弁を引き継がないことを根拠とする。したがって，〔ケース19〕の③の場合には，BはAがDに対して主張しえた相殺の抗弁を対抗されることはないことになろう。もちろん，相殺の意思表示をせず，それ以外の理由でAがDに対して支払を拒絶した場合には，この結論は妥当であろう。しかし，AがDに対して相殺の意思表示をした場合には，債権は消滅するはずであり，人的抗弁の問題ではなく，むしろ受戻しのない支払（**7-2-5**）の問題として処理すべきである[31]。

7-3-8　受戻しなき遡求

〔ケース20〕

　Aは，Bを受取人として約束手形を振り出した。当該手形はBからCに裏書譲渡され，さらにCからDに裏書譲渡された。

　①　Dが満期に適法な支払呈示をしたところ，Aが支払を拒絶したので，DはCに対して遡求した。Cは遡求義務を履行したが，手形を受け戻さなかったので，DはBに対して遡求した。

　②　Dが満期に適法な支払呈示をしたところ，Aが支払を拒絶したので，DはBに対して遡求した。Bは遡求義務を履行したが，手形を受け戻さなかったので，DはCに対して遡求した。

と同じ問題になる。本書の立場からは，民法の適用を受けるにすぎないから，当然の結論である。

31)　17条の解釈として不対抗説をとると，遡求義務者は手形債務者が所持人に対して有する人的抗弁をもって遡求を拒絶することができ，拒絶すべきであるから，手形債務者が所持人に対して人的抗弁を有していることを知り，かつ十分な証拠を有しつつ，遡求義務を履行した場合には，手形債務者は遡求義務を履行した者に対しても，所持人に対する人的抗弁を対抗できると考えるべきである（遡求義務者の保護は40条3項を類推適用して図ればよい）。このように考えないと，手形債務者は所持人に対して有している人的抗弁を所持人に対しても実質的には対抗できないという結果をもたらす（人的抗弁を主張して支払を拒絶しても，結局，遡求〔再遡求〕を通じて支払を強制されることになる）。

〔ケース 20〕①の場合には，Bは遡求義務の履行を拒めるはずであるが，その理論構成はいくつか考えられる。一つは，BはDに対して権利濫用の抗弁（*6-3-9*参照）を対抗できるとすること，もう一つは，端的に，Dは手形上の権利を有していないとする（前田説の枠組からは無権利の抗弁を対抗できよう）ことである。後者の立場によっても，もちろん，Dの無権利の証明につき善意無重過失でBが遡求義務を履行し，かつ手形を受け戻した場合には，40条3項を類推適用して，BはAに請求できることになる（反射的にCは再遡求権を失う）。

②の場合も同様であるが，Dが無権利者であることの証明につきCが善意無重過失で遡求義務を履行し，かつ手形を受け戻した場合には，40条3項を類推適用して，CはBにも再遡求できることになる。

7-4
手形債権の短期消滅時効

7-4-1　時効期間

手形は支払手段としての性格を有するので，迅速な手形取引の決済を促進し，手形債務の厳格性を緩和するため，手形については，特別な短期消滅時効期間が定められている。

すなわち，主たる債務者である約束手形の振出人（為替手形の場合は引受人）に対する債権は，満期の日から3年（77Ⅰ⑧・70Ⅰ），手形所持人の前者に対する遡求権は，拒絶証書作成の日から（その作成が免除されているときは満期から）1年（77Ⅰ⑧・70Ⅱ），償還義務を履行した裏書人・保証人・参加引受人の前者に対する再遡求権は，手形受戻しの日またはその後者から償還の訴えを受けた日から6ヵ月（32Ⅲ・63Ⅰ・77Ⅰ⑧・70Ⅲ）で，それぞれ時効により消滅する。支払猶予の特約がなされた場合には，その猶予期間が満了した時から消滅時効は進行する（百選75事件）。

なお，保証人・参加引受人および無権代理人に対する権利については，本人

の時効期間と同じとされている（32 I・8・58 I）。

　時効期間の計算は民法 143 条，手形法 73 条によって，なお，満期が休日の場合でも，その日を初日として起算すべきであり，また，期間末日が休日の場合でも，民法 142 条および手形法 72 条 2 項による延長は認められない。

　手形上の権利の時効に関しては，期間満了直前まで権利の上に眠っていた者をそれほど保護しなくてもよいからである。

7-4-2　他の債務者に対する権利が時効消滅した場合

　手形債務は各々独立したものだから，たとえば特定の遡求権が時効消滅しても，約束手形の振出人に対する権利には影響を及ぼさない。

　他方，約束手形の振出人など主たる債務者に対する権利が時効消滅した場合には，遡求権はそれ自体の時効完成を待たずに消滅する（百選 73 事件［69］。主債務者の債務免除の場合にも，遡求権は消滅する。東京地判昭和 43・5・13 下民集 18 巻 3=4 号 333［64］）（また，主たる債務者に対する手形債権が時効消滅した場合には，遡求に応じた裏書人等も自己の前者に対する再遡求権を失うとするのが通説である）。

　遡求または再遡求は，（再）遡求された者が再遡求し，最終的には主債務者に対して権利行使できることを前提とするが，主債務者に対する債権の消滅した手形では，もはやそれが不可能となり，有効な手形の受戻しによる再遡求・手形金請求を前提とした手形法 50 条 1 項，77 条 1 項 4 号の趣旨に合致しないからである。しかも，この場合の所持人（または遡求に応じた者）は手形債権の時効が完成するままにし主たる債務者に対する責任を追及できなくした者であるから，不利益を蒙ってもしかたがない。なお，所持人の主たる債務者に対する権利の消滅による損失は利得償還請求権により救済を図ることができる。

7-4-3　時効の完成猶予・更新

(1)　時効の完成猶予事由

　①　請求　　完成猶予事由としての請求には，裁判上の請求（民 147 I ①）と，裁判外の請求（催告〔民 150 I〕）とがある。ところで，手形は呈示証券性

（77 I ③・38），受戻証券性（77 I ③・39）を有するので，時効の完成猶予のために手形の呈示・所持が必要か否かが問題となる。

　　(ア)　裁判上の請求による完成猶予と手形の呈示　　裁判上の請求による時効完成猶予のためには，手形を呈示することを要しない（大判明治44・2・22民録17輯71）。民事訴訟法147条は訴えが提起されたときはその時に時効の完成猶予のために必要な裁判上の請求があったものとすると定めており，相手方への手形呈示は要件とされていないからである。

　　(イ)　催告（裁判外の請求）による完成猶予と手形の呈示　　催告による時効完成猶予のためにも，手形を呈示することを要しない（百選76事件［60]）。なぜなら，消滅時効制度は権利の上に眠れる者は保護しないとする趣旨に基づくものであり，催告をした権利者は，手形を呈示しなくとも，もはや権利の上に眠れる者ではなく，これにより権利行使の意思が客観的に表現されているからである。そして，催告による時効完成猶予は，6ヵ月内にさらに強力な時効の完成猶予のための手続をとらなければならない（民150 I）予備的・暫定的なものにすぎないものである点をも考慮すると，時効完成猶予事由としての催告は，催告の意思通知が債務者に到達すれば十分であり，必ずしも債務者を遅滞におとしいれる効力を有するものと同一である必要はない。

　なお，時効の完成猶予・更新事由に関しては86条を除き手形法に規定がなく，民法によるが，民法の学説上，催告とは債務者に対し履行を請求する債権者の意思の通知だから，これが到達すれば足りる。

　　(ウ)　請求による完成猶予と手形の所持　　裁判上の請求または裁判外の請求（催告）による時効の完成猶予には，手形の所持も不要である（裁判上の請求について，百選77事件［68]）。

　なぜなら，手形権利者は所持を失っても手形上の権利まで当然失うものではないからである。時効制度の目的は，権利の上に眠る者を保護しないという点にあるが，権利者の手形債権行使の意思が客観的に表現されれば，権利の上に眠る者ではないのは明らかであり，手形の呈示はもちろん，所持も必要ではない。債務者に履行させるには除権決定がない限り手形の呈示・交付とその前提

たる所持が必要であるが，時効完成猶予には，ただ手形上の権利を有すること
が必要なだけである。

　なお，手形の所持がないと権利証明は困難となるが，あくまでそれは立証の
難易の問題であり，手形の所持がなければ請求しても時効完成猶予の効力がな
いとする理由とはならない。

　　②　権利の承認　　権利の承認による時効の更新（民 152 I）には，手形の
呈示も所持も不要である（呈示につき大判大正 4・9・14 民録 21 輯 1457，所持につ
き大判昭和 5・5・10 民集 9 巻 460）。承認は，その性質上，権利の存在を認識し，
これを表示したという債務者の行為があれば足りると認められるから，手形の
所持も呈示も問題とならないからである。

　　③　訴訟告知　　遡求義務を履行した者の，前者に対する再遡求は，手形
を受け戻した日または後者から訴えを受けた日から 6 ヵ月で時効にかかる。と
ころが，訴えられた場合には，権利が確定するまで，前者に再遡求することが
できず，再遡求権の時効のみが完成してしまう可能性がある。そこで，手形法
86 条 1 項（小切手について，小 73 I）は，この場合には，再遡求義務者に対し訴
訟告知（民訴 53）することによって，時効は完成しないとする。完成猶予され
た時効は，確定判決または確定判決と同一の効力を有するものにより権利が確
定したときは訴訟の終了の時から再び進行するが（86 II，小 73 II），その時効期
間については 6 ヵ月とする説（大隅＝河本 458）と，（平成 29 年改正前）民法 174
条ノ 2 を適用して 10 年とする説（前田・法教 23 号 70）［この見解によれば，平成
29 年民法改正後は，民法 166 条 1 項が適用されることになろう］とがあった。

　なお，訴訟告知による時効の完成猶予の規定は，約束手形の振出人のような
第一次的義務者との関係では適用ないし準用されないとするのが判例（百選 73
事件［69］）・通説である（この見解の問題点については，黒沼・百選〔第 5 版〕143
参照）。

　なぜなら，86 条 1 項の規定の文言中の「振出人」という表現は，（為替手形
の）遡求義務者に対する再遡求権の行使に関する手形法 70 条 3 項に由来する
ものであり，手形法 86 条 1 項は，6 ヵ月というとくに短い時効期間が定めら

れていることに対する救済措置とみることができるが，主たる債務者に対する債権の時効期間は 3 年であり，適用の基礎がないからである。

(2) 完成猶予・更新の効力の相対性　　各個の手形債務が独立した合同債務であるから，時効の完成猶予・更新の効力は，その事由が生じた者に対してのみ及ぶとされている（77 I ⑧・71）。したがって，複数の手形債務者相互間では，時効の完成猶予・更新の効力は相対的であることには異論はなく，多数説は債権者相互間でも相対的であるとするが，債権者相互間では時効の完成猶予・更新の効力は絶対的であるとする見解が有力である（前田 323）。この説は，71 条の「其ノ事由ガ生ジタル者ニ対シテノミ」との表現から，その適用は手形債務に限られるとすることも可能であるし，この規定のもとである統一手形条約 71 条の英文やドイツ手形法 71 条の表現からは，適用が債務者に限られることが明らかであること，もし債権者間にも適用があるとすると，手形の受戻しが満期から 3 年経過後である場合，自己の後者の主たる債務者に対する完成猶予・更新の効力を主張しえず，償還義務を履行した者は主たる債務者に権利行使できなくなること（また，上述のように，訴訟告知による時効の完成猶予・更新の規定〔86〕も，約束手形の振出人のような絶対的義務者に適用されない）から不都合であることを根拠とする。

7-5
利得償還請求権

　利得償還請求権とは，手形上の権利が手続の欠缺または時効により消滅した場合に，所持人が振出人，引受人または裏書人に対しその受けた利益の限度で償還の請求をなしうる権利をいう（85）。

　手形署名者の厳格な責任を緩和するため，法は短期消滅時効と遡求権保全手続懈怠による手形上の権利の消滅を認めるが，その結果，所持人が権利を失うのに，債務者は完全に免責され，手形の授受により得られた利得をつねに保持できることになっては，手形が原因関係上の債務の決済手段として用いられる

のが一般的であることに鑑みると，不公平であると評価できる（林・特別講義商法Ⅱ166注2）。そこで，公平の理念から，所持人が権利の消滅により発生した利得の償還を債務者に請求できることにしたのが，利得償還請求権制度である。

▌*7-5-1*　利得償還請求権の法的性質

　判例（百選84事件［70］）は，利得償還請求権は，手形の厳格性を緩和するため公平の観念から法が認めた特殊の請求権であり，指名債権の一種であるとしていた。その理由としては，手形債務者に債務不履行も不法行為もないので，この権利は損害賠償請求権とみることはできないこと，利得償還義務者の利得は，法律上の原因を欠くものとはいえないし，利得償還請求権者の財産や労務から生じたものであることを要しないから，不当利得返還請求権とみることもできないこと，手形法85条の「其ノ受ケタル利益ノ限度」という表現は，この権利が抽象的な証券上の権利に準じたものではなく，実質的な証券外の権利であることを表していること，などが指摘されている。

　しかし，百選84事件［70］は，利得償還請求権は手形上の変形物であることを前提としており，多数説（鈴木337，前田325）もこのように考えている。すなわち，この権利は手形上の権利の消滅の場合に生ずるものなので，手形上の権利ではないが，実質的にみれば，所持人が手形上の権利の消滅前には当然に全債務者に対し手形金額・遡求金額を請求しえたのが，手形上の権利の消滅とともに，今度は実質関係上利得をした債務者に対してだけその利得の返還を請求できることになったのであるから，数量的・条件的に制限された同質・類似の別な権利に変形して成立したものと解される。しかも，このように解することにより，利得償還請求権の発生，取得および行使の各要件，時効ならびに譲渡などにつき，妥当かつ理論的一貫性のある結論を説明しやすい。

▌*7-5-2*　利得償還請求権の発生の要件

　利得償還請求権の発生要件は，①手形上の権利が有効に存在し，償還請求権

者がその権利を有していたこと，②手形上の権利が「手続ノ欠缺又ハ時効ニ因リテ消滅」したこと，および③請求の相手方である手形債務者に利得が存在すること（ただし，請求者の損失において得た利得である必要はない），である。

(1) 手形上の権利が有効に存在し，償還請求権者がその権利を有していたこと　まず，手形上の権利が有効に存在していた点に関連して，手形要件の記載を欠く無効手形については利得償還請求権は発生しない。償還請求権者がその権利を有していたことという要件との関連では，実質的権利者であれば足り，形式的資格（裏書の連続した手形の所持人）は必ずしも必要ではない。形式的資格を有していなくとも，実質的な権利者であることを証明すれば，手形上の権利を行使できたはずだからである。

また，判例（百選84事件〔70〕）・通説は，証券を所持せず，かつ除権決定によって形式的資格を回復しない者であっても，実質的権利を有していれば，利得償還請求権を取得できるとする。すなわち，手形権利者は手形を喪失しても，他の者に善意取得されない限り実質的権利を失わない。そして，手形上の権利が消滅して利得償還請求権になった場合には，手形を所持していなくとも，手形上の権利の消滅前に，実質的権利を有していた手形喪失者は利得償還請求権を取得できると変形物説からは考えるべきだからである。他方，利得償還請求権は指名債権の法的性質を有すると考える立場からは，権利の発生と証券を結合させるべき根拠は弱いといえるからである。

さらに，手形を紛失した場合に，とりわけ遡求権に関しては，その保全が可能な期間内に手形の所持を回復し，またはそれに代わる除権決定を得ることは困難であるのがふつうであるから（確定日払手形の場合，支払呈示期間は短いから満期直前に紛失した場合には除権決定を得る余裕はないし，小切手の場合，呈示期間は10日とされており，その期間内には除権決定を得ることは不可能である），利得償還請求権による救済が必要である。

なお，手形法85条の「所持人」という文言は，通常の場合を考えて規定されていると解する余地がなくはないし，手形上の権利消滅時の「所持人」とは規定されていないから，少なくとも，証券の所持は利得償還請求権の行使の要

件にすぎず，利得償還請求権の取得の要件でないと考えることができる。

(2)　時効または手続の欠缺による権利の消滅　　利得償還請求権が発生するためには，手形上の権利が「手続ノ欠缺又ハ時効ニ因リテ消滅シタ」ことが必要であるが，この点について，所持人がすべての手形債務者に対する手形上の権利を失ったことを要するか，さらに原因関係上の救済手段もないことを要するか争いがある。

判例（大判昭和3・1・9民集7巻1，最判昭和36・12・22民集15巻12号3066）は，すべての手形債務者に対する手形上の権利も原因関係上の権利（既存債権）もすべてないことを要するとしている（二次性説）。これは利得償還請求権は最終的な救済手段であるという位置づけに基づく。ただし，所持人には，手形上の権利を消滅させてしまったことによる不利益を前者（遡求義務者）に転嫁することを許すべきでないから，既存債権を行使するには利得償還の請求者から被請求者に至るまで各当事者間に既存債権が断絶なく存在していることが要件となると考えられる。さらに，不利益を前者に転嫁してはならないということの意味を，既存債権が行使できるだけではなく手形金請求による簡便な求償権の途が前者に確保されなければならないという趣旨に解するとすれば（本章注33）参照），健全な手形を返還できない者は既存債権を行使できないことになり，全当事者の間で手形が「支払のため」授受されていたとしても，所持人が手形上の権利を消滅させ手形を無効にしてしまえば，すべての原因関係が消滅する（大隅＝河本444–445）。したがって，手形債権が時効消滅したが，既存債権を行使できる場合は限られており，次に述べる半二次性説や非二次性説によった場合と結論が異なることは少ない。

また，法文上，「手形ヨリ生ジタル権利ガ……消滅シタルトキ」とあり，これに何ら限定が付されていないことから，既存債権の消滅は要しないが，利得償還請求権は手形上の権利の消滅の場合の最後の救済手段であるから，所持人がすべての手形債務者に対する手形上の権利を失ったことが必要であるとともに，それで足りるとする見解（半二次性説）もある。

しかし，利得償還請求の相手方である手形債務者に対する手形上の権利が消

滅すれば足りると解すべきである（非二次性説，鈴木338，前田332）。

　なぜなら，他の手形債務者に対する権利（既存債権を含む）が残っていても，その債務者が無資力の場合には，利得償還請求権の発生を認めて所持人の利益を保護する必要があるからである。たしかに，この場合には，他の説に立っても制度趣旨である公平の理念から特別に利得償還請求権の発生を認めるべきであるとすることも考えられるが（大隅67），非二次性説をとれば一貫した説明をすることができる点で優れている。そして，手形債務者（被請求者）の利益は「利得の発生」の要件を課することを通じて図ればよい。

　なお，利得償還請求権が手形上の権利の変形物であると解すると，各々の手形債務は独立したものであるから，他の債務者に対する手形上の権利が消滅したと否とを問わず，利得償還請求しようとする相手方に対する手形上の権利が消滅し，それにより相手方が確定的に利得を得ているか否かのみを問題にすべきであると説明できる。

(3)　利得の発生

〔ケース 21〕

　①　Aは，Bから商品を購入し，Bを受取人とする約束手形を「支払に代えて」振り出したが，手形は取り立てられずに，手形に記載された満期の日から3年が経過した。

　②　Aは，Bから商品を購入し，Bを受取人とする約束手形を「支払のために」振り出したが，手形は取り立てられずに，手形に記載された満期の日から3年が経過した。

　　ⓐ　手形の消滅時効期間が経過する前に，既存債権が時効消滅した場合

　　ⓑ　手形の消滅時効期間が経過した後に，既存債権が時効消滅した場合

　　ⓒ　既存債権が時効消滅していない場合

　③　Aは，Bから商品を購入し，Bを受取人とする約束手形を「支払に代えて」振り出した。Bは，Cから商品を購入し，Aから受け取った約束手形を「支払に代えて」Cに裏書譲渡したが，手形は取り立てられずに，手形に記載された満期の日から3年が経過した。

　④　Aは，Bから商品を購入し，Bを受取人とする約束手形を「支払に代え

て」振り出した。Bは、Cから商品を購入し、Aから受け取った約束手形を「支払のために」Cに裏書譲渡したが、手形は取り立てられずに、手形に記載された満期の日から3年が経過した。

    ⓓ　手形の消滅時効期間が経過する前に、CのBに対する既存債権の時効期間が経過した場合

    ⓔ　手形の消滅時効期間が経過した時点で、CのBに対する既存債権が時効消滅していない場合

⑤　Aは、Bから商品を購入し、Bを受取人とする約束手形を「支払のために」振り出した。Bは、Cから商品を購入し、Aから受け取った約束手形を「支払に代えて」Cに裏書譲渡したが、手形は取り立てられずに、手形に記載された満期の日から3年が経過した。

    ⓐ　手形の消滅時効期間が経過する前に、BのAに対する既存債権の時効期間が経過した場合

    ⓑ　手形の消滅時効期間が経過した時点で、BのAに対する既存債権が時効消滅していない場合

⑥　Aは、Bから商品を購入し、Bを受取人とする約束手形を「支払のために」振り出した。Bは、Cから商品を購入し、Aから受け取った約束手形を「支払のために」Cに裏書譲渡したが、手形は取り立てられずに、手形に記載された満期の日から3年が経過した。

    ⓐ　手形の消滅時効期間が経過する前に、BのAに対する既存債権の時効期間が経過した場合

    ⓑ　手形の消滅時効期間が経過した時点で、BのAに対する既存債権が時効消滅していない場合

    ⓓ　手形の消滅時効期間が経過する前に、CのBに対する既存債権の時効期間が経過した場合

    ⓔ　手形の消滅時効期間が経過した時点で、CのBに対する既存債権が時効消滅していない場合

利得償還請求権は手形（あるいは小切手）債務者が受けた利得の範囲で認められる。そして、この利得は、たんに手形（あるいは小切手）上の債務を免れたことによるものではなく、手形（あるいは小切手）授受の原因関係上の対価や資金

関係上の資金として得た利得であるといわれている。手形（あるいは小切手）の支払手段性に利得償還請求権が認められる根拠があるとすると、利得の存否は原因関係を考慮に入れて判断されるべきだからである。したがって、原因関係上の債務を免れたことが手形上の債務負担あるいは手形の失効と無関係であるような場合には利得はないことになる。ただし、積極的な財産の増加にとどまらず、消極的に既存債務の支払（財産の減少）を免れたことを含むと解されている（大判大正 5・10・4 民録 22 輯 1848)[32]。

　なお、被請求者が実質関係上利益を得ていても、いまだ原因関係上の債務を免れていない限り、その弁済として利益がはき出される余地があるため、被請求者に利得が生じているとはいえない（これに対して、前田 329 などは利得が生じているとされる。〔ケース21〕⑤ⓑのような場合の C を保護するためである。しかし、このケースでは既存債務は消滅していると考えるべきであろう〔後述〕。また、原因関係上の債務者と被請求者が同一であれば、利得償還請求権の行使方法（**7-5-3**）と既存債権の行使方法（**1-1**（3））は同じであるから、既存債権以外に利得償還請求権を認める必要はない。むしろ、利得の存在を認めると、権利移転行為有因論によらない限り、②ⓑの場合や⑤ⓑの場合で手形失効後に既存債権が時効消滅したときにも、A は利得償還請求に応じなければならないという不都合を生ずることになる〔前田教授は利得償還請求権も権利移転行為有因論の射程におかれる〕）。

　また、振出人は、原因関係上対価を得ていればそれが利得になるが、裏書人の場合には、後者から原因関係上対価を得ていても、前者に対し対価を供するならばそれに差額があっても、利得したことにならず、裏書人につき利得が認められるのは例外的な場合に限られるとするのが通説である。

32）　通説は、「利得」とは、手形を取得する（為替手形の振出人については、支払人が支払をなす）際にその対価として出捐したものとその手形を交付する際にその対価として受け取ったものとの差額をいうと考えているようである（差額説）。これに対して、原因関係を考慮したうえで、最終的に手形の支払を自らの出捐によりなすべき者が手形の失権により、その出捐を免れた部分をいうとする見解がある（節約説。大塚・法学論集（北大）31 巻 2 号 41。また、林・特別講義商法Ⅱ165 以下、170 以下参照）。すなわち、差額説をとると、裏書人が原因関係上得た差額は利得となるし〔ケース21〕②ⓐの場合には利得償還請求権は発生しないとする判例（最判昭和 40・4・13 判時 413 号 76）の結論も説明できないとされる。節約説が正当であろう。

　そこで，手形債権とともに前者に対する既存債権も有している者が，その手形を対価を得て第三者に譲渡したとしても，この譲渡によってその既存債権が消滅することはなく，その後，この者が遡求義務を免れて裏書の対価を確定的に取得した場合に，はじめて，その既存債権は消滅すること（最判昭和35・7・8民集14巻9号1720），および所持人は手形を失効させた以上，直接の前者（約束手形の振出人を除く）に対して既存債権を行使することができないこと[33]を前提として，〔**ケース21**〕を検討してみよう。

　本書の立場によれば，〔**ケース21**〕①の場合には既存債権が残っていないから，AにＡに確定的な利得があり，ＢのＡに対する利得償還請求権が認められる。

　②ⓐの場合は，利得償還請求権は認められない。なぜなら，Ａが原因関係上出捐しなくてよくなったのは，原因関係上の債権の時効完成という手形の失権とは無関係な事実に基づくからである。ⓑの場合も，手形の失権による利得が生じたとはいえず認められない（百選83事件）。ⓒの場合には，Ａは原因関係上の債務を負担しており，Ａの利得は確定的なものとは認められないから，ＢのＡに対する利得償還請求権は認められない。

　③の場合には，原因関係上の債務が残っていないから，Ａに確定的な利得があり，ＣのＡに対する利得償還請求権が認められる。

---

[33]　手形を失効させると，既存債権も行使できないとする見解（否定説。河本＝田辺227など）と，既存債権は行使できるが手形が失効したために既存債権の債務者が損害を蒙る場合には，その債務者は損害賠償請求権と既存債務の相殺を主張できるという見解（肯定説。大塚・法学論集（北大）31巻2号37など）が対立している。いずれの見解をとるべきかは難しいが，肯定説に立つと，損害の立証責任は原因関係上の債務者にあることになるため，その者にとって不利益が生じてしまう（損害額の算定は難しい）。手形を失効させた者の落ち度を考えれば，原因関係上の債権は行使できないとして，利得償還請求権によって，手形所持人を保護するにとどめることが（このように解すると手形所持人が立証の負担をする），原因関係上の債務者の利益保護の点から妥当ではないだろうか。たしかに，①否定説は手形上の権利の消滅がそれとは別の権利である原因関係上の権利の消滅をまねくとするようであるが，そのように考えるのは論理的ではない，あるいは②手形上の権利と実質関係上の権利を併存させる実益がなくなる，という批判もあろうが，②に対しては手形の裏書人（＝原因関係上の債務者）の保護が優先されるべきであるといえようし，①に対しては別個の権利と考えるのは，手形上の権利の実現を確実ならしめるためであるから，この場面では，別個独立性を強調する必要はなく，また，原因関係上の権利は消滅しないが，ただ有効な手形の返還と引換えに原因関係上の債務を履行する抗弁があると否定説を構成することもできる。

(表13) 〔ケース21〕におけるAに対する利得償還請求権の成否

		二次性説	半二次性説		非二次性説		
			既存債権の行使が可能でも利得はあるか				
			あ り	な し	あ り	な し	
①		○					B→A
②	ⓐ	× （手形の失権による利得なし）					
	ⓑ						
	ⓒ	×	○	×	○	×	

手形債権が消滅した場合にもCはBに対し既存債権を行使できるか

		不可	可	不可	可	不可	可	不可	可	不可	可	
③		○										C→Aの請求の可否
④		（ⓔの場合もCはBに対し，法律上または事実上既存債権を行使できない） ○										
⑤	ⓑ	（Bが裏書の対価を確定的に取得しBのAに対する既存債権は消滅） ○										
	ⓐ	BがCに対して遡求義務を負わなくなった時点が，BのAに対する既存債権の時効期間経過前なら ○										
⑥	ⓐ ⓓ	（②ⓐⓑと同じ）										
	ⓐ ⓔ	×										
	ⓑ ⓓ	（⑤ⓑと同じ） ○										
	ⓑ ⓔ	○	×	○	×	○	×					

（なお，半二次性説と非二次性説とのちがいは，たとえば，CのBに対する遡求権が時効消滅したが，Aに対する手形上の権利は消滅時効にかかっていないというケースで生ずる。〔ケース21〕では，Aに対する手形上の権利が消滅しているので差が生じていない。*7-4-2* 参照）

④の場合には，A・B間には原因関係上の債務が残っておらず，Aに確定的な利得があるから，CのAに対する利得償還請求権が認められる[34]。

⑤ⓐまたはⓑの場合は，BのAに対する既存債権はCのBに対する遡求権が保全されなかったか遡求権が消滅した時点で消滅するから，その時点がBのAに対する既存債権の時効期間の経過前であれば，CのAに対する利得償還請求権は認められる（百選82事件 [71]）。また，遡求権が保全され，その時効期間は経過していなくとも，手形が失効すれば，遡求義務も消滅するから，BはCへの裏書譲渡の対価を確定的に取得することになり，BのAに対する原因関係上の債権も消滅する（前述 (2)）。したがって，Aに確定的な利得があるから，CのAに対する利得償還請求権が認められる。

⑥ⓐかつⓔの場合は，②ⓐⓑと同じく考え，⑥ⓐかつⓓの場合は⑤のⓐと，⑥ⓑかつⓓの場合は⑤のⓑと同じく考えられる。⑥ⓑかつⓔの場合にも，BはCに対する遡求義務および既存債務を免れ，BはCへの裏書譲渡の対価を確定的に取得することになり，A・B間の原因関係上の債務が消滅して，Aは確定的な利得を得るから，CのAに対する利得償還請求権は認められる[35]。

以上をまとめると，支払に代えて手形が振り出され，または裏書された場合，あるいは支払のためになされた場合であっても原因関係上の債権者が遡求義務を負わない（負わなくなった）ために，原因関係上の債権が消滅した（行使できない）場合には，手形債権の時効消滅による利得があると考えられるのに対し，原因関係上の債権が弁済など債権者に満足を与える形で消滅した場合，免除がなされた場合および時効によって消滅した場合などは，手形債権と無関係に原因関係上の債権が消滅しているので，手形債権の時効消滅による利得はないと考えられる。

---

34) ④ⓔの場合，BはAに対して既存債権を有していないためCに対して既存債務を履行するとそれだけ損害を蒙るので，この損害賠償請求権とCのBに対する既存債権との相殺を主張でき，肯定説によっても，CはBに対し既存債権を事実上行使しえない。
35) 手形を失効させても，既存債権を行使できるとし，非二次性説や半二次性説をとると，CのAに対する利得償還請求権とCのBに対する既存債権が併存する。この場合にはB・C間で手形が既存債権の「担保のために」授受されている場合を除き，BはCに対し，まずAに対する利得償還請求権を行使すべきであると主張できる。

7-5-3　利得償還請求権の行使の方法

　利得償還請求権を取得した者が，利得償還請求権を行使するためには，手形（正確には，手形であった紙片。以下，同じ）の所持（またはそれに代わる除権決定）を要するかについては見解が分かれている。

　まず，手形の所持等は不要であり，社会通念上十分であると思われる程度の立証があれば足りるとする有力説（石井＝鴻 146，大隅＝河本 411 など）がある。この見解は，①利益衡量上，（公示催告手続は善意取得者の保護のためという面をもつが）善意取得者であっても，権利行使を怠り，利得償還請求権に変わった場合には，保護の必要性は減少すると考えることもできること，②証券喪失者が自己の実質的権利を立証する方法は除権決定に限らないし，公示催告に実効性がないことを考えると，会社法 220 条（（平成 17 年改正前）商法 216 条）を類推して，新聞広告による私的催告をさせることも考えられること，③利得償還義務者は，取引通念上，相当と認められる証明をした者に払えば，民法 478 条で保護されること，④かりに，利得償還請求権の法的性質を指名債権ととらえれば，手形は自己が利得償還請求権を有していたことの単なる証明資料にすぎず，論理的には利得償還請求権の行使にはその所持は必要ではないこと，⑤手形法 85 条（および小切手法 72 条）の文言は通常の場合を想定したものにすぎないことなどを理由とする。

　しかし，手形法 85 条が「所持人ハ」と規定していることを無視することは，よほどの理由がなければ妥当ではない。①②③に対しては，なぜ，そこまで証券喪失（と主張している）者の便宜を図る必要があるのかという疑問が生ずる。利得償還義務者に「相当の証明」がなされたかどうかの判断のリスクを負わせる根拠が不明であり，利得償還義務者としては，手形と引換えに履行したほうが安全であるし，それを本来期待しているはずである。また，手形上の権利消滅後は，善意取得者の保護の必要性は減少するという主張は，一般的な議論としては妥当なようであるが，証券喪失者との関係において，善意取得者を保護する程度が低くてよいとすることの根拠が不明である。したがって，明文の規

定もないのに私的催告で足りるとすることは適当ではない。他方，手形の所持等を不要であるとする見解は，手形上に利得償還請求権が表章されていないことを論理的前提とするはずであるが，そうすると，証券喪失者は除権決定を利用できないことになり，善意取得者が存在しないことの立証が困難であることを考えると，証券喪失者はかえって利得償還請求権を行使しづらくなる。なお，利得償還請求権の法的性質を手形上の権利の変形物であると考えれば（変形物説によれば，手形に利得償還請求権が表章されていると考えやすく，除権決定を求めることを説明しやすいと考えられる），④の根拠は妥当しないのは当然である。したがって，利得償還請求権の行使には，手形の所持（またはそれに代わる除権決定）を要すると考えるべきである（浜田・講座 V 157，前田 340 など多数説）。

7-5-4　利得償還請求権の譲渡の方法

　手形に利得償還請求権が表章されていると考え，利得償還請求権の行使に手形を要するとすれば，利得償還請求権の譲渡には，当然に，手形の交付が必要である[36]。

7-5-5　利得償還請求権の消滅時効

　利得償還請求権は手形法上の権利ではあるが，手形上の権利ではなく，しかも商行為によって発生したものではないとして，消滅時効期間を 10 年とする見解もあったが，利得償還請求権は，手形に基づく既存の法律関係とまったく別個の権利としての性質を有するものと考えるのは自然ではなく，実質的には手形上の権利の変形物であるから，その消滅時効期間については，商法 501 条 4 号にいう「手形……に関する行為」によって生じた債権のそれに準じて考えられていた。すなわち，（平成 29 年改正前）商法 522 条が類推適用され，利得償還請求権の消滅時効期間は 5 年と解するのが判例（百選 85 事件［72］）であった。

---

36)　これに対して，手形に利得償還請求権は表章されておらず，利得償還請求権の行使には手形を要しないと考える立場からは（とりわけ，利得償還請求権の法的性質を一種の指名債権と考える見解）からは，利得償還請求権の譲渡には手形の交付は不要であることになり，指名債権譲渡の方式（民 467）によって譲渡することになる。

しかし，平成29年民法改正に伴い，債権の消滅時効（民法166 I）が適用されることとなったと考えられる。

第8章

手 形 保 証

Part II　約 束 手 形

手形保証とは，手形債務者の信用を補うために，その者の義務を担保することを目的としてなされる手形行為である。民事保証の履行として手形保証がなされる場合があり（*8-3-3*（2）），また民事保証を手形債務に関して行うこともできるが，手形保証は，手形行為としてなされ，要式行為である点（77Ⅲ・31Ⅱ），主債務の実質的無効によって影響を受けない点（77Ⅲ・32Ⅱ），不特定の手形所持人に対して責任を負う点（77Ⅲ・32Ⅰ）などで民事保証とは異なる。

　手形取得者の利益のため，一部保証は明文で許されており（77Ⅲ・30Ⅰ），解釈上，条件付保証も有効であると考えるべきである。なぜなら，振出に条件を付すことが手形債権の実現に有害であって，手形取引の円滑・安全を害するのに対して，条件付きであっても，保証が付されていることは手形所持人に有利に働くだけのことであり，むしろ手形の流通を促進するからである（前田293）。

8-1
手形保証の方式

　手形またはその補箋（およびそれらの謄本）上に，手形保証文句（「保証」その他これと同一の意義を有する文句）と被保証人の名称（これを記載しないときは振出人が被保証人とみなされる。77Ⅲ・31Ⅰ・Ⅱ）を記載し手形保証人が署名する方式（正式保証）と，手形の表面に保証の趣旨で手形保証人が署名のみをする方式（略式保証）がある（77Ⅲ・31Ⅲ）。ここで，略式保証の場合については，振出人の署名や（為替手形の）支払人の署名との区別が必要となるが（77Ⅲ・31Ⅲ但書），手形上の記載に従い，一般の取引慣行によって判断すべきである（*2-1-1-7-2*（1）参照）。

8-2
隠れた手形保証

　隠れた手形保証とは，手形保証の目的で，他の形式の手形行為（裏書，引受，

振出など）をすることをいう。隠れた手形保証を行った者は，そのなした手形行為の形式に従って，それぞれ，裏書人，引受人あるいは振出人としての責任を負い，保証目的であったことは人的抗弁事由にすぎない[1]（原因関係上の債務を被保証債務とする保証のために裏書等をする場合には，隠れた手形保証ではないが，同様に考えてよいであろう）。

　隠れた手形保証をした者が複数存在する場合には，民法465条1項の適用があり，たとえば，第一裏書人と第二裏書人が，いずれも，振出人の手形債務を保証する趣旨で裏書した場合に，第二裏書人が遡求義務を履行して手形を受け戻したときは，第一裏書人は，負担部分につき特約がない限り，負担部分は平等なものとして再遡求に応ずれば足りる（百選66事件）。

8-3
手形保証の効力

〔ケース22〕

　AはBを受取人として約束手形を振り出し，Bは，売買代金の支払のために，Cに当該手形を裏書譲渡（拒絶証書作成免除文句が記載されていた）した。DはBの手形債務を手形保証した。

　① 支払呈示期間経過後にCはAに支払を求めたが，支払を拒絶されたので，Dに保証債務の履行を請求した。

　② 支払呈示期間内にCはAに支払呈示したが，支払を拒絶された。満期から1年1月後にCはDに保証債務の履行を請求した。

　③ 支払呈示期間内にCはAに支払呈示したが，支払を拒絶されたので，CはDに保証債務の履行を請求した。ところが，Bの意思無能力のため，B

---

1) 判例（百選64事件 [57]）および多数説は，他人の債務を保証するにあたっては，特段の事情がない限り，その保証によって負担する自己の責任をなるべく狭い範囲にとどめようとするのが保証人の通常の意思に合致すること，手形保証と民事保証との間には，目的・効果が相当異なること，などを根拠として，隠れた手形保証をした者に，その手形振出の原因関係上の債務を民事保証する意思があったとは，原則として推認できないとしている（もっとも，百選65事件）。ただし，手形債務を民事保証する意思があると推認しないと，隠れた手形保証として裏書等の原因関係が何であるかが問題となる。

の裏書は無効であった。

④　支払呈示期間内にCはAに支払呈示したが，支払を拒絶されたので，CはDに保証債務の履行を請求した。ところが，その請求の前に，B・C間の売買契約はCの債務不履行のために解除されていた。

⑤　支払呈示期間内にCはAに支払呈示したが，支払を拒絶されたので，CはDに保証債務の履行を請求した。ところが，その請求時には，Cの債務不履行のために解除権が発生していたが，Bはまだ解除権を行使していなかった。

8-3-1　手形保証人の責任（77Ⅲ・32Ⅰ）

手形保証人は被保証者と同一の責任を負う。すなわち，手形保証人の負担する債務の金額や時効期間は，被保証者のそれと同じであり，遡求義務者の手形保証人は遡求権保全手続がとられた場合にのみ責任を負う（〔ケース22〕①の事案ではDは責任を負わない）。被保証者の責任と手形保証人の責任とは，合同責任の関係に立つ（77Ⅰ④・47Ⅰ）。したがって，手形保証人は催告の抗弁や検索の抗弁を有しないから，被保証者に対する支払呈示等をしなくとも，手形所持人は保証人に対して請求できるし，民法455条も適用されない。また，分別の利益も有しない。他方，被保証者の債務が，支払，免除，消滅時効などにより消滅した場合には手形保証人の債務も消滅する（〔ケース22〕②の事案ではDは請求に応じなくてよい）。

8-3-2　手形保証独立の原則（77Ⅲ・32Ⅱ）

被保証債務が方式の瑕疵を除き他のいかなる事由によって無効である場合であっても，手形保証は有効である（したがって，〔ケース22〕③の事案では，DはCの請求に応じなければならない）。

8-3-3　手形保証と手形抗弁

被保証者が所持人に対して人的抗弁を有する場合に，それが，手形保証人の

抗弁となりうるかについては，手形法には明文の規定がない。そして，人的抗弁については，人的抗弁の個別性の問題として，考えるべきものであるが，被保証債務と手形保証債務の密接関連性に着目して，人的抗弁の個別性を緩和すべきか，あるいは手形保証人固有の抗弁を広く認めるべきではないかが問題となる。

(1) 手形保証の独立性か手形保証の従属性か　そこで，手形保証の独立性を原則とみるべきか，手形保証の付従性を原則とみるべきかが，従来から，論じられてきた。

判例（最判昭和30・9・22民集9巻10号1313）・通説は，手形保証には付従性はなく，保証債務の内容が一次的な義務か遡求義務かは被保証債務を基準として決定されることを手形法32条1項は規定しているにすぎないとする（独立性説）。これは，手形債務の実現を図るという実質的な理由から支持されるが，手形行為は，それぞれ独立に手形上の記載を内容とする債務を負担する文言的行為であるという理解を形式的根拠とする立場もある。そして，手形保証人の負担する債務の金額や時効期間が被保証者のそれと同じなのは合同責任の性質上当然であり，被保証者につき遡求権保全手続がとられなかった場合に保証債務を負わないのは，手形保証人自身の債務が遡求義務と同一だからであるとし，被保証者の弁済，相殺，代物弁済等の場合に保証債務が消滅するのは，手形債権の実現という合同責任の目的が実現されたためであるとする。また，被保証債務が時効消滅した場合に手形保証債務が消滅するのは，手形保証人の責任は保証としての性質上，手形保証人が自己の負担する債務を履行したときは被保証者に対して求償権を行使できることを前提とするところ，被保証債務が時効消滅すれば，手形保証人は求償できないという事態が生じうるからであるという（最判昭和45・6・18民集24巻6号544）。

しかし，被保証者が消滅時効の完成を手形保証人に対抗できるというのであれば，被保証者が手形行為の実質的瑕疵による手形債務の無効等を手形保証人に対抗できない理由は理論的にはみあたらず，手形保証人はその場合にも求償できないことを理由として保護されるべきことになるが，それでは手形法32

条2項の明文に反してしまう。したがって，手形法32条2項は例外であり，手形保証にも，原則として付従性が認められると解すべきである（従属性説）（上柳・百選〔初版〕179，河本・商法演習II〔有斐閣〕168）。このように考えることは，手形法に規定がないものについては，手形法の本質に反しない限り，民法の規定が適用されるべきことにも合致するし，被保証債務の弁済等，時効消滅などを物的抗弁として，保証債務の履行を拒めるという結論をより自然に説明できる。たしかに，付従性が原則であると考えると，手形保証人が所持人に対して被保証者が有する人的抗弁を援用できるから，所持人にとって不利であるようにみえるが，援用させなくても，結局，所持人は求償を受け，または不当利得返還請求を受けるから，援用を認めても，所持人に不利益はない[2]。また，被保証者が所持人に対して有する人的抗弁を手形保証人が援用できるとしても，その後の善意の取得者は手形法17条によって保護され，手形取引の安全は害されない。さらに，手形行為は，それぞれ独立に手形上の記載を内容とする債務を負担する文言的行為であるという一般論は，それ自体の妥当性が問題となるのみならず，手形保証の場合には，被保証債務と手形保証債務の間には，他の手形債務間に比べ，密接な関係があるといえよう（田辺・法教160号48も参照）。以上に加えて，手形保証人が被保証者が所持人に対して有する人的抗弁を援用できず，債務を履行しなければならないとすると，手形保証人に被保証者に対する求償を認めなければならないが，それでは，自己の有する人的抗弁を対抗する機会を被保証者から奪うことになり妥当ではない（以下の(3)の場合においても，被保証者は請求があったときに解除権等を行使すれば足りるのであるから，先に手形保証人に請求がなされたからといって，抗弁対抗の機会が奪われるという結論

---

2) 江頭教授は，スタンドバイ信用状の法理との比較から，手形保証について，手形所持人に対し可及的速やかに流動資産を提供する機能（迅速な支払を受けることによる債権者の利益。抗弁の主張を許すと，紛争の決着に時間を要し，早く資金を得たいという債権者の必要を満たすことができない）をもたせるべきであるとして，手形保証人は被保証者の原因関係上の抗弁を援用できず，原因関係上の抗弁事由が重要であり，その存在が争う余地がないほど明白であり，かつ手形保証人がその決定的な証拠方法を有している場合にのみ権利濫用の抗弁を認めるべきであるとされる（「手形保証とスタンドバイ信用状」竹内還暦149以下）。

は妥当ではないであろう）。

(2)　被保証者が所持人に対して有する人的抗弁（原因関係について解除権等がすでに行使されている場合など）と手形保証人　　従属性説によれば，被保証者が所持人に対して有する人的抗弁を手形保証人が援用して保証債務の履行を拒絶できることになる（〔ケース 22〕④の場合には，D は保証債務の履行を拒める）。この場合に，手形保証人が被保証者が所持人に対して有する人的抗弁を援用しないで債務を履行した場合の処理が問題となるが，40 条 3 項の適用を認めればよいと考えられる。

他方，独立性説によるとつねに拒むことができないようにも思われるが，すでに述べたように，手形保証人に対して所持人が権利行使することを認めても意味がない場合や認める必要がない場合があり，判例（百選 63 事件 [58]）は，被保証債務の原因関係上の債務の不発生が確定したときは，特別の事情がない限り，被保証者のみならず手形保証人に対しても手形上の権利を行使すべき実質的理由を所持人は失っているとして，手形保証人に対して手形金の支払を求めようとすることは，信義則に反して明らかに不当であり，権利の濫用に該当するから，手形保証人は所持人に対して，権利濫用の抗弁を対抗できるとした。

また，独立性説をとりつつ，民事保証を原因関係として手形保証がなされたと解することができる場合には，民事保証が無効であるという抗弁を所持人に対抗できるとすることも考えられるが（鈴木 330–331，塩田・争点 377），手形保証は民事保証をつねに伴うものではないから（むしろ原則として伴わないと解すべきであるといわれている。*8-2* 注 1)），具体的妥当性を確保できるとは限らない。

さらに，権利移転行為有因論を前提として，原因関係の不存在・無効・消滅などの場合には，所持人は無権利者であり，無権利者に対しては，だれでも支払を拒絶できるとして，手形保証人は所持人の請求を拒めるという見解がある（前田 306)[3]。この見解に対しては，被保証者に対する権利を有しないことが，

---

3)　原因関係の不存在・無効・消滅などの場合には，所持人は実質的に無権利者であり，無権利者の抗弁はだれでも主張できるとして，原因関係の当事者ではない手形保証人も，所持人に対し無権利者の抗弁を対抗できるという見解がある（河本・商法演習 II〔有斐閣〕163)。

なぜ，手形保証人に対する権利を有しないことにつながるのかという疑問があるが，権利の分属を認めない（被保証者に対する権利は有しないが，手形保証人に対する権利を有するとすると，1枚の手形の上に異なる権利者の権利が表章されることになる。〔**ケース 22**〕④では，BのAに対する権利とCのDに対する権利が表章されることになるが，これは望ましくない）ということから，この結論を導くことはできる。

(3)　**被保証者が所持人に対して有する人的抗弁**（原因関係について解除権等がいまだ行使されていない場合など）**と手形保証人**　　原因関係について解除権等がいまだ行使されていない場合などであっても，従属性説によれば，手形保証人は被保証者が所持人に対して有する人的抗弁を援用することができる（田辺・法教 160 号 48）（〔**ケース 22**〕⑤の場合に，Dは保証債務の履行を拒むことができる）。しかし，判例の枠組によると，被保証債務の原因関係上の債務の不発生が確定していない以上，被保証者のみならず手形保証人に対しても手形上の権利を行使すべき実質的理由を失っているとはいえないから，権利濫用の抗弁は認められないであろうし，権利移転行為有因論によっては，対抗できるか否かを決することはできない[4]。

8-4
手形保証債務履行による手形保証人の地位

　手形保証債務が履行されれば，手形保証債務のみならず，被保証債務（および被保証者の後者の債務）は消滅する。手形保証債務を履行した手形保証人は，法律上当然に，被保証者およびその手形債務者に対し，手形上の権利を取得する（77Ⅲ・32Ⅲ）。従来の通説は，この権利取得は法定の原始取得であり，手形の交付は，この権利の取得要件ではなく，権利行使のために手形を要するにす

---

4)　前田 308 は，手形保証の付従性は，民事保証のそれよりも弱く，手形保証独立の原則から，被保証債務の債務負担行為の瑕疵があっても手形保証債務は有効である以上，手形保証人は被保証者が解除権等を行使しない限り，それを抗弁とはなしえないという。

ぎない，また被保証者は所持人に対する人的抗弁を手形保証人に対抗できないと解していた。しかし，有価証券に表章された権利の性質からは，手形法32条3項が定める取得は，第三者弁済による代位取得を手形法的に加工したものであり，承継取得であると考えるべきである。このように解することによって，遡求義務者が義務履行によって手形上の権利を取得する場合と統一的に説明することができる。ただ，このように解すると，権利取得のためには手形の交付を受けることが必要であると考えるのが論理的である[5]。なお，承継取得と考えても，義務に基づく取得であるから，被保証者は所持人に対する人的抗弁を手形保証人に対抗できないとするのが通説であるが，利益衡量上は（*7-3-7*注31)），対抗できるとしたうえで，手形保証人を40条3項の類推適用で保護するという見解もありえよう。

---

5) 手形の交付が必要であると考えると，一部保証の場合には，手形を受け戻せない（債権者は残部の権利行使のために手形を必要とする）以上，債務を履行した保証人は権利を取得しないのかが問題となる（したがって，51条後段を類推して手形の証明謄本の交付を受ければ権利を取得できると解することが適当であろう）。他方，手形の交付は不要であるとしても，権利の分属の問題が生じ，手形保証人はどのように権利を行使するかが問題となる。振出人が手形所持人に対して残額の支払をなして手形を受け戻した場合には，手形を所持しなくとも振出人に対して権利を行使できるが，さらに，前田教授は，為替手形の一部引受に関する51条後段の類推適用（手形の証明謄本の請求）を認める（前田 314）。

第9章

公示催告手続と除権決定

除権決定とは，権利と紙切れの結びつきを解いて有価証券を無効とするものであり，公示催告手続（除権決定は手形・小切手の正当な所持人が存在する場合には，その者に形式的資格の喪失という不利益を与える可能性があるからである）を経たうえでなされるものである。

　手形や小切手を喪失した者は，証券を所持していないため，権利者としての推定を受けることができないのみならず，除権決定を得ない限り権利を行使できないし，手形や小切手が善意取得されると，実体的な権利を反射的に失う。そこで除権決定制度によってそのような手形等の喪失者の救済を図っている。

9-1
手続の流れ（非訟 99～118）

(1)　手形等の喪失者[1]による公示催告の申立て[2]

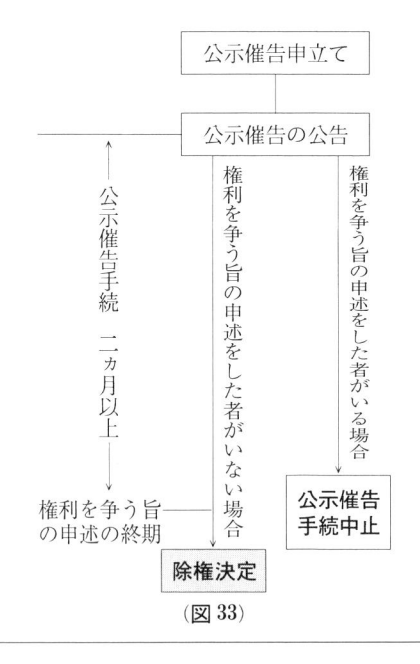

（図 33）

(2) 公示催告手続　　裁判所が掲示場に掲示し，かつ官報に掲載して（裁判所は，さらに時事に関する事項を掲載する日刊新聞紙に掲載することを申立人に命ずることができる。非訟102Ⅱ）公示催告の公告をする。この公示催告においては，当該手形等につき権利を争う旨を申述する者がいる場合には，一定期日（権利を争う旨の申述の終期といい，公示催告を官報に掲載した日との間に少なくとも2ヵ月の期間をおく。非訴103）までにその権利を争う旨を裁判所に申述して手形等を提出するように催告し，かつその期間内に権利を争う旨の申述がなければ，手形等の無効宣言（＝除権決定）をする旨が告げられる。

(3) その後の処理

①　公示催告に応じて権利を争う旨の申述をした者がいる場合　　公示催告手続は中止し，以後は公示催告申立人と権利を争う旨の申述をした者との間でいずれが権利者であるかが争われ，公示催告申立人は自己が権利者であることを立証できれば，権利を争う旨の申述をした者に対して手形等の引渡しを請求できる。

②　権利を争う旨の申述の終期までに権利を申述する者がいなかった場合　当該手形等について除権決定がなされる。除権決定がなされたときは，公示催告申立人は当該手形等による権利を手形債務者に対して主張できることとなる（非訟118Ⅱ）。

1）　手形に署名後，交付する前に手形を喪失した約束手形の振出人にも申立権が認められると解すべきであろう（百選79事件）。たしかに，非訟事件手続法114条1号および2号によれば白地式裏書がされた場合を除きその有価証券により権利を主張することができる者が申立権者とされ，約束手形の振出人は義務を負うのみで，権利を主張する立場にはないが，喪失手形を善意無重過失で取得した者に対して手形上の責任を負うことになるから，権利を主張しうべき者と同様，手形の流通を阻止することにつき利益を有し，公示催告を申し立てる利益を有していると考えられるからである。
2）　商法518条は金銭その他の物または有価証券の給付を目的とする有価証券について，公示催告の申立てをした場合には，債務者に債務の目的物を供託させ，または相当の担保を供してその証券の趣旨に従った履行をさせることができるとする。手形は金銭の給付を目的とするから，商法518条の適用がある。この供託の効果は公示催告申立人以外の者に対しても主張できる（大阪高判昭和42・3・30下民集18巻3=4号333［67]）。

9-2
除権決定の効力

　除権決定においては，証書が無効であると宣言されるから（非訟 118 I），手形等は物理的に存在していても，単なる紙きれとなってしまい（消極的効力）（手形等の現在の所持人は形式的資格を失い，除権決定後は新たに善意取得は生じない），また申立人は手形上（あるいは小切手上）の権利を手形等を所持していなくとも行使できる（積極的効力）[3]。すなわち，除権決定を得た者には権利者たる形式的資格が認められる。

　しかし，除権決定前に喪失手形等を善意取得した者が存在する場合に，除権決定の積極的効力は，除権決定を得た者に実質的権利を回復させるものではないとするのが判例（百選 80 事件 [43]）・多数説である[4]。この根拠としては，除権決定の制度は申立人の形式的資格を回復させるものにすぎないし，その手続の中には申立人の実質的権利を確定するような手続は含まれていないこと（権利を争う旨の申述をする者がいないことのみでは申立人に実質的権利があると認定するには証拠不十分といえよう），手形喪失後公示催告までの間に手形を取得した者に取得後も官報等を調査すべきであるとするのは無理を強いるものであるし，公示催告後除権決定までの間に手形を取得する場合にも官報等の確認が必要であるとすると煩雑であり，また手形の迅速な流通にそぐわないこと，公示催告の公知性は実際上不十分であり，争う旨の申述がなかったことのみをもって権利を失うとするのは善意取得者に酷であることなどがあげられている。なお，この場合の善意取得者は，申立人から除権決定の正本の引渡しを受けて権利行使すべきである。たしかに，実質的権利を証明して[5]権利行使できると考える

---

　3)　除権決定を得た者（申立人）が手形債務者に対して，手形の再発行請求権を有するか否かが問題となりうるが，有しないと考えるべきである（**10-10**）。
　4)　費用と時間をかけて除権決定を得たことがむだになってはならないという見地から，申立人の実質的権利の回復を認める見解がある（鈴木 346）。
　5)　百選 79 事件は，除権判決〔現在は除権決定〕前に手形を取得していた場合には，除権判決〔現在は除権決定〕の対象となった手形の所持人が実質的権利者であると推認される

ともできそうであるが（前田 258），裏書が不連続な手形の所持人の場合（この場合には他に形式的資格を有する者は存在しない）とは異なり，形式的資格を有する者が存在するのであり，手形債務者にリスクを負担させてまで，形式的資格を有しない実質的権利者の権利行使を認めるべきではない。

ことを前提としていると読める。しかし，除権決定後は，除権決定申立人が形式的資格を有するはずであり，善意取得者は形式的資格を有しない。40条3項による保護はこのような場合の手形債務者に及ぶのであろうか。たとえば，田辺 220 は，除権決定前の善意の取得者であることまたはそのような者から取得したことを立証すればよいとする（百選80事件［43］も同趣旨）が，「善意」をどのように立証するかは問題である。

第10章

白地手形

Part II 約束手形

10-1
白地手形の意義

　手形は，厳格な要式証券であり，手形要件として法定された事項の記載を欠く証券は，特別の規定によって救済される場合以外には，手形としての効力を有しない（2・76。*2-1-1*）。ところが，原因関係上の債務の額や弁済期が不明である場合などには，商慣習上，手形行為者となろうとする者が，後日その取得者に手形要件の全部または一部を補充させる意思で，ことさらに手形要件の全部または一部を記載しないで紙片に署名して交付することがある。この場合の紙片を，白地手形という。このような実務上の必要性を背景として，白地手形は商慣習法上の指図証券として認められてきた（大判大正 10・10・1 民録 27 輯 1686）。

　理論的にも，白地手形は未完成手形（手形ではない）であるが，手形要件は必ずしも同一人が同時に記載しなければならないものではないし，手形要件は権利行使時に具備されていれば足り，白地手形の流通を当然に否定しなければならない理由もない。

　そこで，手形法は白地手形の存在を前提として，10 条の規定を設けている。

10-2
白地手形の成立要件

10-2-1　白地手形行為者の署名

10-2-1-1　白地手形行為者の署名の必要性
　白地手形は，後に要件が補充された場合に署名者が手形上の責任を負うことになるものだから，白地手形であるためには，手形行為者となろうとする者すなわち白地手形行為者の署名が少なくとも一つ以上存在しなければならない。

この署名は，手形法 10 条の「未完成ニテ振出シタ」という規定からも明らかなように，振出人の署名であることが通常であるが，理論上は振出署名だけでなく，その他の手形行為者の署名のみがある白地手形も認められるとするのが判例（大判大正 9・12・27 民録 26 輯 2109）・通説である（たとえば，要件欠缺のまま，まず引受人が署名する白地引受，要件欠缺のまま，まず裏書人が署名をし，これを振出人に交付して要件補充を委ねる場合〔裏書人の白地署名〕，保証人が要件欠缺のまま，保証署名をする白地保証などの場合にも白地手形は成立する）。

なぜなら，手形法 10 条は白地振出に関する規定であるが，これはそれ以外の白地手形行為を否定するものではないし，理論的にも，附属的手形行為（振出以外の手形行為）は，論理的に基本手形の振出を前提とするにすぎず，実際上振出が時間的に先に完成していることは必要ではないからである。

10-2-1-2 記名白地の場合に白地手形は成立するか

〔ケース 23〕

① A は，約束手形用紙の振出人欄には捺印のみをし，その他の手形要件を記載したうえで，B に記名の補充を委託して，その書面を B に交付した。

② A は，約束手形用紙の振出人欄には捺印のみをし，その他の手形要件を記載したうえで，後日，自ら記名の補充をすることを約して，その書面を B に交付した。

記名の補充を委託した場合（たとえば〔ケース 23〕①）について，振出人の記名も手形要件の一つであり，かつだれが記載してもよい事項であるから，署名や捺印については特別な考慮を要するとしても，記名については他の手形要件と区別する必要はないとして，白地手形の振出であるとする見解があるが，振出人は，記名という事実行為の代行を受取人に委託する意思で，捺印のみをして手形を交付したのであり，受取人が委託に基づいて記名を完了した時点で振出人自身の振出行為が有効に成立すると考えるべきである（最判昭和 40・12・10 金法 432 号 8）。なぜなら，捺印のみでは署名とはいえず，記名捺印があってはじめて署名があると評価できるからである。

なお，署名以外の手形要件について白地があり，かつその補充権が成立して

いるときは，受取人が記名を完了することによって，白地手形の振出となる。

　同様に，振出人自ら記名の補充をする予定である場合（たとえば，〔ケース 23〕②）には，振出人が自ら記名したときに振出行為が有効に成立する（他の手形要件に白地がなければ手形の振出，他の手形要件に白地があり，かつ補充権が成立していれば白地手形の振出）。この場合には受取人（または所持人）が記名を補充すると偽造になるから，その後の手形取得者の保護が問題となるが，10 条（白地手形以外にも適用できると解したとき。*10-2-3*）または表見偽造（表見代理規定の類推。*3-4-1*（2））によって解決できる。これに対して，記名白地の場合にも白地手形となりうると考え，かつ折衷説や客観説によって補充権の成立を認めると（*10-2-3* 注 2)），10 条の適用（*10-6*）によって解決されることになる。

　以上は，振出の署名のうちの記名の補充についてのみならず，他の手形行為者の署名についても妥当する。

▎*10-2-2*　手形要件の全部または一部の欠缺

　白地手形においては，白地手形行為者の署名以外の手形要件の全部または一部が欠けている。手形文句・支払委託ないし支払約束文句の記載が欠けている場合にも，補充権付与の有無の判定に際してその欠缺が消極的判断資料となりうるものの，白地手形は成立しうる。なお，満期の記載を欠く場合には一覧払手形とみなすと法が定めることから（76Ⅱ・2Ⅱ），満期が記載されていない場合には，満期白地手形と解すべきか一覧払手形とみなすべきかが問題となるが，*2-1-1-3*（5）をみよ。

▎*10-2-3*　白地手形と無効な手形の区別──補充権の成立

　要件欠缺による無効手形と白地手形の区別は，その白地を補充する権利（補充権）の存否にかかっている。すなわち，補充権が明示的または黙示的に成立していなければならない[1]。判例（大判大正 10・10・1 民録 27 輯 1686）・多数説

---

1)　補充権付与後，白地手形行為者が死亡したり，その行為能力が制限されたり，または代理権を失っても，すでに白地手形行為としては完成しているから，いったん付与された補

（石井＝鴻 186，大森・講座 II 42，関 45 など）によれば，補充権は，白地手形行為者とその相手との合意（契約）によって付与されるのであって，署名行為それ自体によって発生するものではない。すなわち，あえて手形要件を記載せず，後日他人にそれを補充させる意思で手形を発行したという，白地手形行為者の意思によって，補充権は発生する（主観説）[2]。

充権の効力に影響はない。すなわち，白地手形が手形となるのは白地補充のときであるが，署名者は署名のときにその意思表示を完成しているからである。

　また，いったん白地手形として発行された以上，補充権は取得者の権利として保護されるべきこと，白地手形については，民法上の委任が存するのではないことはもちろんであるから，撤回を許す条文がないこと，かりに補充権による関係を委任や代理とみるとしても，補充権者はもっぱら自己の利益のためにこの権利を行使しうるのだから，行為者がこれを一方的に撤回しうる余地を認めることは不当であることなどから，補充権がいったん有効に付与された以上，行為者の一方的な意思によってこれを撤回することはできない。

　もちろん，当然のこととして補充権者との合意によって補充権を消滅させたり，その内容を変更できるが，その場合に手形の回収を要するか否かが問題となる。

　これは手形債務の消滅に手形の受戻しを要するか否か（*7-2-1*（2））ということとパラレルの問題であって，手形債務の消滅に手形の受戻しを要しないとするならば，補充権の消滅・変更の場合にも手形の回収は必要でないと解されるし，手形債務の消滅に手形の受戻しを要するとするならば，補充権の消滅・変更の場合にも手形の回収が必要であると解することになろう。

　もっとも，手形の受戻しを不要と考えても，白地手形を回収しておかなければ，善意・無重過失の取得者に対して，白地手形行為者は少なくとも 10 条の類推適用によって責任を負う。すなわち，不当補充であるか否かは変更・制限後の内容を基準として判断すべきことになるが，不当補充と認められる場合でも，悪意・重過失のない所持人に対しては署名者は責任を負わなければならない。

　白地手形を回収しなかったが補充権が消滅したと考える場合には，その証券はすでに補充権を表章しないものとなっているため，白地手形としての性質を失っているというほかはないが，少なくとも 10 条を類推適用し，署名者は悪意・重過失のない第三者に対しては責任を負うと解すべきである（大判昭和 15・10・15 民集 19 巻 1808）。白地手形行為者としての署名は残っており，そのようなものを回収しなかったということについては，その責任を認めるべき根拠があるからである。

　なお，補充権を白地手形への署名によって発生する証券上の権利であると解すれば（客観説，折衷説），当事者間における補充権の撤回その他の原因関係上の事由が生じても，それによって当然に補充権が消滅することはなく（白地手形を回収しない限り），それらの事実は単なる当事者間においてのみ主張できる人的抗弁事由（77 I ①・17，小 22）となるにすぎない。

2）　補充権の成立をめぐっては，主観説のほかに，署名者の具体的意思いかんを問わず，外観上署名者が補充を予定して署名したものと認められるならば，白地手形とみるべきであるとする客観説，補充権付与の具体的意思がなくとも，書面の外形上，欠けている要件が将来補充を予定されているものと認められる場合には，署名者がそのような書面であることを認識しまたは認識すべくしてこれに署名した以上，それによって当然補充権を与えたものと認めるべきであり，白地手形が成立するが，単なる白紙に署名がなされたにすぎないような場合には，具体的な補充権付与の意思があるときにはじめて白地手形が成立する

客観的な外観がまったく同一でありながら，無効な手形と白地手形とを区別するためには，客観的な外観以外の当事者の主観的意思によらなければならないからである。また白地手形の場合には，白地部分については記載がなされていない以上，補充権の存否，あるいはどのような補充権が与えられているかは，当事者間の合意によって決めるしかないからである。

　この見解に対しては，（白地）手形取引の安全を害するという批判が加えられるが，まず，手形取引の安全は，補充権の付与を推定することによって図ることができる。すなわち，たとえば不動文字で印刷された手形用紙を用いたような場合には，特別な事情がない限り，補充権を付与したものと推定すべきである。また，後述する 10 条の適用ないし類推適用によって，手形取引の安全を図ることができる。10 条は「未完成ニテ振出シタル……手形」としており，白地手形を前提としているようにも読めるが，要件欠缺により無効な手形も，客観的には未完成手形であり，補充後には，完成手形と区別がつかないことを考えると，10 条を少なくとも類推適用する基礎がある。なお，主観説をとりつつ，一般的に権利外観理論を適用する見解がある。すなわち，外観上白地手形と見られる書面を白地手形であると信頼して取得した者に対しては，たとえ真実は補充権が付与されていなかった場合であっても，そのような書面に署名した者は白地手形行為者と同様の責任を負うとするのである。しかし，どのような補充権が表章されているかは，外観からは判断できないとするのが，主観説からは理論的であり，一般には「外観の存在」という要件を満たさないと考えられるから，10 条の（類推）適用によって解決すべきであろう（百選 40 事件[26]）。

　なお，主観説によれば，手形行為者が，自ら行うべき補充の実行行為を他人に託したにすぎない場合には白地手形とはならないが，他人がこれを白地手形として利用した場合における善意の取得者は，手形法 10 条の類推適用により保護されると考えるのが，多数説（石井＝鴻 192 など）である。

とする折衷説（鈴木 218，竹内 48，前田 127）がある。いずれも，主観説によれば，白地手形の成否は補充権付与の具体的意思の有無という白地手形外の事実によって左右されるが，その存否の判断は，外部からは困難であって，手形取引の安全を害するという問題意識を背景として主張されている。

10-2-4　白地手形の交付

　交付契約説や発行説（**2-3**）によれば[3]，白地手形は**10-2-1～10-2-3**で示した要件を備えた証券の交付によって成立する。そして，その証券が署名者の意思に反して流通に置かれた場合の善意取得者保護は，完成手形の場合と同様（**2-3**），権利外観理論によって図るべきである。

10-3
白地手形に表章される権利

　(1)　（白地）補充権　　（白地）補充権とは，白地手形の白地を補充してこれを手形として完成することができる権利である。権利者の一方的行為により未完成手形である白地手形を完成手形とし，その上になされた白地手形行為に完成した手形行為としての効果を発生させることができる権利である（形成権の一種）。

　白地手形の発行は，当然に補充権の付与を伴い（**10-2-3**），しかも，慣習法上認められる裏書や引渡しによる白地手形の移転は，当然に，補充権の移転を伴うと解されるから，白地手形には補充権が表章されているとみるべきである。

　たしかに，補充権が署名行為自体（の中に表示された意思）によって発生するとする客観説または折衷説によれば，補充権が白地手形に表章されるとみるのが論理的であるのに対し，補充権が手形外の契約によって付与されるという主観説によった場合には，補充権が表章されると当然に解することはできない。したがって，主観説からは，白地手形と補充権との間の，とりわけその流通における不可分の関係から，補充権も白地手形に表章されると説明することにな

---

　3)　なお二段階創造説（**2-3**注4））かつ折衷説（本章注2））によると，完成手形の場合と同様，白地手形の場合も，書面の外形上欠けている記載が将来補充を予定されていると認められるような書面であることを認識し，または認識すべくして署名することによって，補充権と補充を条件とする手形上の権利が証券に表章され，署名者は自己に対するそれらの権利を取得し，証券の交付によってそれらの権利が相手方に移転する。交付欠缺の場合には，取得者は善意取得によって保護される。

る[4]。

(2) 白地が補充されたならば完全な手形上の権利者となることができる法律上の地位　補充によって取得できる手形上の権利と離れて補充権だけを問題とすることは無意味であり，補充権とともに補充によって完成される手形上の権利者となるべき地位が表章されると考えて，はじめて，白地手形の適法な所持人の地位は法律上の保護に値する法的地位と認められる。

また，論理的には，手形要件の補充によって手形上の権利が成立すると考えるには，すでに補充以前に，欠けている要件の補充を停止条件とする手形上の権利が成立・存在しているとみなければならない。補充により手形上の権利が突如として発生すると考えるのは自然ではないからである。

なお，この法律上の地位は，単なる期待権ではなく，むしろ潜在的な手形上の権利あるいは条件付きの手形上の権利である。なぜなら，白地手形の所持人は，何人かによって補充がなされたならば手形上の権利を取得できるという法律上の地位でなく，自ら補充権を行使して完全な手形上の権利者となることができる法律上の地位を有するからである。

10-4
白地手形と完成手形の法規制の異同

白地手形は，完成手形と同じく，その裏書または引渡しによって流通させられ，商取引の対象となる。白地手形は有価証券であり，商業証券であると考えられる。また，白地手形行為者としての署名の意義，方式，能力，代行，偽造などに関しては，手形署名一般の原則に従う。さらに善意取得（77Ⅰ①・16Ⅱ），除権決定の対象となるし，人的抗弁の主張制限（77Ⅰ①・17）が適用される。

しかし，白地手形について完成手形と同様の手形法的譲渡方法が認められるのは，もっぱら商慣習法によるものであって，また，手形法10条はそれを前

---

4)「表章」とは目に見えないものを目に見えるようにすることであり，補充権については何らの記載もないから表章されることはないという指摘がある（倉沢94）。

提として不当補充がなされた場合の善意者保護を図ったものにすぎないから，白地手形が手形としては未完成証券である（＝手形ではない）ことに変わりなく，白地手形を一種の手形と解して（大判昭和5・10・23民集9巻972），完成手形に特有の規定を除いて，手形法の規定の大部分が白地手形に当然適用されると解することは妥当ではない。

10-4-1　白地手形の権利移転

　白地手形は完成手形ではないが，その経済的実質を考慮して，商慣習法により，完成手形と同一の方法による権利移転が認められている。すなわち，受取人の記載のある白地手形は白地補充することなく裏書により譲渡することができる（大判昭和10・3・27新聞3830号16）。受取人の記載のない白地手形は，受取人白地のままで単なる交付によっても譲渡できるし（最判昭和34・8・18民集13巻10号1275），白地の受取人欄に他人を記載して譲渡することもできる（東京地判昭和30・2・2下民集6巻2号169）。

　このように，白地手形にも手形法上の権利移転方法が認められることから，白地手形の取得者には，善意取得（77Ⅰ①・16Ⅱ）および人的抗弁の主張制限（77Ⅰ①・17）による保護が与えられる（大森・講座Ⅱ74-75）。

　なお，白地手形は，白地補充により完全な手形上の権利を表章するものであるから，白地手形も，相続，会社の合併，債権譲渡など一般私法上の方法による移転が可能である。

10-4-2　白地手形による権利行使

　白地手形は，手形としては未完成な証券であり，有効な手形とはいえないこと，および，内容の確定しない権利を行使できないのは当然であるし，確定日払手形の振出日のように，手形債務の内容の確定に無関係な要件が白地の場合（*2-1-1-6*(3)）でも，立法論としてはともかく，統一条約に基づく手形法2条1項の明文を安易に無視できないことから，白地手形による支払呈示は無効であり（大判昭和12・12・12商判集追補Ⅱ115），白地を補充しない限り，手形金請求

はできないから，手形金請求訴訟を提起して，口頭弁論終結時までに白地補充しなければ敗訴する（大判昭和10・3・27新聞3830号16）。したがって，白地手形の呈示によっては手形債務者を遅滞に付することはできず，遡求権保全効もない（最判昭和33・3・7民集12巻3号511）。ただし，判例は白地手形による請求に時効完成猶予効を認める（百選43事件［28］）（**10-9-3**をみよ）。

10-5
補充権の内容

補充権の成立について主観説をとると[5]，補充権は，当事者間の明示または黙示の合意によって限定された具体的な内容の権利であると考えられる。

補充権の内容に関して，当事者間に明示または黙示の具体的な合意がない場合（補充権の付与が立証されてもその内容が不明確な場合や，補充権の付与が推定されるにすぎない場合）には，その白地手形行為の原因関係や手形取引の慣行などを斟酌し，補充権を付与する者が通常有すべき意思の内容を，信義誠実の原則に従って判断すべきである。

もちろん，補充の内容を限定せずに，それを相手方に一任する方法で付与することも可能であり（手形金額など手形上の権利の内容に関する部分の補充についてはその内容を限定するのが通常であるが），たとえば，受取人，振出地，確定日払手形の振出日は限定されないのが通常であるから，それらの事項について具体的な合意がないときは限定されないと認めるべきであろう（関45は，受取人白

---

5) 折衷説，客観説に立つと，証券上には補充権の内容は何ら記載されないから，その補充権は，それ自体としては，いかなる補充であれ補充がなされればその補充された文言に従って手形上の効力を生じうるような，内容的には無制限な，いわば抽象的な内容の権利と解することが，自然であり，また手形取引の安全を徹底するためには，そのように解することが望ましいともいわれる。したがって，補充権の範囲の限定は，単に手形外の関係に基づく人的抗弁にすぎないことになる。

　しかし，このような帰結は，当事者の合理的意思とは合致しないと考えられ，その前提である折衷説ないし客観説が適当ではないことを示すように思われる。また，折衷説に立つと，書面の外形上，補充は予定されているようには見えないが，具体的な補充権付与の意思がある場合の補充権も，内容的に無制限な権利といえるのかが問題となる。

地の手形，振出日白地の確定日払手形は商慣習法〔商1〕により白地手形とされるとする）。

10-6
白地手形の不当補充──手形法10条の適用範囲

〔ケース 23〕

③ Aは，手形用紙に満期以外の手形要件を記載したうえで署名し，平成30年3月1日から6ヵ月以内の日を満期として補充するという合意の下で，Bに当該書面を交付した。

　ⓐ Bが「平成29年10月31日」と補充して，Cに裏書譲渡した場合

　ⓑ Bが「平成29年10月1日から6ヵ月以内の日を補充する権限」が付与されていると告げて，白地のままCに裏書譲渡した場合

④ Aは，手形用紙に手形金額以外の手形要件を記載したうえで署名し，200万円以内の手形金額を補充するという合意の下で，Bに当該書面を交付した。

　ⓒ Bが「400万円」と補充して，Cに裏書譲渡した場合

　ⓓ Bが「400万円以内の手形金額を補充する権限」が付与されていると告げて，白地のままCに裏書譲渡した場合

⑤ Aは，手形用紙に受取人以外の手形要件を記載したうえで署名し，Bと補充するという合意の下で，Bに当該書面を交付した。

　ⓔ Bが「C」と補充して，Cに交付した場合

　ⓕ Bが補充権に限定はないと告げて，Cに交付した場合

⑥ Aは，手形用紙に手形金額以外の手形要件を記載したうえで，後日A自ら補充するという合意の下で，Bに当該書面を交付した。

　ⓖ Bが「400万円」と補充して，Cに裏書譲渡した場合

　ⓗ Bが「400万円以内の手形金額を補充する権限」が付与されていると告げて，白地のままCに裏書譲渡した場合

主観説の立場からは，合意に反した補充は補充権の行使とはいえないから，本来，物的抗弁となり，（白地）手形取引の安全を害するので，手形法10条が

政策的に設けられたことになる。すなわち，主観説によった場合でも，他人を信頼して補充権を付与した者が，その信頼が裏切られることから生ずるリスクを負担するのは当然であって，これを責任のない第三者に転嫁できるものではないことから，手形法10条は，手形取引の安全を保護するため，補充権の内容を限定する合意を悪意・重過失のない第三者に対抗しえないととくに定めた。

他方，折衷説・客観説の立場からは，合意に反した補充も補充権の行使であり，合意に反した補充がなされたことは，本来，人的抗弁（77 I ①・17）の問題にすぎないが，それでは白地手形行為者が負うリスクが大きくなりすぎて，白地手形の利用が妨げられることになりかねないので，署名者の利益を若干考慮して10条が設けられたと説明することになる。そして，判例（百選44事件[27]）・通説（石井＝鴻205，竹内57）は，白地の補充の前後を問わず[6]，10条が適用ないし類推適用されるとしている。

補充後の取得者が10条で保護されることは，条文上の文言・条約（立法の沿革上）から明らかである。利益衡量上も，いったん補充されると，外見上，当初からの完成手形と区別がつかないから，第三者としては，不当補充の事実は

---

[6]

	補充前取得	補充後取得
判例・通説	10条（の類推適用）	10条
鈴 木 説		10条
前 田 説	10条	17条

鈴木220–221は，手形法10条は補充後の手形の取得者にのみ適用される規定で，白地がすでに補充された手形と当初から完成手形として振り出されたものとは手形面上区別できないことに注目したものであるとする。この見解は，白地未補充のままで手形を取得した者は，補充権の有無・範囲についての危険をつねに負担すべきであるという価値判断を前提とする。

他方，前田134は，10条は，未補充の白地手形を譲り受けた後に自ら善意・無重過失で補充した所持人だけを保護する規定であり，善意で不当補充後の手形を譲り受けた所持人の保護は，手形法17条によるべきであって，10条によるべきでないとする。

この見解は，白地補充権は本来無制限のものであり，これに対する制限は手形外の当事者間の合意にすぎないという折衷説を前提として，白地手形の不当補充後の取得の場合には17条の人的抗弁の問題となるとする。そして，利益衡量上も，たとえば，手形金額白地手形の不当補充後の取得者の場合と手形金額の一部につき支払を拒むことができる人的抗弁が付着した完成手形の善意の取得者の場合とでは，取得者を保護すべき要請には変わりがなく，両場合の均衡を図るためには，どちらも17条の問題として，取得者が保護されるための主観的要件を同じくすべきであるという。

おろか，それが白地手形であったことさえ知ることができないのが通常だから，不当補充による損害は，このような責任のない第三者ではなく，他人を信頼して白地手形を交付した署名者に負担させるべきであると考えられる。

　他方，白地手形のままで流通させる必要があるが，そのような流通の円滑化のためには，一定の補充権の存在を信頼した者を保護する必要があるから，補充前の取得者にも 10 条を（類推）適用すべきである。受取人，振出地，振出日のような，権利内容に直接の関係がない事項については，通常，補充権の範囲に限定が加えられることはないという実態があるから，このような要件については，振出人が不当補充を理由として手形債務の履行を拒めるとすることは妥当でない。

　また振出人側にも手形を回収しなかったり，流通に置くことによって，不当補充を容易にできる状態を作出したという帰責事由が存在する以上，白地未補充のまま手形を取得した者が補充権の有無・範囲に関するリスクをつねに負担すべきであるとはいえない。したがって，補充権の存在に対する信頼が正当な場合には，その信頼を手形法 10 条の（類推）適用によって保護することが妥当である。

　さらに，このように解しても手形金額などの重要な事項に関しては，振出人に確認するなどの調査をすることなく譲渡人の言葉を信用した取得者には重過失があると認定することにより，利益のバランスを図ることができる。

　本書の立場では，〔**ケース 23**〕③ⓐの場合は，典型的に 10 条が適用されるケースであり，C は善意無重過失なら，平成 29 年 10 月 31 日を満期として手形金を請求できる。ⓑの場合にも，C が善意無重過失なら，C は平成 29 年 10 月 1 日から 6 ヵ月以内の日を補充して手形金を請求できる（10 条の類推適用）。しかし，満期は重要な事項であり，通常，限定されているから，A に問い合わせない場合には，重過失があることになろう。

　④ⓒの場合も典型的に 10 条が適用され，C が善意無重過失なら，400 万円を請求できる。ⓓの場合も③ⓑと同様に考えられよう。

　⑤ⓔの場合にも 10 条を適用するのが判例（大判昭和 13・11・19 新聞 4355 号 7）

であるが，特定人を受取人として補充しなければならないという限定は，補充権の内容を定めたというより，その手形の最初の権利者がだれであるかを定めたものにすぎないと解すべきである。すなわち，受取人白地については補充権の内容の限定ということはなく，補充権の濫用ということもありえないというべきである。受取人を限定[7]しても，白地手形は裏書によって移転し，その権利者がだれになるかは予定できない性質のものだからである。

　したがって，⑤⑥⑦とも，Cの善意・悪意にかかわりなく，Cは当該手形に基づいてAに手形金を請求できる。

　振出地や確定日払手形における振出日の補充についても，⑤と同様に考えるべきである。〔ケース23〕⑥の場合には，主観説によれば，白地手形ではないが，10条を適用（少なくとも類推適用）して，Cは善意無重過失なら保護される（④の場合と結論は同じ）。

10-7
当初の合意に基づく署名者の責任

　取得者が10条による保護を受けるか否かを問わず，白地手形署名者は当初の合意の内容については責任を負う（広島高判昭和47・5・1下民集23巻5〜8号209，大隅＝河本142，前田138など通説）。

　まず，手形法10条但書が，悪意・重過失の取得者に対し，補充があらかじめなされた合意と異なることを対抗できると規定するのは，あらかじめなされた合意に基づく責任を白地手形署名者が負うことを当然の前提とするものである。

7）　同様に，白地引受のなされた書面の交付に際して振出人を指定するのは，この者が同時に受取人になることによって最初の権利者になるべきことを意味するにすぎない。したがって，その手形が他に譲渡されることが予想されている以上，その譲受人が受取人兼振出人として記載されても補充権の濫用というべきでないから，白地引受のなされた手形の交付に際し，受け取った者が振出人として署名する約束であったのに，この手形を第三者に譲渡し，その者が自己を受取人として記入，振出人署名をして引受人に請求した場合にも（高松高判昭和39・9・30金法390号6），その所持人は，当初の約束について善意・悪意を問わず権利を行使できる。

　また，完成手形の手形金額の一部につき人的抗弁を有する場合に，残部については悪意の取得者に対する関係でも当然に責任を負うことは一般的に認められていることとの均衡上，このように考えるべきである。さらに，このように解することは，変造の場合に変造前の署名者が変造前の文言どおりの責任を負うという，69条の規定とも一貫することになる。

　たしかに，このように解すると手形行為の文言性に反するという批判も考えられるが，手形行為の文言性を手形署名者が不当に責任を免れるために利用させるべきでない。また，あらかじめあった合意による責任を文言性を根拠に免れさせることができるとすれば，人的抗弁がある場合の残部についての責任や変造前の文言に基づく変造前署名者の責任についても，その責任に対応した手形上の記載がない以上，否定することが自然になるが，そのようには解されていない。

　〔ケース23〕③においては，Cは平成30年3月1日から6ヵ月内の特定の日を満期として，Aに手形金を請求できるし，④においては，200万円の範囲で手形金を請求できる。それは，Cが補充権に関する合意の内容について悪意または重過失があっても変わりがない。

10-8
不当補充後の署名者の責任の範囲

　不当補充後の署名者は，補充された文言に従った責任を負う意思を有しており，変造後の手形署名者（*4-2*（2））と同様の地位にあるし，このように解することが，手形行為の文言性に合致するから，白地手形の不当補充後の署名者は，取得者の善意・悪意，重過失の有無にかかわらず，補充された文言に従った責任を負担すべきである。

　〔ケース23〕において，③ⓐ，④ⓒ，⑥ⓖの場合には，Cの善意・悪意を問わず補充後の文言（③平成29年10月31日の満期，④⑥手形金400万円）に従って，Cに対しBは担保責任を負う。

> ─〔ケース 23〕─
>
> ⑦　Aは，振出日以外の手形要件を記載し，手形用紙に署名してBに平成25年3月31日に交付した。その満期は「平成28年3月31日」と記載されていた。振出日として補充されるべき内容および補充後の時期は限定されていなかった。
>
> ⑧　Aは，手形用紙に満期以外の手形要件を記載し，署名してBに平成25年1月1日に交付した。なおA・B間には，平成28年3月1日を満期とするという合意があった。
>
> > ⓐ　Bが，平成30年2月1日に満期を「平成14年3月1日」と補充して，Aに手形金を請求した場合
> >
> > ⓑ　Bが，平成27年10月1日に満期を「平成27年10月31日」と補充して，Cに裏書譲渡した場合
> >
> > ⓒ　Bが，平成28年6月1日に満期を「平成28年6月30日」と補充して，Cに裏書譲渡した場合

10-9-1　満期以外が白地の白地手形の補充権の行使時期（消滅時効）

　白地手形は，手形要件の全部または一部が記載されないままで，署名されている手形であるが，その欠けた要件を補充して手形上の権利を行使することが予定されている。手形上の権利は，手形面上に記載された満期の日を起算点として消滅時効に服するから（百選43事件［28］），満期以外が白地とされている白地手形の補充権は，白地手形が補充され完成手形となった場合に服するであろう消滅時効が完成するまでに行使されなければならないことになる。

10-9-2　満期白地手形の補充権の行使時期（消滅時効）

　判例は，平成29年改正前商法522条を前提として，満期白地手形の補充権

は「これを行使しうべきとき」を起算点として，5年の経過により，時効により消滅する（百選41事件［29］およびこれが引用する百選44事件［27］）としていた（平成29年改正後は，民法166条1項が適用されると解される）が，他方，満期白地手形の満期が補充されたときは，その白地手形のその他の手形要件の白地補充権は，「手形上の権利と別個独立に時効によって消滅することなく，手形上の権利が消滅しない限りこれを行使することができるものと解すべきである」とし，記載された満期の日から白地補充権の消滅時効が進行すると判示している（百選42事件［30］）。

しかし，補充権は消滅時効にかからないと解したうえで，補充権の行使期間は補充権の授与に関する合意によって制約されるにすぎないと考えるべきである（鴻・商法の判例〔初版〕163，前田143，平出341，木内317など。また倉沢・手形法の判例と論理128は，補充権は私法上の権利ではなく，権限にすぎないから，消滅時効になじまないとされる）[8]。

なぜなら，満期白地手形の満期補充権が独立して消滅時効に服するという判例の見解は，満期以外が白地の白地手形の補充権は独立して消滅時効にかからないと解することとの整合性を欠くこと，および，所持人はいつでも白地を補充して権利行使できることを理由として振出の時（補充権授与の時）を時効の起算点と解する場合には，補充すれば完成する手形の消滅時効は完成していないのに，白地補充権のみが時効消滅する結果を招くこと（たとえば，補充権の消滅時効期間を5年と考えた場合において，振出の日から2年1ヵ月後以後の日を満期として補充する権利が与えられた時。〔**ケース23**〕[8]），という問題を有するからである。また，補充された満期を信頼した手形所持人の保護に欠けるという利益衡量上

---

8)　まず，補充権は独立して消滅時効に服するとする学説があり，その中には補充権の行使によって生ずるのは手形債権であるから，白地補充権も手形債権同様3年の時効期間に服するという考え方が有力であった。他方，補充権は独立して消滅時効に服することはないが，白地手形上の権利の消滅時効を考えるべきであるという考え方（上柳・会社法手形法論集504など）もあり，この中には，白地手形上の権利は手形上の権利と同質であるとして3年とするものがあった。

なお，学説の詳細については，谷川・新商法演習III 117以下，岸田・争点358-359など参照。

の問題がある。さらに，通説は補充権を形成権と解しており（斉藤・セミナー法学全集 9 巻 204），形成権は一方的な意思表示により行使できるため，時効の更新や完成猶予は問題にならず，消滅時効の対象とならないと解されていることとも衝突する。そして，利得償還請求権を行使するためには手形が必要であると解する見解からは，補充権は時効にかからないと解さないと不都合である。

たしかに，満期以外の要件が白地の白地手形の補充権は独立して消滅時効にかからないと解することとの整合性を欠くという問題点は，満期以外が白地の白地手形の補充権は補充すれば完成する手形の消滅時効と同じであり，それに吸収されると解すれば解決できるが，それなら，満期白地の手形においても，補充権の時効は補充された満期から 3 年としなければ均衡がとれない（このように解すれば，利益衡量上の問題も解決する）。しかし，このように考えると，補充された満期が問題となってしまうのだから，実際に（物理的に）補充する時点を問題とするのはおかしい（関 56 参照）。

なお，この場合の消滅時効の抗弁は人的抗弁であると考えれば（上柳・会社法手形法論集 504），善意の第三者は保護されるが，人的抗弁とする理論的あるいは条文上の根拠は明らかではない（前田 143）。

白地手形上の権利の消滅時効を考える立場をとっても，同様の問題が生ずる。すなわち，白地手形上の権利の消滅時効の起算点を，振出の時（補充権授与の時）と解すれば，補充すれば完成する手形の消滅時効は完成しないのに，白地補充権のみが時効消滅する結果を招く。また，時効の起算点を白地手形授受の当事者間の実質関係上，白地を補充して手形上の権利を行使することが法律的に可能になった時と解しても，補充された満期を信頼した手形所持人の保護に欠けるという利益衡量上の問題がある。そして，白地手形上の権利と手形上の権利が同質であるのであれば，満期を基準としない消滅時効を考えることは，手形法が，消滅時効の起算点について画一的に定めている趣旨と相容れない。さらに，補充の有無にかかわらず，ある一定の日（補充権授与の時または白地手形授受の当事者間の実質関係上，白地を補充して手形上の権利を行使することが法律的に可能になった時）から，振出人の責任は 3 年で消滅することになるが，それは

妥当ではないと考えられている（鈴木 212）。以上に加えて，上述したように，利得償還請求権の問題が生ずる。

なお，実際に補充を行った日がいつであっても，満期として補充された日が時効の起算点となるのが原則であるから，補充権の消滅時効，満期白地手形上の権利の消滅時効を考えなくとも，満期白地手形がいつまでも存続することにはならない。しかも，ある一定の期間内であれば，補充を行った日を満期として補充できる場合を除けば，いつ補充権を行使するかが問題というより，どのような満期が補充されるかが問題となる。具体的には，補充により完成する手形は，合意によって定められていた満期（ある一定の期間内であれば，補充を行った日を満期として補充できるとされていた場合には，その期間内の満期として記載された日）を基準として 3 年の消滅時効にかかると解し，当事者間の合意に反した満期の補充がなされた場合には，不当補充（77 II・10）の問題として処理すればよい（田辺 357 参照）。しかも，白地手形の場合には，約定された補充権の範囲内であれば，実際に権利行使する時点までに補充すればよいというのが当事者の意思として自然であろう。

本書の立場によれば，〔**ケース 23**〕⑦の場合には，平成 28 年 3 月 31 日から 3 年経過するまでは，いつでも振出日を補充して B は A に対して手形金を請求できる。補充権を行使すべき時期が定められており，その期間外に補充したとしても，満期が記載されている以上，手形として完成した場合の権利行使期間は決定されているから，10 条の不当補充を主張させるべきでないように思われる（通説は反対）。

なお，満期以外の手形要件が白地とされたときは，上記と同様に考えられる。

〔**ケース 23**〕⑧ⓐの場合は，合意に従った満期の記載がなされており，その満期から 3 年以内であるから，B は A に手形金を請求できる（補充権の時効を実際の振出日から 5 年ないし 3 年とすると，補充権は時効消滅しており，補充は無効であるから，手形金請求できないことになり不都合である。また，満期までは権利行使できないし，手形が完成した場合にはその手形の消滅時効が完成すると権利行使できなくなるのであるから，物理的な補充の時期を問題とするのはおかしい）。

ⓑの場合，Ｃが善意無重過失であれば，平成 27 年 10 月 31 日を満期として手形金請求できる（77Ⅱ・10）。しかし，Ｃの善意・悪意にかかわらず，Ｃは平成 28 年 3 月 1 日から 3 年経過するまでは，Ａに対して手形金を請求できる（**10-7** 参照）（消滅時効にかからない）。同様にⓒの場合にも，平成 28 年 3 月 1 日から 3 年経過することによって消滅時効は完成するが，Ｃが善意無重過失であれば，平成 28 年 6 月 30 日を満期として手形金を請求できるし，平成 28 年 6 月 30 日から 3 年経過するまでは，Ａに消滅時効の完成を対抗されない。

　なお，Ｃの善意・悪意にかかわらず，平成 28 年 3 月 1 日を満期として，Ｃは手形金を請求できる。

▌*10-9-3*　白地手形のままでの時効の完成猶予・更新の可否

　受取人欄白地の手形に関して，百選 43 事件［28］は，未完成手形の状態でも消滅時効が進行することから，時効中断（平成 29 年民法改正後は，完成猶予・更新）するための措置をとることができると解すべきこと，時効中断（平成 29 年民法改正後は，完成猶予・更新）の目的のみのために，早期に白地の補充を強制する結果となることは妥当ではないこと，を理由として，白地手形のままの状態での訴えの提起による時効の完成猶予を認めた（振出日白地の手形について最大判昭和 45・11・11 民集 24 巻 12 号 1876（百選〔第 3 版〕54 事件）も同旨）。学説も，白地手形上の権利と白地補充後の完成手形の権利の同一性，または裁判によって手形上の権利が確定されることを理由として，時効完成猶予・更新を認める見解が多数である。

　もちろん，白地手形に関連する消滅時効が，一切，観念できないとすれば（木内 316，倉沢・手形法の判例と論理 128，小島・商法の判例〔第 2 版〕179 など），時効の完成猶予・更新が問題となることはない。しかし，少なくとも，満期以外の要件が白地の手形については，上述のように，補充により完成する手形は記載された満期を起算点として消滅時効にかかるとするのが判例・通説であるから，その完成猶予・更新を認めることが衡平にかなうし，白地の早期補充を強制する結果になることは妥当ではないであろう。したがって，白地を補充しないま

までの請求も時効の完成猶予事由にあたると解するのが妥当であろう（ただし，金額白地手形については，権利の存在を確認させるものではないから時効中断の効力を認められないという見解がある。松岡・百選〔第4版〕85)[9]。

最も問題とされてきたのは，満期白地のままでの請求に時効の完成猶予の効力を認めることができるか否かであるが，補充権は消滅時効にかからないと解するのであれば，補充権の時効の完成猶予は問題とならないから，認める必要はない[10]。

> ## 10-10
> ### 白地手形と除権決定

白地手形は，商慣習法上の指図証券に属するものとして，民法施行法57条により，それを喪失した者は，公示催告手続を申し立て，除権決定を求めうる（最判昭和43・4・12民集22巻4号911）。実質的にも，白地手形は，商慣習法上，完成手形と同様の流通方法が認められており，善意取得の対象となるから，喪

---

9) なお，白地手形のままでは消滅時効は進行しないとする立場から，時効の中断（平成29年民法改正後は完成猶予の）ためだけの請求というものを民法は予定していないし，通常の請求（付遅滞効を有する）とは異なる請求を認めることは，（平成29年改正前）民法147条が限定的に時効中断事由をあげているという見解と整合しないという理論的批判が加えられていたことには留意しなければならない（倉沢97参照）。

10) 補充権が独立して消滅時効にかかるとすると，その完成猶予・更新を認める必要があるようにみえるが，補充権は一方的な意思表示によって行使できるから（満期以外の要件が白地の場合は，補充されれば完全な手形上の権利者となりうる権利の消滅時効の更新・完成猶予を考えることができる），補充しないで時効の完成猶予・更新を認めることには論理的な矛盾がありそうである。実質的には，請求時に，補充すべき満期が決まっているのであれば，それを補充させても，不都合はないし，もし，決まっていないのであれば，消滅時効の起算点は，補充すべき満期が決定された時と考えていまだ時効は進行していないと考えれば十分であろう。他方，所持人はいつでも白地を補充して権利行使できることを理由として振出の時（補充権授与の時）とする見解によると，利益衡量上，時効の完成猶予・更新の必要性が生じるが，それはこの見解が不適切であることを示すものであろう。

他方，白地手形上の権利について時効が進行すると考える場合には，白地のままでの請求により時効が完成しないと考えることは，満期以外の手形要件が白地の手形同様，論理的には可能であろう。しかし，実質的には，起算点を手形当事者間の実質関係上，白地を補充することができる時点であると解すれば，白地のままの請求に時効の完成猶予の効力を認める必要はないように思われる。

失した場合には善意取得を防ぐために，除権決定の対象となることを認める必要がある。

除権決定の効力としては，一般に消極的効力と積極的効力が認められるが（**9-2** 参照），白地手形の場合には，白地補充しないと権利行使できないため，除権決定の申立人が，補充権を行使する方法が問題となる。

手形債務者が任意に手形の再発行を行った場合には，再発行された白地手形に補充することによって，権利を行使できるが（最判昭和 45・2・17 判時 592 号 90），再発行請求権を認めると，権利行使の形式的資格のみならず，喪失手形を流通に置きうるのと同一の法的地位を申立人は回復することになり，除権決定制度の予想しない結果をもたらすことになるから，手形債務者に対して再発行を請求する権利は申立人に認められないし（百選 81 事件 [31]，最判昭和 51・6・18 金法 802 号 34），手形外で補充することも許されない（前掲最判昭和 43・4・12）とするのが判例である。

判例の立場によれば，任意の再発行がない限り，白地手形の除権決定を得る実益は，第三者による除権決定以後の善意取得を防止する点に求められ，申立人は原因関係上の権利または利得償還請求権の行使によって満足を受けるしかない。しかも，除権決定によっては，喪失手形の除権決定前に善意取得した者は実質的権利を失わないとすると，そのような者が存在しないことを立証しない限り，手形債務者保護の観点からは，原因関係上の権利または利得償還請求権の行使を認めるわけにはいかない。したがって，申立人には，除権決定を得る実益がほとんどないことになり，白地手形を除権決定の対象と解する実益がないことになる。

そこで，申立人の権利行使を可能にするため，申立人は「当該有価証券による権利」を行使できると非訟事件手続法 118 条 2 項が定めており，白地補充権も「当該有価証券による権利」であるから[11]，手形外の意思表示に基づいて補

---

11) 倉沢・昭和 51 年重判 113 は，「証書ニ因レル権利」（現行法の下では「当該有価証券による権利」）とは証券面上にその内容が表章されている権利でなければならないが，証券面上に補充権の表章はないから，手形外の意思表示による補充は許されないとされる。

充できると理論構成することが考えられる（大隅・百選〔第4版〕171，大隅＝河本480）。この見解に対しては，通常，手形外の意思表示によっては補充できないのに，除権決定を得た場合にのみ補充できるとする理論的根拠は見出しがたいという批判があるが，除権決定により，補充によって完成されるべき手形債務負担の意思表示は，手形から切り離されているのであるから，意思表示の一般原則からみて，手形外で補充できるのは当然であるといえよう（もっとも，白地補充の方式として白地手形の上にすることのみが認められていると解すると，手形外の意思表示による補充は許されないことになる。福瀧256）。

　さらに，申立人には手形を流通させる必要性がある場合があり，流通させてはならない理由もないとして，株券に関する会社法228条2項（平成17年改正前商法230条）を類推適用して，手形の再発行請求権を認めることを前提として，白地手形についても再発行請求権を認める見解があるが（前田261），再発行請求権を認めることには疑問が残る[12]。

---

[12]　再発行請求権を認め，再発行された手形に表章されている権利は喪失手形と同一と考えると，手形の設権証券性と抵触するし，異なっているとすると手形債務者は二重払の危険にさらされることになる（善意取得者が存する場合）。また同一の権利が表章されると考えることは，善意取得者が除権決定によって実質的権利を失わないとしても，申立人から裏書を受けた者が善意取得する可能性につながり，除権決定前の善意取得者に酷であろう。

第11章

手形の書替

通常，支払猶予の方法として[1]，旧手形の満期よりも後の日付を満期とする手形を振り出すことを，手形の書替という。旧手形を回収する場合と旧手形を回収しない場合とがあるが，いずれであるかは，書替当事者の意思によって決せられる（不明な場合は，債務者が二重の危険を負うことを防ぐため，所持人は旧手形を返還しなければならないと考えるべきである）。

〔ケース24〕

　Aは，Bを受取人，満期を平成30年5月31日として約束手形（拒絶証書作成が免除されていた）を振り出したが，A・B間の合意により，支払期限を延期する目的で，満期を平成30年10月30日とする約束手形を振り出すこととした。

① Bが満期を平成30年5月31日とする約束手形をAに返還した場合

② Bが満期を平成30年5月31日とする約束手形をAに返還しなかった場合

③ Bが満期を平成30年5月31日とする約束手形をAに返還せず，当該手形をCに裏書譲渡した場合

④ Bが満期を平成30年5月31日とする約束手形をAに返還せず，満期を平成30年10月30日とする手形をCに裏書譲渡した場合

11-1
旧手形を回収する場合（たとえば〔ケース24〕①の場合）

判例（大判大正12・6・13民集2巻401）は，更改の場合（平成16年改正前民法513条2項が債務の履行に代えて為替手形を発行することを債務の要素を変更する契約

---

1)　支払を猶予する方法としては，手形の書替のほかに，①手形外で支払猶予の特約をする方法（通常，所持人と手形債務者との間でなされる），②既存の手形の満期を変更する方法がある。①の場合，支払猶予の合意は合意した当事者間の人的抗弁事由にすぎない。②の場合も，手形当事者全員の合意があれば問題はないが，一部の手形当事者が合意していない場合には，同意していない当事者との関係でのみ変造（*4-2*）になる（百選19事件[66]）。なぜなら，同意した当事者との関係では，権限を有する者による変更と考えるのが自然であり，また簡明であることに加え，理論的にも，各手形債務は独立していることから，変造か否かは相対的に判断されるべきだからである。

とし，債務は更改により消滅するものと規定していたことを前提とするものであり，現行法の下でも，裁判所がこのように考えるかは明らかではない）と支払延期の手段としてなされた場合とがあり，当事者の意思が不明な場合は，支払延期の手段としてなされたと推定すべきであるとする。そして，支払延期の手段としてなされた場合には，旧手形債務は法的同一性を保ちつつ，新手形上に表章されると考え（法律的同一性），その結果，旧手形債務を担保する保証・担保物権は新手形債務を担保し，旧手形について認められる抗弁は新手形についても対抗することができるとする。他方，旧手形取得時に人的抗弁について善意であれば，その人的抗弁について新手形取得時に悪意であってもその人的抗弁を対抗されることはないと考えられている。たとえば，旧手形振出が取締役の利益相反取引にあたる場合であって，それについて，取締役会の承認を得ていれば，新手形振出について改めて承認を得る必要はない。通説は，このような場合には旧手形債務は消滅し，法律上別個の新手形債務が発生する代物弁済であるとするが，新手形債務は旧手形債務と実質的同一性を有するとして，このような結論を導く。その根拠としては，手形債務は無因債務であるから，旧手形債務と新手形債務が法的に同一性を有することはないこと，更改と解すると，たとえば第三者が担保を供していた場合には，その者の承諾がない限り，担保物権が消滅し，所持人（債権者）が書替前より不利な立場に置かれ，適当ではないこと等があげられている。なお，民法518条1項は実際上の便宜を考えたものであり，代物弁済についてもその必要があるから，代物弁済に類推適用できると考えるべきである（したがって代物弁済と考えても，第三者の供した担保が新債務に引きつがれることを手形の場合だけ実質的同一性で説明できるというのは説得力がない）。

11-2
旧手形を回収しない場合（たとえば〔ケース24〕②の場合）

　この場合には，当事者の意思は，旧手形上の債務を存続させて，新手形の担保とすることにあると解されるから，新手形債権と旧手形債権が併存する

（〔広義の〕「支払のために」のうち「担保のために」ということである）。そして，主たる債務者に変更がある場合などを除き，新旧手形債務はいずれも取立債務で差異はなく，しかも債務者は二重払の危険を避けるために新旧手形両方の返還を求めうるから，新旧いずれの手形によって権利行使してもよいと考えられる。しかし，新手形の満期前には，書替当事者からの旧手形による権利行使に対して，支払猶予の抗弁（人的抗弁）を対抗できる（旧手形を期限前に善意で裏書譲渡を受けた者には対抗できない〔77Ⅰ①・17本文〕）。

　一方の手形に対して手形金の支払がなされたにもかかわらず，他方の手形が債権者の手元に残り，さらにその手形によって手形金の請求がされた場合については，債務者は債権者に対して，原因関係が消滅した場合と同様，権利濫用の抗弁を対抗できる（手形金支払後に既存債権が行使された場合にあたる場合もあるが，既存債権〔旧手形債権〕が手形債権であるから同様に考える)2)。他方，債権者から，期限前に裏書を受けた善意者に対しては債務者は手形金を払わなければならないが，期限後裏書を受けた者や期限前に裏書を受けた者であっても，「害スルコトヲ知リテ」取得した者には抗弁を対抗できる（77Ⅰ①・17但書）（百選71事件)3)。したがって，〔**ケース 24**〕④の場合には，Ｃが拒絶証書作成期間経過前に，旧手形につきＢに対し支払がなされたことを知らずに裏書譲渡を受けた場合には，ＡはＣに対して手形金を支払わなければならない。なお，〔**ケース 24**〕③の場合に，ＡがＣに対して手形金を支払い，Ｂが平成30年10月30日に新手形によって手形金を請求した場合には，旧手形に対して手形金を支払ったことを人的抗弁として対抗できるし，逆にＡがＢに対して手形金を支払い，Ｃが旧手形によって手形金を請求した場合には，④と同じことになろう。

　なお，新手形の振出は，債務の承認として旧手形債務の時効は，その時から新たに進行を始めると考える（**1-4**（3））。

---

2)　権利移転行為有因論からは，無権利の抗弁を対抗できる。
3)　権利移転行為有因論からは，悪意または重過失ある期限前の被裏書人，および期限後裏書の被裏書人には無権利の抗弁を対抗できる。

為 替 手 形

（表 14）　為替手形・約束手形・小切手の比較

	約 束 手 形	為 替 手 形	小 切 手
	支払約束証券	支払委託証券	
主たる債務者	振 出 人	引受をなした支払人	存在しない
遡求義務者	裏 書 人*		
		振 出 人*	
遡求原因	支 払 拒 絶		
		引受拒絶	
満 期	一 覧 払		
	一覧後定期払，確定日払，日付後定期払		
支払呈示期間	一覧払手形——振出日から原則として1年間 それ以外——支払をなすべき日およびそれに続く 2取引日		振出日付後10日間
時 効	主たる債務者に対する権利　　満期の日から3年		
	所持人の前者に対する遡求権　　拒絶証書作成の日 （作成が免除されているときは満期）から1年		6ヵ月
	再遡求権　　受戻しの日またはその後者から償還の訴えを受けた日から 6ヵ月		
	支払保証人に対する請求権		呈示期間経過後1年
受取人の表示	指図式，記名式		
			無記名式，持参人払式，記名持参人払式
資金関係	なし（ただし第三者方払の場合には準資金関係あり）	準資金関係あり	資金関係あり

*正確には **7-3-1**(2)をみよ。

　為替手形とは，満期に一定の金額（手形金額）を受取人その他証券の正当な所持人に支払うことを，振出人が支払人に委託する，支払委託証券である。

　したがって，為替手形の振出人は，主たる債務者ではなく，遡求義務者にす

ぎず，引受をした支払人が主たる債務者である。

1
為替手形の経済的機能と荷為替手形・商業信用状付取引

　為替手形は，主として，国際取引の決済のための送金および取立ての手段として用いられてきた。①現金を送付する代わりに為替手形を送付する場合や，②物品の売主が，自己を受取人，買主を支払人とする為替手形を振り出し，銀行でその手形の割引を受けるか，あるいは銀行に手形の取立てを委任することによって代金を取り立てる場合などがある。とりわけ，②の場合において，売主が割引を受ける際に運送証券（船荷証券）およびそれに付随する保険書類を銀行に交付し，それらの書類を買主が受け取る際には，買主は為替手形の引受をするか，為替手形の支払をすることとする取引を荷為替取引という。

　さらに荷為替取引のバリエーションとして，商業信用状付取引がある。この場合には，買主が銀行から商業信用状（その発行銀行が名宛人および手形の受取人となる割引銀行に対して，信用状に記載された一定の条件を満たす為替手形の支払または引受をすることを約束したもの）を得て，売主に送付し，売主は信用状発行銀行を支払人とする為替手形を振り出すことになる。

2
為替手形の振出

　約束手形と同様，為替手形の振出も，手形要件の記載（署名を含む）と手形の交付によってなされる。為替手形の手形要件は，約束手形と共通するものとして，手形金額，満期，支払地，受取人，振出日・振出地，振出人の署名があり，為替手形特有のものとして，為替手形文句（為替手形であることを示す文字），支払委託文句（一定の金額を支払うべき旨の単純な委託），支払人がある。

　振出人が支払人を兼ねる自己宛手形や振出人が受取人を兼ねる自己指図手形

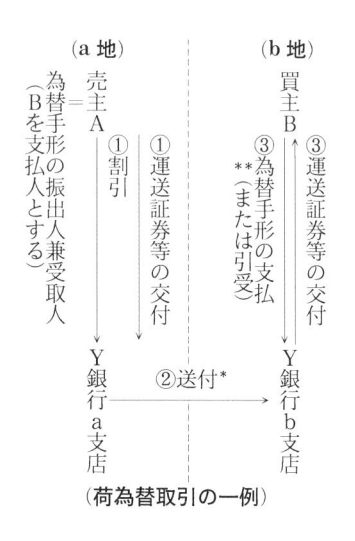

（荷為替取引の一例）

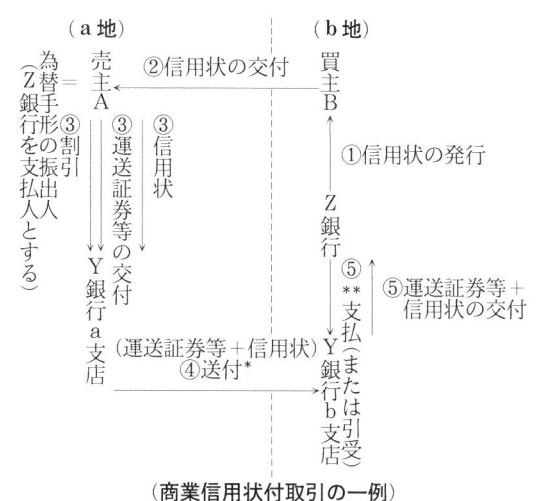

（商業信用状付取引の一例）

*他の銀行に取立委任することもある。
**支払（引受）呈示を図では省略しているが，当然なされなければならない。

（図34）

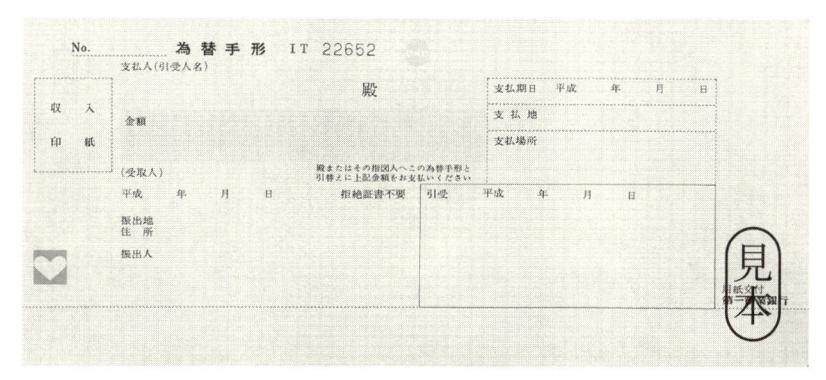

（図35）　為替手形のひな形

が明文で認められている（3 II）。判例（大判大正 13・12・25 民集 3 巻 570）は，さらに受取人と支払人の兼併を認めており，通説は振出人・受取人・支払人の兼併や約束手形の振出人と受取人の兼併も認める。これは，手形は流通が予定されており，同一人が基本手形（振出人が作成した手形）上で複数の資格を兼ねていても，第三者との関係ではそれぞれの資格で異なった役割を果たすことから，基本手形における当事者資格の兼併が法律上意味をもつことになるからであり，この立場からは手形法 3 条は典型的な場合をあげたにすぎないことになる。そして実際上も兼併を認めても不都合はなく，かえってさまざまな経済的要請に応じることができるからである。

為替手形の振出により，支払人は自己の名をもって振出人の計算において手形金額の支払をなす権限を取得し，かつ受取人は手形金額の支払を受ける権限を得る。そして，振出人は，その手形の引受および支払を担保する義務を負う（引受を担保しない旨を記載して，担保しないことができるが，引受のない為替手形について手形責任を負う者を確保する観点から，支払を担保しないことはできない。このような振出人の担保責任は法定の責任であると考えられている）(9)。

為替手形における支払委託の意義，支払委託の取消し（撤回）をめぐっては議論が紛糾しているが，後述する小切手の場合とパラレルに，見解が分かれている（PartIV *5-2* 参照）。

3

為替手形の裏書

約束手形の場合と同様であるが，引受のみを担保しないことも，支払・引受ともに担保しないことも，その旨を記載することによってできる。

4

為替手形の引受

為替手形の支払人が手形金の支払義務を負担する旨を表示する手形行為を引受[1]という。通説は，無権限者や制限行為能力者との間の契約は無効または取り消しうるものであるが，制限行為能力者や無権限者による呈示に対してなされた引受も有効であること（21），手形所持人が異議を述べても一部引受をなしうること（26 I 但書。もし契約であれば所持人の同意が必要であろう）から，手形債務負担の単独行為であり，手形の返還によって引受の効力が発生すると解している[2]。引受は，為替手形上に「引受」その他これと同一の意義を有する文字を記載し，支払人が署名してするのが原則であるが（正式引受），手形の表面（裏面では白地式裏書と区別できないので不可）にされた支払人の単なる署名も引受とみなされる（25 I）（手形保証との区別が問題となる。Part II **8-1** 参照）。

引受のための呈示は，手形所持人および手形の単なる占有者が，振出日から

---

1) 引受は単純でなければならないが，このことは単純でない引受（手形の記載を変更したり，制限を付してした引受）がされた場合には遡求権が発生することを意味しているにすぎず（ただし，一部引受の場合〔26 I 但書〕や第三者方払〔27〕の記載がされた場合には，それだけでは遡求権は発生しない），単純でない引受をした者は，その引受の文言に従って責任を負う。

2) いわゆる創造説に立った場合に，手形権利移転行為が認められるかが問題となるが，前田教授は，手形を返還するまで引受人が自己に対する権利を有すると考えると，権利の分属が生ずるが，それを回避すべきこと，また所持人の引受人に対する詐欺等があった場合にも所持人は振出人に対する権利行使ができると考えるべきこと，盗取者などに返還することによってそれらの者が引受人に対する権利を取得すると考えるのはおかしいこと，などを根拠として，否定する（前田 375）。

満期の前日まで（一覧後定期払の場合は，振出人による伸長・短縮または裏書人による短縮がない限り，振出日から1年内〔23 I〕），支払人の営業所または住所においてなしうるのであって，呈示をするか否かは原則として自由である（21）。しかし，振出人は，一定の期日前の引受呈示を禁じたり（22 III），第三者方払や他所払の手形や一覧後定期払の手形は除き，引受呈示を絶対的に禁ずることもでき（22 II），これらの禁止・制限に違反した引受呈示に対する引受拒絶によっては，遡求権は発生しない。他方，振出人は期間を定めまたは定めないで引受呈示すべき旨を手形上に記載しうるし（適法な引受呈示がなされないとすべての遡求義務者に対する遡求権を失う〔53 II〕），裏書人も呈示禁止の記載がないときは同様の記載をなしうる（適法な引受呈示がなされないと記載をした裏書人に対する遡求権を失う〔53 III〕）（22 I IV）。なお，一覧後定期払手形においては，満期を確定するために引受呈示が当然に必要となる（23）。

　引受のための呈示がされた場合には，支払人は引受をするか否かを決定するために，その呈示（第一の呈示）の翌日に第二の呈示をすることを請求でき（24 I），その場合には，第二の呈示をしなければ，引受拒絶に基づく遡求はできない。

　支払人は引受の記載をした場合であっても，手形を返還する前であれば，引受に対する信頼は生じていないので，その署名を抹消して引受を撤回できる（引受の記載の抹消は返還前になされたと推定される）（29 I）。しかし，書面で所持人または手形に署名した者に引き受けた旨を通知した場合には，それらの者の信頼を保護するために，それらの者に対しては引受の文言に従って責任を負う（29 II）。

5 参加引受

　参加引受とは，引受が禁じられていない為替手形について，満期前遡求の原因が発生した場合に，第三者（参加引受人）が遡求義務者の中のある者（被参加

人）のために（被参加人の記載がないときは，振出人のためになされたものとみなされる。57），引受をなして，被参加人に対する遡求権の行使を阻止することをいう。支払地における予備支払人が記載されている場合には，所持人はその者に手形を呈示し，拒絶証書によって，その者が引受を拒絶したことを証明しなければ，その者およびその後者に対して満期前遡求をすることができないが（56Ⅱ），それ以外の場合には，所持人は参加引受を拒むことができる。ただし，拒まなかったときは被参加人およびその後者に対して満期前遡求をすることはできない（56Ⅲ）。参加引受人は，所持人および被参加人より後の裏書人に対し，被参加人と同一の義務を負う（58Ⅰ）。しかし，被参加人およびその前者は，所持人に対して遡求金額を支払って引換えに手形（および，あれば拒絶証書，受取りを証する記載をなした計算書）の交付を請求できる（58Ⅱ）。

6
為替手形の支払

　所持人は，支払呈示期間内に，引受をなした支払人に手形金の支払を求めて呈示しうることは約束手形の場合と同様である。もっとも，引受をしていない支払人に対しても，事実上，支払を求めることができ，引受をしていない支払人は支払うことができる。ところで，引受をしていない支払人は手形上の義務者ではないから，無権利者等に支払った場合の免責は問題にならないはずである。しかし，振出人の計算に帰せしめることができるか否かの点に関しては，後述する小切手の場合と同様に（PartⅣ 4），手形法40条3項が類推適用されると考えるべきであろう。

　支払拒絶があった場合には遡求がなされる点でも変わりがないが，遡求義務者に振出人が含まれており，振出人は適法な支払呈示に対する支払拒絶の場合には，無担保文句を記載しても遡求義務を負う点には注意しなければならない。

7
為替手形の手形保証

　手形の表面の（被保証者を記載せずにした）単なる署名は，振出人のためにした
ものとみなされる（31Ⅳ）。他は約束手形の場合（PartⅡ第8章）とおおむね
同じである。

8
複　本

　複本とは，同一内容をもって振り出された為替手形である（64Ⅰ）。一つの手
形関係につき2通以上の証券が発行され，各通に手形行為者の署名がなされて，
それぞれが手形上の権利を表章する。これは遠隔地に送付する際の紛失の危険
等に備えたり，引受呈示と裏書等を異なった地で行うために用いられる。反対
の文言がない限り，手形所持人は自己の費用において複本の発行を求めること
ができる。複本における手形上の法律関係は同一であり，1通についてなされ
た支払によって，支払人は義務を免れるが，引受をした支払人や裏書人は，返
還を受けなかったものについて責任を負う（65）。約束手形には，実益が乏し
いので，この制度はない。

9
謄　本

　為替手形または約束手形の所持人は，その手形の謄本を作成することができ
る（67・77Ⅰ⑥）。謄本は，原本の謄写にすぎず，原本に表章されている手形債
権を表章するものではないが，原本と同一の方法に従い，かつ同一の効力をも
って裏書または保証を謄本にすることができる（67Ⅲ・77Ⅰ⑥）。つまり，謄本に

なされた裏書または保証による手形債権は謄本に表章されるわけである）。裏書の連続する原本の所持人は正当な所持人と推定されるが，原本の裏書欄の冒頭または謄本作成前の最後の裏書の直後に裏書閉鎖文言（「爾後裏書は謄本になしたるもののみ効力を有す」など）が記載されると，原本にされるその後の裏書は効力を有しない。この場合には，裏書の連続する謄本の所持人が正当な所持人と推定され，その者は謄本に表示された原本保持者に原本の引渡しを請求できる（68・77Ⅰ⑥）。

　謄本の制度は，引受や一覧後定期払手形の一覧呈示のために原本を送付している間に謄本によって手形を譲渡できるという実益と，手形保証のために謄本を送付すればその間に原本によって手形を譲渡できるという実益を有する。

小 切 手

小切手の意義と為替手形との比較

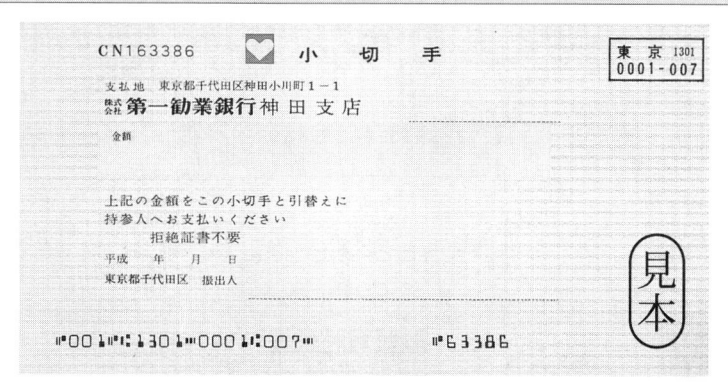

（図36）　小切手のひな形

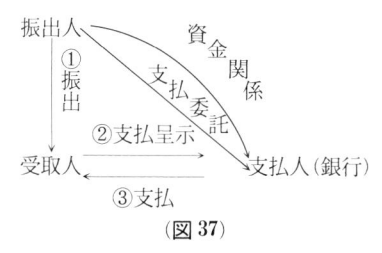

（図37）

　小切手とは，振出人が，満期に一定の金額（小切手金額）を受取人その他証券の正当な所持人に支払うことを支払人に委託する支払委託証券であるが，為替手形と異なり，信用証券ではなく，支払証券として位置づけられている。すなわち，支払の道具として用いるために，支払の確実・迅速のための制度が設けられるとともに，信用証券化を防止する観点から制度が構成されている。

　支払の確実を図るために，支払人を銀行等に限り（為替手形の場合には支払人の資格の限定はない），かつ，振出に際して，小切手契約および小切手資金の存在が要求されている（小3・59。為替手形の場合には振出時に手形資金が存在するこ

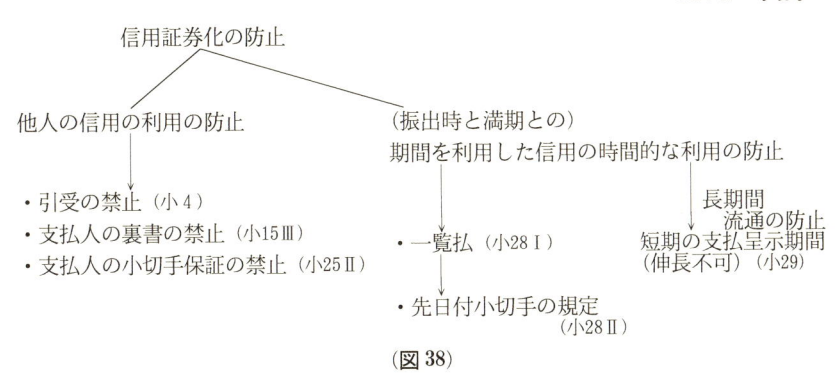

(図 38)

とは求められていない）。また，呈示期間内の支払委託の取消しは効力を生じないものとされる（小32 I。ただし，*5-2* 参照）。支払の簡易・迅速の観点からは，小切手はつねに一覧払とされ（小28 I），先日付小切手であっても，支払呈示をなしうる（小28 II）とともに，呈示期間は振出日付後 10 日間とされる（小29 I）。その結果，弊害が少ないので，支払の簡易・迅速のため，無記名式または選択無記名式が認められるし（小5），必要がないので，利息の記載は認められず（小7），質入裏書もない。ただし，当事者の便宜のため，支払呈示期間経過後であっても，支払委託が取り消されない限り，支払人は有効な支払ができるものとされている（小32 II）。また，迅速な支払が予定されていることから，消滅時効期間は手形に比べて短いし（小51・58。遡求権は呈示期間経過後 6 ヵ月，支払保証をした支払人に対する権利は 1 年で消滅時効にかかる），小切手関係の迅速な処理の観点から，支払拒絶の証明方法が簡便化されている（小39）。

　他方，信用証券化を防止するため，支払人による引受，裏書，小切手保証は認められない（小4・15 III・25 II）（銀行等の引受を認めると，引受のなされた小切手が支払が確実なものとして，長期にわたって流通するおそれがあり，信用証券化する）。引受が認められないことから，引受拒絶による遡求は考えられないし，参加引受もなく，謄本（約束手形・為替手形については作成できる。67・77 I ⑥）の制度はない。また，実際上の必要がないことから，参加支払もない。なお，支払の確

実性の確保のために，支払保証（小53）[1]が設けられている。

　なお，盗難・紛失の危険から振出人を保護するために（静的安全），とくに線引小切手の制度が設けられている（小37・38）（**5-1**）。

2
小切手の振出

　為替手形の振出と同様，小切手の振出は，振出人の計算において，支払人の名をもって小切手金額の支払をする権限（支払権限）を支払人に与えるとともに，受取人に対して，受取人の名をもって小切手金額の支払を受領する権限（支払受領権限）を与えるものであるというのが多数説である。この見解によれば，小切手は，支払委託の効果としてのこのような権限と支払拒絶を停止条件とする遡求権を表章する。

3
小切手の流通

　小切手は，法律上当然の指図証券（小14Ⅰ）であるから，裏書によって譲渡できるが，持参人払，無記名式，選択無記名式の小切手は，単なる交付によって譲渡できる。いずれの譲渡方法によっても，善意取得（小21），人的抗弁の主張の制限（小22）が認められるし，所持人には権利者としての形式的資格が認められる。

---

1)　支払保証とは，支払人が小切手金額を支払うべき義務を負担することを内容とする小切手行為をいい，小切手の表面に「支払保証」その他支払をする旨の文字，日付，支払人の署名をすることによって行われる。ただし，引受があった場合とは異なり，呈示期間内の呈示があったにもかかわらず，支払がなされなかった場合（遡求〔**4**〕の場合と同じ形式的要件が必要）にのみ支払保証をした支払人は義務を負うから，遡求義務と類似の義務であるといえる。支払保証は，偽造される可能性があり，また，振出人の無資力のリスクを負うことになるので，現実にはほとんど利用されておらず，銀行が振り出した自己宛小切手（預金小切手）が利用されている。

4
小切手の支払

　支払呈示期間は，振出日として記載された日を起算日として 10 日間である。小切手法 61 条によれば，振出日は初日として算入されない。適法な呈示があったにもかかわらず，支払が拒絶された場合には，所持人は遡求することができ（小39），また，支払人が支払保証をしている場合には，支払人に対して請求できる。なお遡求の形式的要件としては，拒絶証書の作成のほか，支払人の拒絶宣言や手形交換所の拒絶宣言によることが認められている（小39 ②③）。

　実質的無権利者に支払った場合の法律関係については，小切手法に明文の規定はないが，手形法 40 条 3 項が類推適用されると考えるべきである。小切手の支払人は支払義務者ではないため，「其ノ責ヲ免ル」という規定のしかたが適切ではないために，手形法 40 条 3 項にあたる規定が設けられなかったにすぎず，支払人が悪意または重過失なしに支払をなした場合には，振出人の計算に帰せしめることができるし，また振出人の遡求義務も消滅すると考えるべきである。なお，指図式または記名式の場合には，裏書の連続する小切手の所持人に形式的資格が認められるから，裏書の連続の整否を支払人は調査しなければならない（小35）のは，手形の場合と同様である。

　小切手法 35 条は，真正に振り出された小切手を前提としているから，偽造小切手に対する支払には適用がないので，それによる損失を支払人（銀行）と顧客のいずれが負担すべきかは，当座勘定契約の解釈によることになる。迅速な取引の処理の必要性の観点から，全国銀行協会の当座勘定規定ひな型 16 条 1 項は，小切手に使用された印鑑を届出の印鑑と相当の注意をもって照合し，相違ないと認めて支払った場合には，偽造小切手支払により生じた損害は顧客の負担とすると定めているのであって，銀行が合理的な注意を払うことを前提として，この規定の有効性を認めるのが多数説であろう。

5
小切手の静的安全保護の制度

5-1 線引小切手

(1) 意義　振出人または所持人が，二条の平行線を小切手の表面に引いた小切手を線引小切手という。線引は，振出人または所持人の支払受領資格を制限する指図であると解されているが，法定の者にのみ支払う義務を支払人に負担させる意思表示と解する見解もある（川村 245）。小切手は一覧払であり，かつ持参人払のものが多いため，小切手を紛失したり，盗取された場合には，不正取得者が支払を受ける可能性が高いので，線引小切手の制度が設けられている。すなわち，線引小切手については，銀行あるいは自己の取引先に対してのみ支払人は支払うことができ，かつ，銀行は，自己の取引先または他の銀行からのみ取得し，または取立委任を受けることができるとされているため，不正の所持人が支払を受けたり，譲渡することを予防でき，万一，支払を受けた場合にも，支払を受けた者を容易に知ることができるから，不正な取得者の責任を追及しやすくなる。

(2) 一般線引　平行線内に何も記載しないか，「銀行」またはこれと同一の意義を有する文字を記載したものをいい，一般線引小切手の支払人である銀行は他の銀行または自己の取引先に対してのみ支払うことができ，かつ，銀行は，自己の取引先または他の銀行からのみ取得し，または取立委任を受けることができる（小 38 I Ⅲ）。ここで，「取引先」の意義が問題となるが，銀行が本来行う営業としての取引における取引先であることが必要であり，かつ，被害者の救済を図るという線引小切手の趣旨からは，銀行が取引を通じて，住所，氏名，その同一性を確認した者でなければならないと考えるべきである（大隅＝河本 525）。そして，支払人は銀行の営業所を単位として指定されること，銀行取引は営業所ごとになされることから，他店舗の「取引先」は，住所，氏名

等を確認した者とはいえず,「取引先」にはあたらない(前田406)。

(3)　特定線引　　平行線内に特定の銀行を指定したものをいう。この場合には,支払人である銀行は,指定された銀行または指定された銀行が取立委任をした銀行に対してのみ,指定された銀行が支払人である場合には自己の取引先に対してのみ,支払をすることができ(小38Ⅱ),かつ,銀行は,自己の取引先または他の銀行からのみ取得し,または取立委任を受けることができる(小38Ⅲ)。

(4)　線引の変更・抹消　　一般線引を特定線引に変更することはできるが,被指定銀行の抹消は効力を生じないので,特定線引を一般線引に変更することはできない(小37Ⅳ)。また,線引の抹消も効力を生じない(小37Ⅴ)。

(5)　線引制度違反の支払等の効果　　支払・受入れは有効であるが,違反した支払人や銀行は,小切手金額を限度として損害賠償責任を負う。なお当座勘定規定によって,裏判(線引小切手の裏面になされる振出人の届出印の押捺)がある場合には,振出人に線引排除の意思があると推定されるので,支払人は振出人に対して,違反による賠償責任を原則として負わないし,第三者に賠償した場合には,支払人は振出人に求償できる。

▎5-2　支払委託の取消し

小切手法は,小切手の支払委託の取消しは呈示期間経過後においてのみ効力を有すると規定する(小32Ⅰ)。これは,本来,呈示期間内に支払委託の取消しが可能であるとすると,小切手所持人の保護に欠け,小切手制度の信用を害し,小切手の支払手段としての意義を低下させることから定められたものであるが,実際には支払人保護の観点から意義を有する。すなわち,支払呈示期間内であれば,支払委託の取消しの有無にかかわらず,支払をしても,振出人の計算に帰せしめることができることを意味する。

支払委託の取消しの法的性質は,*2*で述べた振出の法的性質をどのように考えるかと対応する。振出は支払指図であると考えると,支払委託の取消しは支払指図の撤回と考えることになるが,支払人との関係でのみ撤回すると解する

のか，受取人との関係でも撤回すると解するのかについては，見解が分かれている。

　実務においては，支払呈示期間経過前であっても，小切手喪失の届出や事故届の提出があった場合には，銀行は小切手の支払を拒絶している。これは，銀行は所持人に対して何ら義務を負っていないこと，振出人は支払人である銀行の顧客であるから，その利益を優先しようとすること，事故届がある場合には，無権利者に対する支払が悪意または重過失のある支払となる可能性があることなどによる。

5-3　除　権　決　定

　小切手も，手形と同様，公示催告手続と除権決定（PartⅡ 9-2）の対象となる。

5-4　指図禁止小切手（小5Ⅰ②・14Ⅱ）

　小切手は，記名式でかつ指図禁止またはこれと同一の意義を有する文言を記載して振り出すことができる。このような小切手の譲渡は，指名債権譲渡の方式および効力をもってのみすることができるから，小切手の善意取得を妨げる。

5-5　後日付小切手

　後日付小切手とは，振出日として実際の振出時に呈示期間が経過しているような日付を記載したものである（たとえば，2月12日に現実には振り出したにもかかわらず，2月1日を振出日として記載したもの）。このような小切手は，呈示期間（記載された振出日を基準として10日間）が経過しているから，善意取得の対象とならないし（百選61事件［56］），また直ちに支払委託を取り消せるので，静的安全の保護（紛失したあるいは盗まれた所持人の保護）に有効である。

5-6　複　　本（小48）

　PartⅢ 8 参照。

手形訴訟・小切手訴訟

1

手形訴訟・小切手訴訟の意義

手形金あるいは小切手金の支払の請求は，通常の訴訟手続によることもできるが，迅速に訴訟を処理するために設けられた手形訴訟・小切手訴訟によることが認められている。

手形による金銭の支払の請求およびこれに附帯する法定利率による損害賠償の請求を目的とする訴えについては，手形訴訟による審理および裁判を，小切手による金銭の支払の請求およびこれに附帯する法定利率による損害賠償の請求を目的とする訴えについては，小切手訴訟による審理および裁判を，それぞれ求めることができる（民訴 350 I・367 I）。

2

手形訴訟・小切手訴訟の特徴

手形訴訟・小切手訴訟の簡易迅速な処理のために，第 1 に，証拠方法が制限されている。すなわち，証拠調べは，書証に限りすることができるものとされ（民訴 352 I・367 II）[1]，証人尋問は許されないし，文書提出の命令・送付嘱託，対照の用に供すべき筆跡・印影を備える物件の提出の命令・送付の嘱託（民訴 352 II・367 II），証拠調べの嘱託・調査の嘱託（民訴 352 IV・367 II）は許されない。

---

1) 被告が当該手形・小切手の作成を否認する場合には，当該手形・小切手につき被告の意思による手形行為・小切手行為がなされたことを証明しなければならない（民訴 228 I）。印影が本人または代理人の意思に基づいて真正に成立した場合にのみ民事訴訟法 228 条 4 項は適用されると解されているが，わが国においては銀行取引印・実印は厳重に保管されているのが通例であることから，手形・小切手上の印影が本人または代理人の印章によるものであるという事実が認められるときは，当該印影は本人の意思に基づいて真正に成立したという事実上の推定が働くと解されている（最判昭和 39・5・12 民集 18 巻 4 号 597）。したがって，このような場合には，被告は，自己の意思に基づいて当該印影が作出されたことを疑わせる程度の立証を行って，裁判所が真偽不明という心証を得るようにして，この推定を覆さないと（大隅＝河本 59 参照），民事訴訟法 228 条 4 項の適用を受けることになる。

　もっとも，文書の成立の真否または手形・小切手の呈示に関する事実について
は，申立てにより，当事者本人または法定代理人を尋問することができる（民
訴 352Ⅲ・367Ⅱ）。

　第2に，手形訴訟・小切手訴訟による訴えが提起されたときは，裁判長は，
直ちに，口頭弁論の期日を指定し，当事者を呼び出さなければならない（民訴
規則 213Ⅰ・221）。この呼出状には，期日前にあらかじめ主張，証拠の申出およ
び証拠調べに必要な準備をすべき旨を記載しなければならない（民訴規則 213
Ⅱ・221）。そして，このほか，被告に対する呼出状には，裁判長の定める期間
内に答弁書を提出すべき旨および裁判所は，被告が口頭弁論において原告が主
張した事実を争わず，その他何らの防御の方法をも提出しない場合には，訴訟
が通常の手続に移行した旨を記載した書面の送付前であっても，口頭弁論を終
結することができる旨（民訴 354）を記載しなければならない（民訴規則 213Ⅲ・
221）。

　第3に，手形訴訟・小切手訴訟においては，やむを得ない事由がある場合を
除き，最初にすべき口頭弁論の期日において，審理を完了しなければならない
（民訴規則 214・221）。そして，口頭弁論の期日を変更し，または弁論を続行す
るときは，次の期日は，やむを得ない事由がある場合を除き，前の期日から
15 日以内の日に指定しなければならない（民訴規則 215・221）。

　第4に，手形訴訟・小切手訴訟においては，反訴を提起することができない
（民訴 351・367Ⅱ）。反訴の提起を認めると，手形金・小切手金およびそれに附
帯する法定利息の支払に限定して簡易迅速な訴訟遂行を可能にしようとする手
形訴訟・小切手訴訟の趣旨が没却されるからである。

　第5に，手形訴訟・小切手訴訟において，手形金・小切手金の支払を命ずる
判決には，必ず，職権で，しかも，原則として原告に担保を提供させないで，
仮執行の宣言が付される（民訴 259Ⅱ）。これは，手形・小切手が経済取引にお
いて果たしている重要性に鑑み，債権者が迅速な支払を受ける必要性が大きい
と考えられる一方，手形債権・小切手債権の確実性が高いと考えられ，敗訴被
告に回復することが困難な損害を与えるおそれが比較的少ないと考えられるた

めである。

3 手形訴訟・小切手訴訟の流れ

■ 3-1　通常訴訟への移行

2でみたような手続上の制約が手形訴訟・小切手訴訟にはあるため，原告は口頭弁論の終結前であれば，被告の承諾を得ることなく，訴訟を通常の手続に移行させる旨の申述をすることができ，その申述があった時に，訴訟は通常の手続に移行する（民訴 353 I II・367 II）。この場合には，裁判所は，直ちに，訴訟が通常の手続に移行した旨を記載した書面を被告に送付しなければならない。ただし，通常訴訟への移行の申述が被告が出頭した期日において口頭でされたものであるときは，送付をする必要はない（民訴 353 III・367 II）。

■ 3-2　口頭弁論の終結

裁判所は，被告が口頭弁論において原告が主張した事実を争わず，その他何らの防御の方法をも提出しない場合には，訴訟が通常の手続に移行した旨を記載した書面の送付前であっても，口頭弁論を終結することができる（民訴 354・367 II）。

■ 3-3　口頭弁論を経ない訴えの却下

請求の全部または一部が手形訴訟・小切手訴訟による審理および裁判をすることができないものであるときは，裁判所は，口頭弁論を経ないで，判決で，訴えの全部または一部を却下することができる（民訴 355 I・367 II）。この判決に対しては不服申立ては許されないが（**3-4**），原告が却下判決の送達を受けた日から 2 週間以内に，その請求について通常の手続により訴えを提起したときは，その訴えの提起は，手形訴訟・小切手訴訟の提起の時にしたものとみなさ

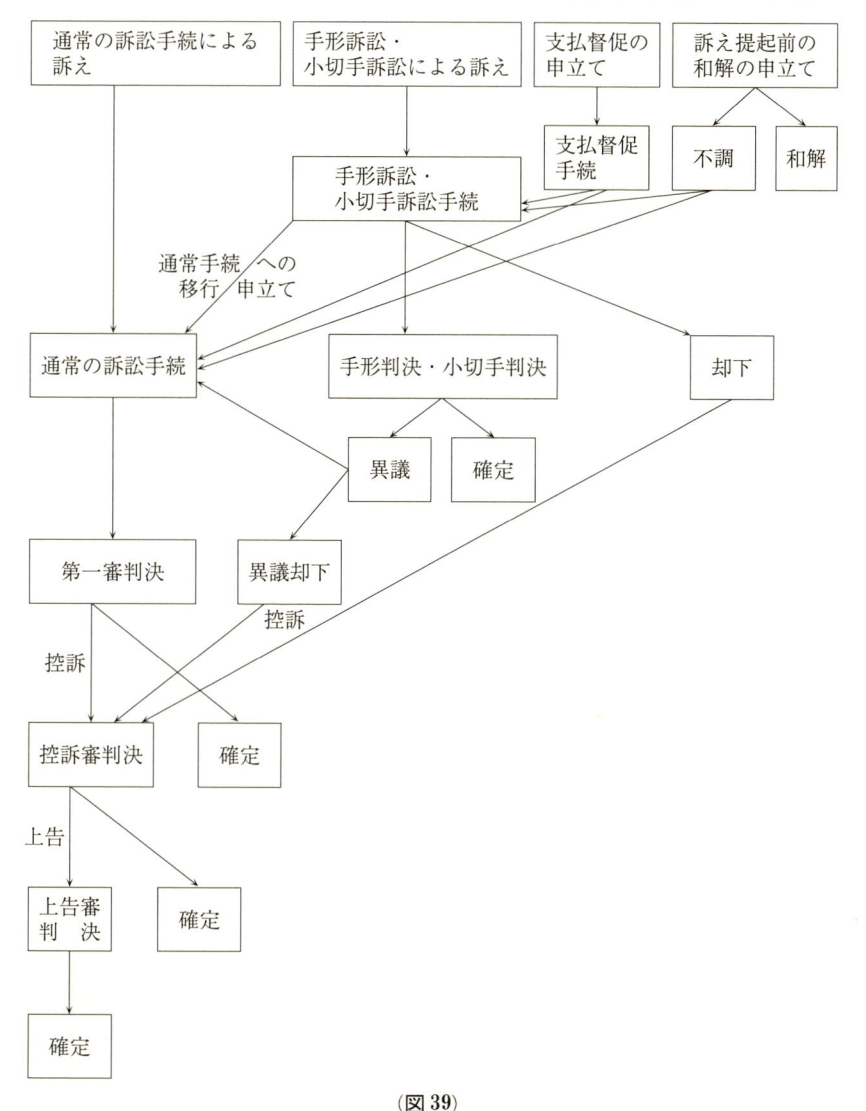

(図 39)

れる（民訴355Ⅱ・367Ⅱ）。

3-4　終局判決に対する不服申立て

（1）　控訴　　請求の全部または一部が手形訴訟・小切手訴訟による審理および裁判をすることができないことを理由とするもの（**3-3**）を除き，却下判決に対しては控訴することができるが，それ以外の手形訴訟の終局判決に対しては，控訴をすることができない（民訴356・367Ⅱ）。

（2）　異議　　却下判決を除き，手形訴訟・小切手訴訟の終局判決に対して，不服申立ての利益を有する当事者は，判決書または当事者および法定代理人，主文，請求ならびに理由の要旨を記載した，判決の言渡しをした口頭弁論期日の調書の送達を受けた日から2週間（不変期間）以内に，その判決をした裁判所に異議を申し立てることができる（民訴357・367Ⅱ）[2]。これは，証拠制限のない手続によって，十分な攻撃・防御をつくす機会を与えるものである。被告は，異議を申し立てるとともに，異議申立てをした裁判所に対し，手形判決・小切手判決が取り消されるべきものであることを疎明して，強制執行を停止する裁判を求めることができ，疎明があったときは，裁判所は決定で執行停止を命ずることができる（民訴398Ⅰ④）。

　異議が申し立てられた場合には，訴訟は，口頭弁論の終結前の状態に戻り，通常の手続によりその審理および裁判がなされる（民訴361・367Ⅱ）。この審理に基づく判決が手形訴訟の判決と一致するときは，手形訴訟の判決の手続が法律に違反したものであるときを除き，裁判所は，手形訴訟・小切手訴訟の判決を認可しなければならないが，それ以外の場合には，手形訴訟・小切手訴訟の判決を取り消さなければならない（民訴362・367Ⅱ）。

　他方，異議が不適法でその不備を補正することができないときは，裁判所は，口頭弁論を経ないで，判決で，異議を却下することができる（民訴359・367Ⅱ）。

2）　異議を申し立てる権利は，その申立て前に限り，放棄することができ（民訴358・367Ⅱ），異議は，通常の手続による第一審の終局判決があるまで，相手方の同意を得て，取り下げることができる（民訴360・367Ⅱ）。

▌*3-5*　異議訴訟の判決に対する不服申立て

　異議訴訟の判決に対しては控訴を申し立てることができる（民訴 281 I）。控訴裁判所は，異議を不適法として却下した第一審判決を取り消す場合には，事件につきさらに弁論をする必要がないときを除き，事件を第一審裁判所に差し戻さなければならない（民訴 364・367 II）。

事 項 索 引

や　行

ら　行

ま　行

判 例 索 引

〔高等裁判所・地方裁判所〕

著者紹介

昭和 36 年生まれ
筑波大学大学院ビジネス科学研究科教授

《主著》

企業会計法と時価主義（平成 8 年，日本評論社）
税効果会計（共著，平成 9 年，中央経済社）
デリバティブと企業会計法（平成 10 年，中央経済社）
商法計算規定と企業会計（平成 12 年，中央経済社）
会計監査人の責任の限定（平成 12 年，有斐閣）
監査人の外観的独立性（平成 14 年，商事法務）
「資本」の会計（平成 15 年，中央経済社）
企業会計と法（平成 7 年〔初版〕，平成 13 年〔改訂版〕，新世社）
会計基準と法（平成 25 年，中央経済社）
リーガルマインド会社法（平成 5 年〔初版〕，平成 27 年〔第 14 版〕，有斐閣）
リーガルマインド商法総則・商行為法（平成 10 年〔初版〕，平成 26 年〔第 2 版補訂版〕，有斐閣）
法律学習マニュアル（平成 13 年〔初版〕，平成 28 年〔第 4 版〕，有斐閣）
コンメンタール会社法施行規則・電子公告規則（平成 19 年〔初版〕，平成 27 年〔第 2 版〕，商事法務）
コンメンタール会社計算規則・商法施行規則（平成 19 年〔初版〕，平成 29 年〔第 3 版〕，商事法務）

リーガルマインド 手形法・小切手法〔第 3 版〕

平成 7 年 11 月 30 日　初　版第 1 刷発行
平成 9 年 9 月 10 日　補訂版第 1 刷発行
平成 13 年 12 月 30 日　第 2 版第 1 刷発行
平成 17 年 4 月 15 日　第 2 版補訂第 1 刷発行
平成 19 年 4 月 20 日　第 2 版補訂 2 版第 1 刷発行
平成 30 年 11 月 15 日　第 3 版第 1 刷発行

著　者　　弥　永　真　生

発 行 者　　江　草　貞　治

東京都千代田区神田神保町 2-17
発 行 所　株式会社　有　斐　閣
電話　(03)3264-1314〔編集〕
　　　(03)3265-6811〔営業〕
郵便番号 101-0051
http://www.yuhikaku.co.jp/

印刷・株式会社理想社／製本・牧製本印刷株式会社
©2018，Masao Yanaga．Printed in Japan
落丁・乱丁本はお取替えいたします。
★定価はカバーに表示してあります。
ISBN 978-4-641-13804-9

JCOPY　本書の無断複写（コピー）は，著作権法上での例外を除き，禁じられています。複写される場合は，そのつど事前に，(社)出版者著作権管理機構（電話03-3513-6969，FAX03-3513-6979，e-mail：info@jcopy.or.jp）の許諾を得てください。